教师发展研究

新时代高校师风教风建设与创新

◎ 王静 —— 副主编
◎ 刘迪 —— 主编
◎ 李臻 —— 丛书主编

旅游教育出版社
·北京·

图书在版编目（CIP）数据

教师发展研究：新时代高校师风教风建设与创新 / 刘迪主编. -- 北京：旅游教育出版社，2023.5
 ISBN 978-7-5637-4562-3

Ⅰ．①教… Ⅱ．①刘… Ⅲ．①高等学校－师德－研究 Ⅳ．①G645.16

中国国家版本馆CIP数据核字(2023)第060797号

教师发展研究——新时代高校师风教风建设与创新

主　编：刘　迪
副主编：王　静

责任编辑	陈　志
出版单位	旅游教育出版社
地　　址	北京市朝阳区定福庄南里1号
邮　　编	100024
发行电话	（010）65778403　65728372　65767462（传真）
本社网址	www.tepcb.com
E - mail	tepfx@163.com
排版单位	北京旅教文化传播有限公司
印刷单位	北京虎彩文化传播有限公司
经销单位	新华书店
开　　本	787毫米×1092毫米　1/16
印　　张	11.75
字　　数	201千字
版　　次	2023年5月第1版
印　　次	2023年5月第1次印刷
定　　价	69.00元

（图书如有装订差错请与发行部联系）

目 录

三风建设与课程思政

党建引领、教科研一体化：高校外语专业德能兼优教师队伍建设研究 …… 刘贵珍 / 3
高校教风建设中存在的问题及对策研究
　　——以公共数学教学为视角 …………………………………… 宋宏业 / 9
新形势下高校思政教育的开展路径
　　——以二外"四史"教育为中心 ……………………… 刘赫宇　王秀彦 / 16
新时代外语教育中的课程思政探索 ……………………………… 乔拓新 / 23
跨文化视野下大学英语课程思政建设的探索
　　——以北二外"第二外语英语"为例 ………………………… 张晶晶 / 29
以《延安讲话》与《讲话》为线索的文艺思政课程建设 ……… 周婉京 / 35
"课程思政"融入中级韩国语课程路径探索与实践 ……………… 金正日 / 40
小议法语写作课程中的思政内容建设 ……………………………… 董政 / 47
阿尔巴尼亚语课程思政改革初探 ……………………… 王偲骁　韩彤 / 52
经济学类专业人才培养模式中课程思政元素融入路径探析 …… 李德刚 / 58

教学改革与课程创新

挖掘冬奥资源　上好翻译课程 ……………………………………… 王淼 / 67
歌以言志：浅议音乐在德语基础阶段口语教学中的应用 ……… 李沛霖 / 73
探讨中国高等教育双语教学的若干问题与建议 ………………… 于雅楠 / 81
计量经济学中关于因果推断的教学内容研究 …………………… 王汀丝 / 88

论高等教育融媒体课堂中游戏化思维的引入 ………………………… 杨奕 / 94
新文科建设背景下市场营销课程教学改革
　　——基于CDIO理念 ………………………………………… 孙倩敏 / 101
新文科背景下区域国别人才培养模式探析 ………………………… 王子涵 / 107
沉浸式智慧教室在高校外语教学中的应用与研究 ………………… 李强 / 113
与他人共在：中国传播学国际发表影响因素分析 ………………… 东阳 / 120
国际中文教育博士专业学位设置与培养的思考 …………… 邵滨　富聪 / 131

教师发展与师资队伍建设

高校非通用语青年教师专业发展困境与对策 ……………………… 马媛也 / 143
基于教师可持续发展的高校教师发展中心建设创新路径研究 …… 王秀彦　王静 / 149
疫情防控常态化下高校教师心理健康维护面临的挑战与应对
　　——以北京某高校为例 ……………………………………… 肖敏 / 154
北京冬奥会背景下外语类高校教师队伍建设的实践与思考
　　——以北京第二外国语学院为例 …………………………… 田淏元 / 160
新时代高校辅导员队伍的专业化建设与主体性成长 ……………… 姜智勇 / 165
后疫情时代青年大学生社会责任感调查及其思政教育培育路径研究 … 丁恒晏 / 170
中华优秀传统文化融入大学生职业生涯规划教育探究 …………… 张凤博 / 178

三风建设与课程思政

党建引领、教科研一体化：高校外语专业德能兼优教师队伍建设研究①

刘贵珍

北京第二外国语学院　英语学院

摘　要：本研究以笔者所在的北京第二外国语学院英语学院为例，指出在学院制定的"党建引领、教科研一体化"的发展工作机制推动下，以课程思政和"三进"（《习近平谈治国理政》"进高校、进教材、进课堂"）工作为契机，充分发挥"双带头人"党支部书记和党员教师的带头表率作用，以党支部工作为依托，联合支部所在系，以丰富多彩的形式组织全系教师深入学习习近平新时代中国特色社会主义思想，同时全面推进课程思政和"三进"教研工作，提高教师政治觉悟、思想素养，以及教学、科研和社会服务水平，从而将德、能两方面的建设有机结合起来，全面优化学院专业教师队伍的德与能，打造一支德能兼优的教师队伍，更好地推进立德树人各项工作，为党和国家培养能够讲好中国故事的国际传播人才。

关键词：课程思政；"三进"工作；德能兼优；教师队伍建设；立德树人

引言

新时代的高校外语专业教师，承担着为党和国家培养具有国际视野、家国情怀，能够对外讲好中国故事的国际传播人才这一重要使命。这就对外语专业教师提出了更高的要求，拥有一支政治素质过硬、思想觉悟高尚、教学和科研水平高、社会服务意识强的外语专业教师队伍，其重要性不言而喻。当前的外语专业教师队伍中，绝大多数教师思维活跃，具有国际视野、良好的师德师风和扎实的教学、科研能力。但与此同时，部分教师尚存在重科研、轻教学，重教学、轻育人，政治理论学习、思想意识形态、师德师风、教风研风、社会服务等方面的意识相对较为薄弱等问题。如何建设一支德能兼优的高校外语专业教师队伍，对于人才培养、学科发展、专业建设和服务社会等方面，均具

---

① 本文为2022年北京第二外国语学院新时代师德师风建设专项课题的研究成果。项目名称："'五个一流'建设背景下英语学院德能兼优教师队伍建设研究"。项目编号：11310003001。

有十分重要的现实意义。

一、文献综述

现有对高校教师队伍建设的研究，绝大多数探讨了新时代高校思政课教师队伍的建设问题，少数文献是对高校教师队伍建设的总体研究，尤其是高校青年教师队伍建设的研究，只有个别文献研究了如何构建德能兼优型的教师队伍。

第一，是对思政课教师队伍的建设的研究。如思政课教师的角色定位、队伍建设的重要意义、存在的难点和问题及有效建设路径和着力点等。[①]具体建设路径包括建构高校思政课教师队伍建设的制度体系和进行制度创新，发挥制度在用人、管人与发展人三方面的作用[②]；"抓好马克思主义理论学科建设、加强师德师风建设、培养高素质专业化创新型教师队伍和打造思想政治理论课'四有'好老师"[③]，以及借鉴高校思政课教师年度影响力人物对思政课教师队伍建设的启示意义，提出思政课教师要敏于势、忠于职、精于业、博于爱[④]。张莉、李继兵就加强高校思政课青年教师拔尖人才队伍的建设，提出要"加强其培养的针对性，健全培养机制，优化培养环境"。[⑤]

第二，是对高校教师队伍建设的整体研究。同样包括队伍建设的意义和有效路径。景安磊、周海涛指出："新时期加强高校教师队伍建设需要更加凸显师德师风建设、提升专业素质能力、深化管理制度改革、建立分类评价体系、提高地位待遇保障。"[⑥]韩俊兰、刘爱玲总结、提炼了新中国成立70年来教师队伍发展的历史经验及对新时代培养造就高素质专业化创新型教师队伍的启示意义。[⑦]

第三，对于如何构建德能兼优型教师队伍的研究极少。目前只有鲁峰针对中小学教师队伍的建设提出了几点建议，指出需要多级主管部门同时发力，激励教师在专业技能和师德师风方面主动成长。[⑧]

总之，现有研究主要聚焦新时代高校思政课教师队伍建设的问题，对如何建设外语专业教师队伍的研究还十分匮乏，有待深入展开。从建设德能兼优的高校外语专业教师队伍的角度开展研究，不仅对当前高校教师队伍建设的现有研究构成有益补充，同时还对开展课程思政和"三进"工作提供了教师队伍方面的保障。本研究将以作者所在的北

---

① 见冯秀军，2021；李虹，2018；张明进，2021；程勤华，2020；王易、岳凤兰，2018；许东波、包晓娟、谭顺，2019。
② 见程勤华，2020。
③ 见王易、岳凤兰，2018，第64页。
④ 见许东波、包晓娟、谭顺，2019，第64页。
⑤ 见张莉、李继兵，2016，第84页。
⑥ 见景安磊、周海涛，2019，第48页。
⑦ 见韩俊兰、刘爱玲，2019。
⑧ 见鲁峰，2021。

京第二外国语学院英语学院的专业教师队伍建设为例,指出党建引领、教科研一体化的学院发展机制,为培养德能兼优的教师队伍提供了组织保障,而课程思政和"三进"工作为将德优建设和能优建设有机结合起来提供了重要契机。

二、党建引领、教科研一体化的学院发展机制

1. 党建引领、教科研一体化的学院发展机制,为培养德能兼优的教师队伍提供了组织保障

英语学院基于学科发展和专业教学需要设置了七个系:语言学系、翻译系、文学系、跨文化系、国别与区域研究系、英语教育系和商务英语系,每个系设置系主任和副系主任各一名,分别主管本科生和研究生人才培养各项工作,副系主任兼管科研工作;同时各系本身即为本方向的研究团队,即语言学研究团队、翻译研究团队、文学研究团队、跨文化研究团队、国别与区域研究团队、英语教育研究团队和商务英语研究团队,各个研究团队设置一至两名学科负责人,负责学科发展和教师发展工作。学院党委下设五个教工党支部,分别对应一至两个系,负责党建引领、师德师风和课程思政等各项工作。之所以创设上述学院发展机制,其目的就是凝聚战斗力、提高生产力。

2. "双带头人"党支部书记:德能兼优教师队伍建设的中坚力量

值得一提的是,学院五位教工党支部书记均为"双带头人":党建带头人和学术带头人,全部具有高级职称(其中四位具有博士学位),分别在国别与区域研究、跨文化研究、语言学、翻译学、商务英语和英语教育等领域有着深厚的学术积累,同时具有多年党龄,政治素养十分过硬。

在党建引领、教科研一体化的学院发展机制激励下,在开展党建工作的同时,"双带头人"党支部书记能够密切联系支部所在系的主任、学科带头人等教科研骨干教师,共同开展师德师风建设、教学、科研、学科发展和社会服务等各项工作,充分发挥党员教师的先锋模范作用和带头表率作用,调动骨干教师的积极作用,在德能兼优教师队伍建设过程中成为中坚力量,带动全体教师更好地完成立德树人的时代使命。

三、以课程思政和"三进"工作为契机,打造德能兼优的专业教师队伍

顾名思义,德能兼优的专业教师队伍建设包括德优建设和能优建设两个方面,两个方面建设相辅相成,缺一不可,努力将专业教师打造成为先进思想文化的积极传播者、党执政的坚定支持者和大学生健康成长的指导者与引路人。

当前阶段,开展课程思政和"三进"教学与研究,为党和国家培养能够讲好中国故事的国际传播人才,是新时代高校外语教师的重要使命。一方面,具备一支德能兼优的

教师队伍是开展课程思政和"三进"工作的必然要求；另一方面，课程思政和"三进"教研工作，也为教师队伍的德优建设和能优建设的有机结合提供了良好的契机。

1. 在德优建设方面，各党支部组织所在系教师，可以开展两方面重要工作

（1）以灵活、生动的方式深入开展系统的政治理论学习

不论是课程思政还是"三进"教学与研究工作，都对专业教师的政治理论素养提出了更高的要求，需要每一位教师深入、系统地学习习近平新时代中国特色社会主义思想。在此方面，党支部不仅需要将政治理论学习活动常态化，而且更需要创新学习形式，开展丰富多彩的学习活动，使习近平新时代中国特色社会主义思想入脑、入心。为此，党支部可以组织教师双语研读《习近平谈治国理政》等经典原著，交流心得体会；邀请专家"走进来"开展讲座，组织教师"走出去"开展红色文化调研实践，观看红色文化演出和红色电影等，帮助教师深入理解党的百年奋斗历程和习近平新时代中国特色社会主义思想，有效提高外语专业教师政治理论学习的积极主动性，提升外语专业教师的思想政治素养和理论修养，增强意识形态方面的防范意识。

（2）将师德师风建设工作做实做细做好

同政治理论学习一样，师德师风建设工作也是教师队伍德优建设的重要方面，需要基层党支部开展各种学习活动，将此项工作做实做细做好。例如，党支部书记可以带领所在系全体教师集体学习国家和学校相关文件，利用"翔宇师德网"、万方数据平台等各种网络资源，在教师中间系统开展学术诚信教育活动，并用身边的事教育身边的人，帮助教师树立底线意识。同时，在实际教学、科研各项工作中，党支部联合所在系主任一起，在人才培养和科学研究的各个环节把好关，做好提醒、检查和监督工作，确保每位教师切实履行师德师风各项要求。

2. 在能优建设方面，"双带头人"党支部书记可以联合所在系主任和系骨干教师，结合课程思政和"三进"教研等工作，在教学、科研和社会服务等方面开展各种能力提升活动，在推进课程思政和"三进"工作的同时，做好能优建设工作，全面推进教学、科研和社会服务等各项工作

（1）以课程思政和"三进"工作为契机，深入开展教学和科研能力提升活动

开展课程思政和"三进"工作，是新时代党和国家为高校人才培养提出的重要任务，对于外语院校而言，其首要目的是培养具有中国心、能够对外讲好中国故事的国际传播人才。为了更好地履行这一艰巨的时代使命，"双带头人"党支部书记应该充分发挥自己的学科带头人的作用，引领支部所在系开展丰富多彩的教科研能力提升活动。如定期组织课程思政和"三进"教研沙龙，分享教学经验，探讨思政育人过程中遇到的各种问题；组建教学大赛专家指导团，帮助参赛教师打磨教案和课件、把关教学展示的各个环节，以赛促教；组织、动员教师申报各级各类研究项目，同时开展科研沙龙，分享项目申报、项目实施、论文写作与发表等方面的经验，组织专家为项目申报教师提供项

目咨询和论文写作指导等，进而产出一批高质量的教学和研究成果，大幅促进人才培养质量和学科建设等工作。

（2）开展社会服务能力提升活动，引领教师关注社会、服务社会

第一，党支部首先可以在校内各项服务工作中发挥党员先锋模范作用和党支部的战斗堡垒作用。例如，笔者所在学院每年承担各种专业考试的出题、监考和阅卷等任务，上述任务要求参与教师不仅要具有较高的专业水平，还要具备过硬的政治素养和较强的奉献精神。为保证顺利完成各项政治任务，"双带头人"党支部书记和系主任以及骨干教师勇挑重担，从而在全院树立起一种甘于奉献的师德师风，在奉献社会的过程中锻炼出一支德能兼优的教师队伍。

第二，党支部可以利用党员社区报到等形式，组织党员教师与基层社区建立长期联系，在社区疫情防控等工作中设立教师先锋岗，带领教师冲锋在前，积极奉献社会。同时在社区文化建设等方面充分发挥高校教师的专业特长，为社区提供高水平的专业服务。进而逐渐创设"我为社会做实事"的浓厚氛围，带动更多的教师参与到社会服务中去。

结论

总之，全面深入开展课程思政和"三进"教学与研究，是新时代高校教师的使命和责任担当。以此为契机，通过双语研读《习近平谈治国理政》经典原著，开展"三进"教研沙龙、分享"三进"教学经验和研究成果、组织教学大赛专家指导团等活动，在教学实践和理论研究中可以全面提升专业外语教师对习近平新时代中国特色社会主义思想的认识高度与理解深度，从而将政治理论学习、师德师风建设和教学、科研与社会服务等工作紧密结合起来，德优建设和能优建设有机结合，以德优促能优，达到德能双优。切实提高教师"四个自信"，培养良好师德师风，同时提升教师的专业教学与科研能力，既有助于培养能够讲好中国故事的国际传播人才，教师本人也能够产出高水平的教研成果。最终建设一支政治坚定、师德高尚、教学能力强、科研水平高、乐于奉献社会的教师队伍，促进学校的教学、科研、专业发展、管理水平和服务能力等多方面的建设，完成好为党育人、为国育才的重要任务。

参考文献

[1] 程勤华. 高校思想政治理论课教师队伍建设的制度建构与探索创新 [J]. 思想理论教育导刊, 2020（01）: 75-79.

[2] 冯秀军. 新时代高校思政课教师队伍建设难点及其突破 [J]. 国家教育行政学

院学报，2021（01）：17-22.

［3］景安磊，周海涛.加强高校教师队伍建设的关键任务和路径探析［J］.国家教育行政学院学报，2019（03）：48-52.

［4］李虹.加强新时代高校思想政治理论课教师队伍建设的思考［J］.思想理论教育导刊，2018（05）：111-115.

［5］鲁峰.构建德能兼优型教师队伍［J］.河南教育（教师教育），2021（11）：40.

［6］王易，岳凤兰.关于加强新时代高校思想政治理论课教师队伍建设的思考［J］.思想理论教育，2018（05）：61-65.

［7］习近平.习近平谈治国理政［M］.(四卷本)，中、英文版.北京：外文出版社，2017，2022.

［8］许东波，包晓娟，谭顺.新时代高校思想政治理论课教师发展有效路径研究——以高校思想政治理论课教师年度影响力人物为例［J］.思想理论教育导刊，2019（08）：60-64.

［9］张莉，李继兵.加强高校思想政治理论课青年教师拔尖人才队伍建设的思考［J］.学校党建与思想教育，2016（08）：84-85+88.

［10］张明进.新时代高校思政课教师队伍建设的逻辑指向［J］.学校党建与思想教育，2021（24）：59-61.

高校教风建设中存在的问题及对策研究

——以公共数学教学为视角[1]

宋宏业[2]

北京第二外国语学院　基础科学部

摘　要：高校教风建设对高校师德师风建设具有重要意义，公共数学课面向学生群体覆盖面广、教学时间长。本文以公共数学教学视角作为切入点，从教风建设主体——教师的政治素养、职业素养以及学生学业管理方面进行分析，重点研究教师职业素养培养和重修生学业管理及优秀学生学业指导方面存在的问题及改进举措，为推动学校教风建设发展提供思路。

关键词：教风建设；政治素养；职业素养；课程思政；学业管理

2018年9月，教育部出台《关于加快建设高水平本科教育　全面提高人才培养能力的意见》，提出"以'回归常识、回归本分、回归初心、回归梦想'为基本遵循，激励学生刻苦读书学习，引导教师潜心教书育人，努力培养德智体美劳全面发展的社会主义建设者和接班人"。自此，高校教风建设被赋予新的使命。

国外关于教风对应的"teaching style"，更多地注重教师的教学风格，与国内的教风定义与内涵区别很大。因此国内关于教风建设的已有研究更具参考价值。在国内已有研究文献中，王焰新[1]、王蕊[3]对教风的内涵进行了新的阐释，并对教风、学风建设从理论方面进行了相关研究。其他学者[2][4]也从不同的角度探讨了教风建设方面的问题，进行了相关思考并提出建议。国内众高校的教风建设实施也多从制度上对教师提出了具体要求。

教师是教学的主体，教学的载体是课堂，因此教风建设的主体也是教师，教师的各项素养起到了决定性作用。能否站稳讲台，被学生接受，传道授业解惑的同时能够培养学生正确的世界观、人生观和价值观取决于教师的个人素养和对学生的了解程度。

---

[1]　本文为北京第二外国语学院新时代师德师风建设专项课题的研究成果。
[2]　作者简介：宋宏业（1980—），副教授，主要从事大学数学课程教学、教法研究。

一、提高教师政治素养对教风建设的重要意义与相关举措

全面落实立德树人根本任务、做"四有"好老师和"四个引路人"的核心就是教师自身政治素养要过硬。作为高校教风建设的重要基础,教师要有坚定的政治立场,拥护党的领导,在意识形态方面保持清醒,正面引导学生。

提高高校教师政治素养的首要途径就是不断进行政治学习,提高理论修养和政治意识。通过校级层面的制度保障和相关支持,辅以基层党支部的政治引领,以党建促提高。具体举措如下:

1. 加强专题培训支持力度,积极发挥校级层面作用

以北京第二外国语学院为例,2022年春季学校先后组织专任教师参加高校教学创新与实践高级研修班、课程思政融入金课建设高级研修班,组织党支部委员参加"新时代高校思政教育与舆情引导相融合"线上研修班,全方位覆盖教风建设各领域。

2. 积极发挥党员先锋作用

可采用"党员讲党课"等形式引导党员教师深入研究某一课题,通过讲解经过凝练的内容让所有教师直接获益。以北京第二外国语学院基础科学部为例,党支部先后组织了"新时代高校师德师风建设相关政策解读""新形势下高校意识形态工作与思想政治工作""高校教风建设及课程思政推进"等主题的党课活动,起到了很好的示范作用。

二、教师职业素养方面存在的问题及改进举措

教师职业素养体现了教师对课堂的把控能力,是有效组织课堂教学的重要保证。随着高校新入职教师高学历比例的持续增加,高校的科研工作不断注入新的力量,但师范专业毕业的教师比例偏低,一部分教师缺乏专业训练。以北京第二外国语学院数学教研室教师团队为例,本科师范专业比例不足45%。新任教师入职后大多直接进行教学工作,在仪表规范、教学基本技能、对学生学情了解与把控方面容易存在问题,教风建设要予以重视。

1. 仪容仪表要规范,举止审美要重视

新时代的大学生对审美、穿戴都有自己的理解,他们追求时尚,勇于尝试。但是高校教师作为教育工作者既要注意仪容规范,又要注意仪表不能太过随意。公共数学教学课程特殊,很多时候需要教师板书和进行演示。一些年轻教师因上课紧张会做一些微小的肢体动作,比如在讲台上来回走动,书写板书时仪态不雅。另外,理科专业出身的教师还要加强艺术素养的提高,在服饰搭配、仪容方面形成自己的风格,避免在课堂出现休闲服装、运动鞋一起上的情况。

2. 教学技能要提高，专业训练要加强

教学设计是课堂教学的必要环节，教学设计能力既是教师职业素养的重要体现，也是教师专业化的重要体现，是检验教师教学能力的重要组成部分，是高等师范院校师范生提高从师任教能力的重要培养内容。因此，非科班出身的高校教师在教学设计能力方面亟待提升。

教学设计是"制定解决教学问题方案的过程"，具体表现为对学生学情的分析、对教学目标的确定和细化、对教学重点难点的分析和把握、板书的设计、问题情境的设计等环节和各环节的整体搭配。以公共数学教学设计为例，突出表现在以下几点：

（1）青年教师对学生学情分析即学生定位容易有偏差

刚入职的公共数学课教师都在相关专业领域进行了较深入的研究，本科时所学又是专业数学课程，他们对课程知识点认识简单，容易对学生定位为这个很简单学生一定会，那个也不难稍微讲一下就可以。实际上学生的背景和从中学到大学学习方式、方法的转变都决定了他们理解知识点需要适应和时间。如果忽视了这些，就会出现教师高估学生的学习能力，同时学生学不会产生畏难情绪的情况，而到考试中就更为突出明显，即出现教师出题偏难、学生成绩普遍很差的不良教学效果。因此，青年教师要对学生有正确的认识，通过观察及与学生沟通，及时调整自己的教学思路。

（2）重难点的分析把握不够准确，课堂把控精度不够

数学课程知识体系的特点是一环扣一环，一个知识点的把握不清晰，有可能会引发一系列后续内容的无法掌握和理解。因此，对课程重难点的分析要准确，体现在课堂教学上，就是每节课尽量保持相对完整的教学内容，控制好讲课的速度，把重点内容讲清楚，理论和公式推导要详细。通过教学督导反馈，有些教师讲课速度过快，重点内容不突出，知识点之间的衔接和过渡没有设计好，影响教学效果。因此，公共数学教学团队可以通过集体备课、就某一概念和公式组织说课、邀请专家开展讲座、观看名师教学视频等形式提高自己对课堂的把控精度。

（3）公共数学教学要重视板书设计，提高书写技能

现代教育技术的迅猛发展，让教学变得更加生动，特别是数学课的一些几何图象可以通过动画进行演示。同时，数学课程的特点决定了理论与公式需要推导，如果全部都使用电子课件取代板书并不利于学生掌握，因为板书可以让学生参与思维推导过程。阎光才指出："如果技术手段的直观便捷不能激发起学生的思维活动，只是'短、平、快'地传递教学内容信息，那它对学生能力提升的效果是存疑的。"[5]因此，公共数学教师必须充分认识到板书对于教学的意义和作用，做好板书设计，尽量做到下课时黑板上展现的恰好是本节课重点难点的纲要和主要内容。同时还需注意书写技巧，很多老师的字在黑板上书写随意，字体偏小。可通过观摩学习优秀教师的实体课、聆听相关讲座、参加板书比赛等形式得到提高。

3. 课程思政认识不到位，元素挖掘要深入

以专业理论知识为载体加强大学生思想政治教育，可以最大限度地发挥课程主渠道的育人功能。课程思政需要不断挖掘思政元素并有机地融入专业课教学中。但某些公共数学教师因公共数学课其独特的知识体系与结构认为数学课没有办法进行思政元素融入，简单地堆砌往往容易适得其反。究其原因还是对课程思政认识不到位，挖掘思政元素不够深入。

事实上，公共数学课程思政元素的挖掘，就是要深度挖掘提炼数学课程中所蕴含的思想价值和精神内涵，可以从科学思维与方法、科学精神与科学家精神、科技前沿与创新等方面进行提炼。从数学史和数学理论与实践在国家层面科技创新领域的应用来切入，激发学生的民族自豪感和认同感，培养学生的家国情怀。

具体改进举措如下：

（1）重视团队合作，发挥优势力量

以北京第二外国语学院公共数学教学团队为例，发挥团队优势，申报校级课程思政课研究课题，通过成果共享提升整个教学团队的课程思政教学能力。

（2）将相关教学资料进行完善与统一

面向所有经管类专业的公共数学课程，在教案、课件设计中将课程思政元素规范统一展现，既是公共数学教学团队的集体智慧的体现，又能保证授课效果的同质化。既有规定动作，即数学史等元素的体现，又有自选动作，即数学知识和理论在科技创新领域的应用（可随时更新）。

（3）与时俱进，丰富课程思政元素

与业内的专家进行广泛交流，学习国家级、市级优质本科课程的先进教学设计，学习教学名师在课程思政元素融入方面的经验。同时要关注时事热点，及时补充课程思政元素，做相关教学研究，理论结合实际，切实提高课程思政融入的教学效果。

三、影响教风建设的学生学业管理层面存在的问题及对策研究

在新文科建设的大背景下，越来越多的文科专业增加了对公共数学基础课的建设力度，这样就出现了众多不同专业的学生需要上同一门课的情况。为方便管理，某些高校采取了大班授课、网上选课的方式进行分班教学。诚然这样设计增加了学生的自主性，但也造成了教师授课对象不稳定，出现"铁打的营盘流水的兵"的现象，由此也带来了一系列问题，比如教师对重修生学业干预不充分、优等生没有充分发挥学业特长，长此以往对高校教风建设非常不利。

1. 授课对象不稳定的不利影响分析与对策研究

授课对象不稳定会导致教师缺乏对专业院系的深入了解。就公共数学课而言，很多

工具会在专业课中用到，相关内容在专业课中会有扩展，这种信息不对称既会造成公共数学课教学的枯燥无味，也容易因为重复教学内容引起学生的反感。长此以往，教学效果也会受到影响，由此引发教师教学缺乏热情。

解决该问题的首选举措就是尽量保持授课对象相对稳定，以北京第二外国语学院基础科学部为例，教学安排基本保持2~3年内由同一位任课教师教授同一专业学生组成的数学课堂，在此基础上教师能够充分掌握学生情况，有效安排教学。

同时，授课教师也应加强与学院专业教师的沟通与交流，通过与专业教师座谈、科研合作等方式深入了解该专业的学科背景、对数学相关知识的需求和应用，然后根据这些信息和元素扩展自己的课堂，通过前沿问题的讲授、有理有据地介绍，让学生产生浓厚学习兴趣的同时也为后续专业课程的学习打下良好的基础。

最后，公共数学教师也要根据学生的学习情况，及时与相关院系的学生管理人员例如学生辅导员沟通与交流，对学生的思想状况、学习状况及时反馈；同时，对同一专业学生共性的问题以及学业成绩进行总结与分析，以报告方式反馈给相关院系，对后续选课学生的学习进行提前指导。

2. 重修生学业管理不充分对教风建设的不利影响与对策研究

以北京第二外国语学院基础科学部为例，公共数学课程作为经管类专业必修课从大一第一学期开始，连续开设三学期共计三门，总学分10学分，覆盖了全校50%以上数量的学生。又因其学科特点，文科学生的公共数学课程学业压力大，重修生更是如此。按现有学业管理规定，课程不合格要在第二年随下一届学生重修并参加考试。事实上，很多重修生因时间冲突无法完成课堂学习，继而引发重修不通过，学业压力倍增。以"微积分"课程为例，第一次重修学期除专业课外还要同时修习"概率论与数理统计"，两门数学课程的学习任务对学生的心理也造成巨大压力。下表为北京第二外国语学院2019—2021年秋季学期公共数学课"微积分"重修学生统计数据。

表 2019—2021年秋季学期"微积分"重修生数据统计

学期	2019—2020-1		2020—2021-1		2021—2022-1	
年级	通过人数	未通过人数	通过人数	未通过人数	通过人数	未通过人数
2017级	1	1	/	1	/	/
2018级	29	9	13	4	/	1
2019级	/	/	56	11	6	/
2020级	/	/	/	/	3	1

数据来源：北京第二外国语学院基础科学部数学教研室教学档案数据。

从表中数据可以看出，相当一部分比例的学生需要两次重修才能通过。因此，公共数学教师要对重修学生予以重视，对其学业进行有效管理。具体措施如下：

（1）教师在开课前通过调查问卷了解学生基础，对数学基础差或者畏惧数学学习的同学重点关注，多鼓励，多互动，充分调动其学习积极性。

（2）学期末进行相关信息统计，以教研室为单位进行数据共享，包括重修学生院系、班级、姓名、网络联系方式等信息，帮助新授课教师及早了解重修学生情况。新学期尽早与重修学生联系，告知教学相关事宜，对其学习进行指导与帮助，单独通知重修学生考试信息。

（3）加强与院系的沟通与交流，对重修学生尽早进行学业预警与干预，帮助学生顺利通过考试。

3. 忽视优秀学生的学业指导对教风建设的不利影响及对策研究

以北京第二外国语学院为例，经管类专业近年录取生源出现了一定数量的理科生，数学基础非常好且对数学有着浓厚的学习兴趣。对这些学生而言，教师在课堂上讲授的教学内容深度和讲授进度容易导致"吃不饱"现象，造成该群体产生学习倦怠感。

与此同时，在数学课程中展现出一定天赋和学习能力的优秀学生因为缺乏教师的关注和个性化指导，未发挥特长参与相关社会实践、竞赛和研究项目，失去了锻炼提高的机会，对学校、院系、个人都是一种损失。

因此，公共数学课教师在教学中一定要做到以下几点：

（1）在课堂教学中，对能及时掌握课堂所授知识、学有余力的学生给予个性化指导，包括推荐学习书目、单独设计问题等方式，让学生有更大程度的提高。

（2）鼓励学生参加暑期社会实践活动，通过团队合作，将数学课程上学过的知识和方法应用到实际问题中，学以致用。

（3）指导学生参加校级科创项目，组织学生进行科研训练。

（4）在平时的教学中注意数学建模思想的渗透，鼓励学生积极参加"全国大学生数学建模竞赛"。注意培育与孵化，在课堂教学中发现好苗子，持续进行辅导，鼓励学生多次参赛。

四、总结

高校教风建设任重而道远，与学校的制度保障、教师的身心投入密不可分。学校制度保障是基础，全方位支持是根本。对教学的主体——教师的政治素养、职业素养等方面要重点关注。教师也要注重自身能力的培养，在政治思想有保证、教学能力过硬、对学生充分了解的前提下才能上好课，做到教授专业知识的同时，为党育人、为国育才。

参考文献

[1] 王焰新.严字当头：新时代高校教风学风建设的探索实践[J].中国大学教学，2021（3）：4~9.

[2] 金文斌.加强教风学风建设 提高人才培养质量[J].中国高等教育，2013（11）：59~60.

[3] 王蕊.新时代高校教风建设的困境、成因及路径研究[J].淮阴师范学院学报（自然科学版），2021，20（2）：160~163.

[4] 刘建清，唐铸文，程远志.关于加强地方高校教风学风建设的思考[J].学校党建与思想教育，2018（24）：59~60.

[5] 阎光才.讲授与板书为代表的传统教学已经过时？——不同方法与技术在本科课堂教学中的有效性评价[J].教育发展研究，2019（23）：1~9.

[6] 张波.高校教师教学技能存在的问题和改进举措[J].中国高教研究，2007（4）：91~92.

[7] 余小芬，刘成龙.数学板书：特征、类型及设计原则[J].中学数学月刊，2022（3）：15~17.

新形势下高校思政教育的开展路径①

——以二外"四史"教育为中心

刘赫宇② 王秀彦③

北京第二外国语学院

摘 要:"新文科"之"新",不仅体现在对传统教育方式的转换,更是对教学理念和教育发展方向的革新。作为传统思政课程的重要延伸,"四史"的教学活动可以从新文科建设和高校教育评价改革中获益,尤其在之前疫情常态化防控、传统教学方式受到冲击以及分阶段、多模态教学模式逐渐展开的背景下,我们应当对课程教学及师生关系的本质予以反思,促进思政课教学功能和价值的重塑、再造。

关键词:高校;"四史"教育;大思政课;实践教学;选择性必修课

2019年8月,中共中央、国务院印发的《关于深化新时代学校思想政治理论课改革创新的若干意见》中指出,要积极拓展思政课建设格局,发挥思政课指挥棒的作用,将思政课学习实践情况作为综合素质评价体系的重要内容[1]。2020年4月,教育部等8个部门联合印发的《关于加快构建高校思想政治工作体系的意见》明确表示,要把加强"四史"教育作为加强高校思想引领的一项重点[2],将"四史"教育同马克思主义基本原理结合起来,与习近平新时代中国特色社会主义思想贯通融合,成为高校思政课实践教学的一项重要任务。与此同时,当前国内高校的发展实际已经进入了新的阶段。新冠疫情常态化防控使线上教学成为一种必需模式,而时至今日,高等教育领域掀起的评价改革,也要求我们必须对教学理念与模式给予更为深入的反思。

今天的学界更多关注"四史"的价值与教育开展方式,有学者论及"四史"融入"思想道德与法治"教学的意义、目标与路径,认为在"融入"的具体路径中,应立足于新版教材,对标课程要求、转化历史资源、设计合理形态,结合大学生喜爱的教材板

---

① 本文系2022年国家社科基金高校思想政治理论课研究专项"新时代高校思政课教师胜任力优化路径研究"(项目号:22VSZ061)、北京第二外国语学院2022年度新时代师风教风建设研究专项"新形势下青年思政教师实践能力评价机制研究"阶段性成果。

② 刘赫宇,北京第二外国语学院马克思主义学院讲师。

③ 王秀彦,教授、博士生导师,北京第二外国语学院党委副书记。

块有机进行;也有论者认为在思政课教学体系中融入"四史"教育是必要且可行的,要将其打造成一门必修课融入思政课程体系。①可见"四史"教育已经成为今天思政教育中一个新的亮点。尤其对于北京第二外国语学院这样一所外语类特色型高校来讲,学生有更多机会接触到国外的世界,在这里坚定开展传统思政课以及"四史"教育,具有更为强烈的现实性与针对性。加之新文科建设为传统文科专业的发展提供了一条切实的新思路,更对化解当前思政课教学面临的困境及探索"四史"教育开展的新模式予以启发。为此,笔者结合有限的一线教学经验,从宏观视角探讨新文科建设背景下二外"四史"教育的发展途径,以此求教于方家。

一、"四史"教育的理论内涵

经过长期酝酿与讨论,中共中央办公厅于2021年6月印发《关于在全社会开展党史、新中国史、改革开放史、社会主义发展史宣传教育的通知》,对"四史"宣传教育做出安排部署。总体来看,中国共产党史、中华人民共和国史、改革开放史与社会主义发展史,在时间上叠加,在内容上相关联,并各有侧重。习近平总书记曾指出,要把社会主义核心价值观贯穿于高校办学育人全过程,弘扬以爱国主义为核心的民族精神和以改革创新为核心的时代精神,坚持用社会主义核心价值观引领知识教育、引领师德建设,加强中华优秀传统文化和革命文化、社会主义先进文化教育,并以"四史"学习作为加强国家意识、法治意识、社会责任意识教育和民族团结进步教育、国家安全教育、科学精神教育的主要手段。[3]

"四史"课程是对传统思想政治理论课,尤其是"中国近现代史纲要"和"毛泽东思想和中国特色社会主义理论体系概论"等课程在内容上的拓展,还有不少学者提议将"四史"融入高校思政课实践教学。截至目前,已相继出版《中国共产党简史》《中华人民共和国简史》《改革开放简史》以及《社会主义发展简史》等四部相关教材,分别由人民出版社、当代中国出版社、中国社会科学出版社、中共党史出版社以及学习出版社等单位合作出版,为课程的开设提供了权威的文本依据。

作为思政课家族中的新成员,如何认识"四史"教育与原有课程之间的关系,或许还需要从理论来进行分析。2019年3月,在学校思想政治理论课教师座谈会上,习近平总书记专门强调,办好思想政治理论课,最根本的是要全面贯彻党的教育方针,解决好培养什么人、怎样培养人、为谁培养人这个根本问题。[4]对总书记之前提出的

---

① 详见孙道明,裴学进:《论"四史"融入"思想道德与法治"教学的意义、目标与路径》,《山西高等学校社会科学学报》2022年第4期;刘倩,侯晨,冯宁:《将"四史"教育融入高校思政课教学体系探究》,《现代农村科技》2022年第4期;金婷,戴艳军:《促进"四史"教育与高校思政教育相融合》,《中国社会科学报》2022年4月14日,第7版,等。

"政治要强、情怀要深、思维要新、视野要广、自律要严、人格要正"思政教师六大素养做出更高的标准,要求我们在教学思路和理念中,注入更多新的内涵。而在中共中央政治局党史学习教育专题民主生活会上,总书记再次强调"让正史成为全党全社会的共识,教育广大党员、干部和全体人民特别是广大青年坚定历史自信、筑牢历史记忆,满怀信心地向前进"。[5]

尽管中国的人文社科领域研究已经逐渐走向成熟,但种种历史虚无主义现象的存在,仍进一步凸显了加强正确党史观宣传教育的紧迫性。在教学过程中,要求师生从学史中强化民族认同,厚植爱国情怀,深化"四个自信",并时刻注意坚持马克思主义的指导地位,运用历史唯物主义的立场、观点与方法,坚持实事求是原则,注重历史的连续性和整体性。分清新中国史的主流和支流,不能割裂历史内在联系,正确处理改革开放前后两个历史时期的关系。正如有学者认为改革开放史研究要深入,必须打破学科界线,进行多学科的对话。既要看到历史的自主性,看到历史人物的作用,又要看到其背后的动因和约束。[6]由此可见,"四史"不仅在内容上与原设思政课程有所重叠,在教学过程中可以互通互鉴,其课程的开设更是紧密结合当前形势,具有强烈的现实关怀。

二、传统思政课堂面临的机遇与挑战

1. 新文科带来新技术、新理念

时至今日,在经济全球化趋势下,世界政治、经济和文化格局都发生了较大变化,这一过程同样深刻影响了教育领域,知识更新以惊人的速度发生着。2020年11月,中华人民共和国教育部正式发布《新文科建设宣言》,强调文科在中华民族伟大复兴中的重大意义,突出了文科创新的价值,提倡各种跨学科研究,并鼓励文理融合,全国新文科教育研究中心同时成立。教育部还要求各高校在实施一流本科专业建设的过程中,"持续深化教育教学改革,教育理念先进,教学内容更新及时,方法手段不断创新,以新理念、新形态、新方法引领带动新文科建设"。[7]教育部社科司强调新文科建设是构建世界水平、中国特色的文科人才培养体系的重要举措,有助于突破传统学科在新时代人才培养的局限性,实现专业的改造提升,并明确表示要重点支持建设一批文科实验室,促进研究方法创新和学科交叉融合,引领学术发展。2021年11月,教育部公布首批1011个新文科研究与改革实践项目,集中在发展理念、改革与发展、政策与支撑体系、专业结构优化、专业改造提升等6个领域、22个选题方向,为我们探索新文科发展之路提供了依据。

目前看来,新文科之"新",绝非"传统文科+新技术"那么简单。[8]当下对于新文科定义内涵与外延的研究不断有新的成果问世,有论者将其理念归结为五条;有论者还认为要从"科际融合""价值引领"及"全球视野"三方面深刻把握"新文科"建设的知识演变与价值趋向;还有观点认为,培养能够综合运用信息技术的文科技术型人才,是新文科建设的重点之一,应根据"学科融合—信息素养—实践为重"的育人逻辑,从培养理念、培养目标、培养方法与培养资源等四个方面实现文科技术型人才培养的突破。①

在哲学社会科学工作座谈会上的重要讲话中,习近平总书记提出了"运用互联网和大数据技术,加强哲学社会科学图书文献、网络、数据库等基础设施和信息化建设"等要求。在当前新文科建设过程中,要充分发挥技术媒介的重要作用,同时准确把握科技手段之"术"与学科建设之"道"的关系。就现阶段而言,注重科技媒介与文科的融合,强调不同学科尤其是人文、社科类学科与科技领域之间的交叉,是新文科建设的重点任务。然而,我们在强调科技思维时,务必要认识到人文属性才是新文科的本质属性。以互联网为代表的新科技的迅猛革新及其媒介化,不仅创新了人类认识世界的方式方法,更重要的是对"人"自身的改变,包括生活方式、思维方式、生存环境及文化境遇等。因此,探讨新文科建设,既要考虑科技元素对文科发展不可忽略的作用,又离不开对不断变化着的"人的观念""人的培养"等问题之理解与思考。同时在新文科建设中,面对技术革新及互联网和新媒体的迅速发展,我们不能只重视媒介的技术性却忽视对其文化品质的塑造,而应从强化新媒体承担文化传承与创新责任的角度,在信息生产和交流的过程中有意识地塑造新媒体的文化秩序。[9]

除上述内容外,我们也需要重新审视之前已经得到广泛应用的技术,如备受关注的慕课。不过实事求是地讲,受讲授水平、录制条件以及平台权限等因素的限制,史学类、思政类慕课开设已久却仍存在较大进步空间。慕课绝不仅仅是单纯将录制好的课程视频发至平台供学生取用,而是由一系列教育教学计划组成的学习活动,因此同"新文科"理念相类似。我们应当将"互联网+四史教育"模式,整合运用视频、图片等传统资源,并糅合 VR、官网、公众号、融媒体等数字化资源,利用近期国内大型数字化展览信息,制作高质量的慕课,在提高教师教学效率的同时,也充分调动学生参与学习的意愿和积极性。

---

① 主要为:新文科倡导以打破不同学科之间、学科与非学科之间界限的"超学科视野",推动文科教育的融合发展;新文科呼吁以强大的创新精神,促进"学生、学术和学科"为一体的哲学社会科学综合体系的创新发展;新文科重新阐发并弘扬中国传统的"大文化观念",为文科的内部融通和具有大文化素养的时代新人培养提供基础;新文科以"生态人文主义"对既有人文主义进行更新,使生态文明时代的新文科具有符合人类文明发展方向的新内涵;新文科以"新语文思维",更新对语言文字的传统认识,以推动塑造新的生态人文思维和生态审美观念。详见赵奎英:《试谈"新文科"的五大理念》,《南京社会科学》2021 年第 9 期,第 147-154 页;尹毅:《"新文科"建设的内在逻辑与推进路径》,《教育评论》2021 年第 10 期;邹宝玲,郑沃林:《新文科背景下文科技术型人才培养探究》,《黑龙江高教研究》2021 年第 11 期。

2. 教学改革的实际需要

这个时代同样是我们重新讨论评价国内高等教育的时代。新中国成立以来第一份教育评价系统性改革的相关文件，即2020年出台的《深化新时代教育评价改革总体方案》中就明确提出"推进高校分类评价，改进本科教育教学评估，突出思想政治教育"等要求。[10] 中国高等教育从以往的增量改革转变为存量改革，开启了内涵式高质量发展，学科专业与课程结构等得到进一步的调整与优化，高等教育的资源配置模式发生了整体性的变化。高校的办学水平与人才培养质量不断提高，高等教育整体的国际竞争力持续增强。创新理念成为普遍共识，中国的高等教育正在从传统的人才培养模式转变为一种创新性的教育模式，成为国家创新发展战略的重要支撑力量。

在现代教学的发展进程中，"空中课堂"借助2003年非典疫情防控逐渐为人们所熟知。而新冠疫情在全球暴发距今已经三年，相比之前，许多高校无法返校进行线下教学，分阶段、多模态教学方式成为常态，此外日常课堂教学对于线上平台的依赖度明显提高，从而促使我们再次对于教学理念、思路以及具体方式进行深入思考。2022年4月习近平总书记在中国人民大学考察时，第一站便来到思政课智慧教室观摩现场教学活动，使我们感受到思政课程的重要性，也再次看清了新理念、新技术在教学之中的用武之地。总书记提出"思想政治理论课能否在立德树人中发挥应有作用，关键看重视不重视、适应不适应、做得好不好"。当前，"坚持和发展中国特色社会主义理论和实践提出了大量亟待解决的新问题，世界百年未有之大变局加速演进，世界进入新的动荡变革期，迫切需要回答好'世界怎么了''人类向何处去'的时代之题"。[11]

三、二外"四史"教育的发展方向

"灭人之国，必先去其史"。"新文科"与"四史"在这个时代相遇，是历史的必然选择，"四史"教育无疑是第一课堂与第二课堂结合的理想方案，亦是思政课堂与社会课堂的有机统一。当在此百年未有之大变局中，"四史"教育的使命是始终不变的，那就是在"大思政"的框架之下，用真实的案例、对比的论证、过硬的本领讲好中国共产党为什么"能"，马克思主义为什么"行"，以及中国特色社会主义为什么"好"。

作为一所外语类特色型高校，北京第二外国语学院是在20世纪60年代我国外交事业蓬勃发展的大背景下，由周恩来总理亲自提议创办的。学校历来十分重视思政课程的设置与开展工作。在学校《本科人才培养五年行动方案》中，提出依托校史中丰富的红色资源和文化资源，以相近学科交叉融合和协同创新为新生长点，形成马克思主义理论学科建设的新亮点，凝练出符合学校办学定位和外国语大学特色的学术品牌。侧重对外做好理论阐释和国际传播工作，形成马克思主义理论学科二外特色。[12] 值得一提的是，在二外，"四史"课程是作为选择性必修课开设，同学们来自不同年级、不同专业，同学们在感受到一定程度"专业背景"碰撞的同时,实际更为同学与老师的交流提供了良好条件。

二外系统开展"四史"教育活动,在2021年3月,与北京新四军暨华中抗日根据地研究会签订合作协议,双方共同创建"传承红色基因,弘扬红色文化"红色育人平台,合作开展系列党史教育特色活动。其中一项就是创办"将军思政大讲堂",为党的一百周年华诞献礼,推进党史教育并创新思政课堂,请将军走进校园,为学生讲党史、述峥嵘。5月,二外开展党史学习教育系列之"采访百位老战士"活动。学校还在全国红色旅游创意策划大赛上取得好成绩,让百年"红船"驶入"行走的思政课堂"。下半年,学校党史学习教育活动继续开展,10月,"我听亲人讲'四史'"在二外进行宣讲。这些动态都体现了当下"四史"教育的新趋势。2023年,校党委宣传部、学工部、校团委、教务处、研究生院和马克思主义学院共同主办"学习二十大,奋进新征程"——北京第二外国语学院2023年思政课实践教学暨"行走的大思政课"启动仪式,在首场实践活动中,百余名师生走进香山。此外学校开展的"红培工程"还入选教育部高校思想政治工作精品项目,使每位二外教师都备受鼓舞。我们也有理由相信,"四史"教育同样是贯彻"新文科"理念、将新技术渗入教学的有利时机。由此来看,"四史"教育与"新形势"的结合,是历史所归,时代所趋。

目前来看,北京高校思想政治理论课资源平台及北理工等部分高校马院已经初步建成数字课程,并在重点内容配备VR沉浸式体验等学习资源。而在具体的教学过程中,需要广大思政教师积极"走出去"。目前二外马院已计划同包括侵华日军南京大屠杀遇难同胞纪念馆、中国人民解放军军事科学院、中国共产党历史展览馆、中共中央党校等以及各兄弟院校马院在内的兄弟单位和技术单位展开广泛合作,将教学实践资源整理加工并"引进来",着手建立二外的"思政课社会实践资源库"(涵盖人才库、资料库及应用库等),进购VIVE Pro及VIVE Focus等设备,学生通过账号登录、足不出户就可以享受到资源库内各类资源。数字化技术对于思政课教学而言,远不止于特殊情况下的应急之举,它不仅是疫情期间重建师、生之间连接的重要方式,更应该是未来延展教育教学方式的重要支撑。此外,我们还应当充分利用二外对外宣传的平台优势,结合师生在建党百年庆典、冬奥等国家重大事项中的参与,校内各院系之间彼此配合,共同制作具有二外特色的"四史"数字资源。而学校和教师应当注重课程跨度、深度与温度的有机统一,推动学科体系、学术体系与话语体系建设。

就今后高校"四史"教育乃至整个思政课程的发展方向,习近平总书记的期望或许能够很好地回答这个问题:"发挥哲学社会科学在融通中外文化、增进文明交流中的独特作用,传播中国声音、中国理论、中国思想,让世界更好读懂中国,为推动构建人类命运共同体做出积极贡献。要以中国为观照、以时代为观照,立足中国实际,解决中国问题,不断推动中华优秀传统文化创造性转化、创新性发展,不断推进知识创新、理论创新、方法创新，使中国特色哲学社会科学真正屹立于世界学术之林"，并坚持党的领导、坚持马克思主义指导地位、坚持为党和人民事业服务，落实立德树人根本任务，传承红色基因，扎根中国大地办大学，走出一条建设中国特色、世界一流大学的新路。[11]人文与科学并非硬币的两面，而我们也有机会去用科学的态度研究人文，用人文的精神看待科学。

参考文献

[1] 关于深化新时代学校思想政治理论课改革创新的若干意见 [EB/OL]. 光明网, https://news.gmw.cn/2019-08/15/content_33078487.htm.

[2] 宋俭, 廖玉洁. 将"四史"教育融入高校思想政治理论课教学体系的思考 [J]. 思想理论教育, 2020（7）: 24-29.

[3] 学好"四史", 永葆初心, 永担使命. 共产党员网 [EB/OL]. https://www.12371.cn/2021/05/31/ARTI1622445407886624.shtml.

[4] 习近平主持召开学校思想政治理论课教师座谈会 [EB/OL]. 中国政府网, 2019.3.18, http://www.gov.cn/xinwen/2019-03/18/content_5374831.html.

[5] 新华时评: 让正史成为全党全社会的共识 [EB/OL]. 新华社, http://www.news.cn/politics/2022-01/11/c_1128251947.htm.

[6] 萧冬连. 改革开放史研究需要多学科对话——以解释"中国奇迹"为例 [J]. 中共党史研究, 2020（5）: 99-100.

[7] 教育部办公厅关于实施一流本科专业建设"双万计划"的通知 [EB/OL]. 教育部, http://www.moe.gov.cn/srcsite/A08/s7056/201904/t20190409_377216.html.

[8] 新文科研究, 不止"文科+新技术"那么简单 [EB/OL]. 光明网, https://m.gmw.cn/baijia/2021-03/17/1302170296.html.

[9] 杨柏岭. 大力推进新文科建设创新发展 [EB/OL]. 光明网, https://news.gmw.cn/2021-09/17/content_35170718.htm.

[10] 中共中央　国务院印发《深化新时代教育评价改革总体方案》[EB/OL]. 教育部官网, http://www.moe.gov.cn/jyb_xxgk/moe_1777/moe_1778/202010/t20201013_494381.html.

[11] 习近平在中国人民大学考察时强调　坚持党的领导 传承红色基因 扎根中国大地 走出一条建设中国特色世界一流大学新路 [EB/OL]. 人民网, http://politics.people.com.cn/n1/2022/0425/c1024-32408556.html.

[12] 北京第二外国语学院本科人才培养（本科教育）五年行动方案（2021—2025年）[N]. 内部资料, 2021: 5-6.

新时代外语教育中的课程思政探索

乔拓新

北京第二外国语学院　高级翻译学院

一、新时代的外语教育

什么是外语教育？

外语教育是什么？它和外语教学有什么区别吗？相比于人们比较熟悉的"外语教学"来说，"外语教育"更像是一个新名词。两者虽仅有一字之差，但是它们的含义却有不小的区别。二者之间的不同，可以首先从教育和教学的区别谈起。教学，顾名思义，老师教，学生学。教和学的主要是知识和技能。而教育则不然，教育的含义包含教学又不同于教学，区别不在教字，而在育字。育，就是育人。蒋洪新等（2018）指出，传统上所说的外语教学"侧重的就是我们平常所说的外语基本技能和知识教学"；而外语教育则是在"传授外语基本技能和知识的同时，需要通过揭示隐藏于一门外语表象背后的深层内容，倾力于对学生在对异域文化的包容、思维方式的借鉴、先进思想的吸纳、处世格调的提升、个人视野的拓展、兼容开放的姿态、民族品格的张扬等方面的陶冶"。因此，外语教学和外语教育的区别，核心也体现在这个育字之上。外语教育不是简单培养外语技能，而是要培养不仅能熟练掌握外语技能，而且可以贯通中外文化的人。为什么传统上我们更侧重外语教学，而现在我们却要强调外语教育呢，接下来我们就来回答这一问题。

为什么要提出新时代的外语教育？

我们已经探讨了教育和教学的不同，接下来我们的讨论将围绕教育和时代两者之间的关系。首先，需要明确的是，将教育和时代联系在一起，这符合教育的本质逻辑。教育，永远离不开时代。这有两层原因：一方面，教育是时代的产物，它反映了时代的变化和需求。另一方面，教育也孕育着时代的变革的种子，不断引领着产业变革和社会变革。过去，我们在培养学生时，主要围绕着外语教学的培养思路，也就是侧重培养学生的外语技能，这是因为在我们社会主义建设的初期以及改革开放的前几十年，我们的国家整体上处于一种大而不强的状态。虽然我们国家拥有着世界上最多的人口，拥有着庞大的国土面积和自然资源，但是相比于西方发达国家，我们的科技实力和文化影响力一直处在努力追赶的地位。因此，我们侧重外语教学，是为了提升学生的外语能力，培养优秀学子出国留学，将先进的外国科技带回国内，快速缩小我国和西方发达国家的差距。

但是，伴随着中国外语教育的深入开展，伴随着我国持续多年地向西方国家学习先进的经验和技术，也伴随着我国科技和产业的积累，我们与西方发达国家之间的差距不断缩小。尤其是在中国特色社会主义建设步入新时代以来，我国正全方位从一个社会主义大国逐渐转变为社会主义强国。在这样一个"百年未有之大变局"的新时代，我们相比过去面临新的机遇和挑战。如果沿着传统上外语教学的思路，先掌握外语，然后再学习国外的先进技术和理念，我们可能会发现，这条路难以走通。因为，虽然在一些科技领域我们仍处于学习的位置，但是在诸如高铁、航空航天、深潜、5G、大数据、云计算、人工智能等诸多科技领域当中，我们已经走在了世界的前列。我们不再一味地学习，而是已经开始加入到制定规则的行列。同样，在人文社科领域，中西方的思想文明都具备悠久的历史，都传承着人类的智慧。在这样一个时代，我们需要的不仅仅是学习者，而且是传播者；不仅仅是会说外语的人，而且是拥有中西方文化底蕴同时拥有文化自信的人。只有这样的人，才能担负起文化互译、文明互鉴的历史任务。正如蒋洪新（2018）指出，"我国已经进入了新的历史方位，为推进构建人类命运共同体，我国外语教育需致力于培养复合型人才"。因此，在这样的新时代，我们比以往都更加需要这样的人才。所以，我们唯有将传统的外语教学理念转变为外语教育的理念，才能培育出这样的人才。这也是为什么过去我们可以基本满足于外语教学，但是如今，我们一定要遵循"新时代的外语教育"这样一个理念。

新时代的外语教育的核心问题是什么？

上面提到说，现在需要遵循"新时代的外语教育"这样一个理念，那接下来的问题就是如何遵循这个理念，或者说如何将这样的理念落到实处？为此，我们必须要回答新时代的外语教育面临的核心问题是什么。何莲珍（2019）指出，大学外语教育需要回答两个重要问题，即"培养什么人、怎样培养人"，尤其是我们所处的新时代正面临全球经济一体化进程加快、我国改革开放向纵深发展和"走出去"战略稳步推进，正值国家对外语人才的需求逐渐扩大的当口，她认为"大学外语教育首要的是明确定位，回答'培养什么人'的问题"。为此，她提出了实现大学外语教育目标的三个路径，而其中的最重要的一个路径便是，加强课程建设。因此，可以说，新时代外语教育要解决的核心问题就是课程思政。课程思政是最近几年新提出的一个名词术语。但是对于这个术语所包含的概念，似乎并不是人人都能理解得透彻，因此，在贯彻执行上可能会有一定的误区。下面我们就将针对课程思政的一些常见的误解和执行过程中面临的问题对外语教育类的课程思政进行正本清源。

二、新时代外语教育课程思政的正本清源

首先，要分清课程思政和思政课程这两个概念。课程思政不是传统上所说的思政课程。思政课程，也就是思想政治理论课，是一类专门的课程。而课程思政，按照高德毅和宗爱东（2017）的说法"其实质不是增开一门课，也不是增设一项活动，而是将高校思想政治教育融入课程教学和改革的各环节、各方面，实现立德树人润物无声"。习近平总书记在全国高校思想政治工作会议上指出："要用好课堂教学这个主渠道，思想政治理论课要坚持在改进中加强，提升思想政治教育亲和力和针对性，满足学生成长发展需求和期待。其他各门课都要守好一段渠、种好责任田，使各类课程与思想政治理论课同向同行，形成协同效应。"应该说，近年提出的新术语"课程思政"，就是在切实贯彻习近平总书记所要求的"同向同行"和"协同效应"。邱仁富（2018）指出："'思政课程'体系只是其中不可或缺的一部分，甚或说核心的部分，发挥主渠道作用。但是，'思政课程'体系总有其边界。这种边界在某种程度上影响了'思政课程'育人的功能发挥。这就需要'课程思政'来补充。"

其次，我们要明确的是，无论是传统上所说的思政课程，还是近几年提出的课程思政，它们的根本目标都是立德树人。这一点，在《高等学校课程思政建设指导纲要》2020中非常明确："立德树人"是高等教育的根本任务，课程思政是落实"立德树人"根本任务的战略举措，课程思政就是要将价值观引领寓于知识传授与能力培养之中。因此，可以说立德树人既是思政课程的根本目标，也是课程思政的根本要求。换句话说，提出课程思政，本质上就是要强调课程不仅仅是传授知识，更核心的问题是培养什么样的人。因此，课程思政涉及各学科、各类型的课程体系，立德树人要贯穿所有的课程。高德毅、宗爱东（2017）认为："在社会多元价值交织、渗透的复杂背景下，单纯或过度依赖思政课对大学生进行价值引导的局限性日益凸显，亟须发挥多学科优势，全课程、全方位育人。"因此，进一步来讲，无论是稍早一些提出的课程思政，还是新近提出的"三进"课堂，都应该秉承"三全育人"的理念，始终将立德树人作为根本的出发点和落脚点。

最后，新时代的外语教育的课程思政既和其他类别的课程思政存在共性，又具备其独有的特点。外语教育的课程思政和其他类别的课程思政存在共性，它们都必须以立德树人作为根本目标，都属于"大思政"的范畴。但是相比于其他类别的课程，外语教育课程涉及中西方两种文化，涉及不同的意识形态和价值观念，因此，在外语教育的课程思政过程中，要着重强调培育学生正确的价值观和意识形态立场。崔戈（2019）指出："外语是大学生认识世界、理解世界的重要媒介，因而外语'课程思政'建设对学生树立正确价值观的意义不可低估。"此外，他也认为，外语教育类别课程的思政建设不仅有助于守好意识形态阵地，也是讲好中国故事的基础。讲好中国故事是习近平总书记针

对新时代中国和西方交流方面提出的新要求。讲好中国故事，一方面需要从传统的外语教学理念转变为新时代的外语教育理念；另一方面也对于外语类课程的思政建设提出了要求。正如刘正光和岳曼曼（2020）提出："有必要在教学内容中适当平衡中国文化与西方文化内容的比重，便于学生在比较中更深刻认识不同文化与文明的长处与不足。"由于当今时代国际上通用语主要是英语，因此，向世界讲好中国故事在很大程度上有赖于一定的英语基础。当然，掌握其他类别的外语，直接用对应国家和地区的语言讲述中国故事在很多国家和地区是最直接讲好中国故事的方式。但是无论如何，不可否认中西方的文化交流和文明互鉴都在一定程度上离不开外语教育。这便彰显出外语教育类别的课程思政的重要意义。蒋洪新（2018）认为："广大英语教育工作者要以习近平新时代中国特色社会主义思想为引领，始终坚持人文教育的价值取向，重新审视复合型的人才培养目标。"外语教育类别的课程思政，关系到我国人才培养的大局，关系到为谁培养人才、培养什么样的人才这样的根本问题，如果只培训学生的外语技能，而不对其价值观念、意识形态立场进行合理且必要的引导，则很容易导致我们的人才在业务能力上优秀、在精神文化领域"缺钙"等问题。

三、新时代外语教育课程思政方式探索路径

上文已经说到，课程思政不是要单独新开一门课程，而是在所有课程里都融入立德树人的思政教育。新时代的外语类课程的思政教育也应秉承着这样的原则和理念。为此，需要转变传统的外语教学理念，将外语知识和技能的传授，与培养和树立学生正确的世界观、人生观、价值观紧密结合，培养不仅掌握中西方语言，而且要洞悉中西方文化思想异同的新时代人才。同时，新时代外语类课程的思政不仅涉及外语类相关专业的学生，而且涉及各个学科专业学生。新时代相比于过去任何一个时代都体现出更快的科技创新速度、更快的发展速度和更大的国际竞争；同时，这个时代也比以往任何一个时代要更加多元和复杂。因此，培育学贯中西、具备文化自信、在中西方文化交流和文明互鉴方面可以做出贡献的新型人才不单单是外语类学科自己的小事，而是每个学科、每个专业都必须要认清的大局。这是当下和未来时代对于我们人才培养提出的必须要回答的课题。因此，新时代外语教育类别的课程思政，应该把目光定位于面向所有学科的人才培养。为此，本文尝试提出三条新时代外语教育的课程思政方式或路径。

首先，各学科在贯彻涉及外语类课程的教育中都要秉承大思政的理念，在课程中始终秉承立德树人、"三全"育人的根本目标。当下，在中国大学里，任何一个学科、任何一个专业的学生都需要学习外语，都要接受外语教育。这就不仅要求外语类的专业教师，也要求教授大学英语类别的老师，甚至各学科专业使用外语进行教学的老师，都要秉承立德树人的教育理念，在教授知识的同时，始终把立德树人作为根本的出发点和最

终的落脚点。在课程中，可以通过鲜活具体的案例，循循善诱地使得学生认清中西方文化的差异和相通之处，潜移默化地培养学生的辨别能力。

其次，各学科在涉及外语的教材编写上都可以有所创新，将课程思政体现在课本里。教材是教学的基础，也是教育的重要工具。新时代的外语教育的课程思政需要紧跟时代的教材，选取跟上这个时代的新素材，而不能一味地简单沿用旧有的内容和知识。无论是外语类教育的教材，还是涉及外语的各学科类别的教材，都应该时时更新教材素材，贯彻"三全"育人的理念。

最后，新时代的外语教育中的课程思政应该紧密与实践结合，并且在实践中得以贯彻。教育是面向实践的。因此，教育不能仅局限于课堂和书本，要以社会需求和时代需要为导向。外语类教育的课程思政，同样要以客观的社会现实作为依据。比如，在培养学生的思想文化、意识形态和价值观的鉴别能力上，不仅要在一些"肉眼可见"的文化差异问题上向学生讲明中西方思想文化的异同，也要在根本的意识形态不兼容的问题上为学生树立正确的意识形态和价值观念。例如，可以通过鲜活的时事案例和客观的统计数据向学生揭示出，西方国家发达的经济状况并不能掩盖资本主义经济体制会导致贫富分化加剧和社会不公不断深入扩大的根本问题等。外语类的课程思政要敢于向学生揭露这样的问题，引导学生树立正确的价值观。

结语

本文从新时代的外语教育这个话题出发，指出外语教育伴随着新时代人才培养的重要课题，指出新时代外语教育课程思政的核心问题是立德树人；同时也提出了外语类教育课程思政和其他类别课程思政的异同，提出了新时代外语教育课程思政方式的三大探索路径，期望为新时代各学科培养复合型人才、促进中国与西方的沟通与合作、推动文化互动和文明互鉴、推动构建人类命运共同体贡献智慧。

参考文献

[1] 崔戈."大思政"格局下外语"课程思政"建设的探索与实践[J].思想理论教育导刊，2019（07）：138-140.

[2] 高德毅，宗爱东.从思政课程到课程思政：从战略高度构建高校思想政治教育课程体系[J].中国高等教育，2017（01）：43-46.

[3] 何莲珍.新时代大学外语教育的历史使命[J].外语界，2019（01）：8-12.

[4] 蒋洪新.关于新时代英语教育的几点思考[J].外语教学，2018，39（02）：49-51+67.

［5］蒋洪新，贾文键，文秋芳，王初明，王文斌，胡开宝，程晓堂，束定芳，宁琦，周异夫，薛庆国，赵刚.新时代中国特色外语教育：理论与实践［J］.外语教学与研究，2018，50（03）：419-430.

［6］刘正光，岳曼曼.转变理念、重构内容，落实外语课程思政［J］.外国语（上海外国语大学学报），2020，43（05）：21-29.

［7］邱仁富."课程思政"与"思政课程"同向同行的理论阐释［J］.思想教育研究，2018（04）：109-113.

［8］习近平.习近平谈治国理政（第二卷）［M］.北京：外文出版社，2017：378.

跨文化视野下大学英语课程思政建设的探索

——以北二外"第二外语英语"为例

张晶晶

北京第二外国语学院

摘　要：课程思政是大学英语教学必不可少的一项内容，是立德树人的根本任务得以落实的重要途径。随着我国对外开放交流的进一步深入，国际传播能力在人才培养中的重要性日益凸显。思政引领下的大学英语教学应注重培养学生的国际传播能力。本文以北二外小语种各专业的英语课程教学为例，探讨大学英语课程思政建设。大学英语教学课堂活动的设计旨在提升语言能力、获得跨文化视野、提升国际传播能力。跨文化视野下大学英语课程思政建设对教师发展也提出了较高的要求。教师应努力提升自身母语水平，提高文化素养，以完成人才培养的任务。具体来说，要加强教学与科研的结合，以科研促进教学。

关键词：课程思政；跨文化视野；国际传播能力

一、引言

2020年5月，教育部印发了《高等学校课程思政建设指导纲要》（以下简称《纲要》）。《纲要》开宗明义地指出："培养什么人、怎样培养人、为谁培养人是教育的根本问题，立德树人成效是检验高校一切工作的根本标准。落实立德树人根本任务，必须将价值塑造、知识传授和能力培养三者融为一体、不可割裂。"大学英语作为本科教育教学中的重要组成部分，在传授语言知识、训练语言技能的同时，必须凸显价值引领，实现立德树人的根本任务。

"第二外语英语"是北京第二外国语学院英语学院面向全校非英语专业的其他语言类专业开设的专业必修课，课程培养目标是"通过培养学生的英语综合应用能力，特别是听说能力，使他们在今后的工作和社会交往中能用英语有效地进行口头和书面的信息交流，同时增强其自主学习能力，提高综合文化素养，为他们进行跨文化交流和终身学习打下坚实的基础"。作为面向外语类专业本科生开设的英语公共课，"第二外语英语"课程成为新文科建设背景下，极其特殊且重要的一门课程。我校非英语专业的其他语种院系包括欧洲学院、日语学院和中东学院，开设的语种包括主要的18个欧洲语言（俄语、德语、法语、西班牙语、意大利语、葡萄牙语、波兰语、捷克语、拉脱维亚语、匈牙利语、爱沙尼亚语、立陶宛语、塞尔维亚语、罗马尼亚语、阿尔巴尼亚语、保加利亚语、斯洛伐克语、斯洛文尼亚语）和7种亚洲语言（日语、朝鲜语、印地语、阿拉伯语、波斯语、希伯来语、土耳其语）。小语种专业学生的培养以学校服务国家战略和首都需求为导向，旨在培养"多语种复语、跨专业复合"的具有家国情怀、国际视野的国际化复合型人才。

英语虽然是我校小语种专业学生的第二外语，但是对于其中的大多数学生而言，实为他们人生中学习的第一门外语，因此在英语学习中习得的语言学习方法不仅为他们学习第二门外语提供了有益的帮助，也是他们了解世界和对象国最为重要的路径。鉴于目前英语在国际交流中的通用语地位，以及我校"多语种复语"的培养目标，熟练掌握英语几乎是对所有小语种专业学生的基本要求。第二外语英语的教学也就承担着提升学生英语语言技能、拓展学生知识储备，以及学生价值塑造的三重任务。笔者在"第二外语英语"课程的教学中，将价值引领始终贯穿于教学过程中，对于大学英语教学中的课程思政建设进行了有益的探索，取得了一些成果。

二、课程思政建设对教学方法的要求

培养具有跨文化视野的复合型人才是新文科建设背景下我国高等教育外语教学的重要任务，也是大学英语教学的重要功能。2019年3月23日至24日，教育部高等学校外国语言文学类专业教学指导委员会、教育部高等学校大学外语教学指导委员会等在北京联合主办"第四届全国高等学校外语教学改革与发展高端论坛"，教育部高等教育司司长吴岩在论坛上做了题为《新使命、大格局、新文科、大外语》的主旨报告，为新时代我国外语教学改革指引方向、明确要求、规划路径。吴岩在报告中指出，高等外语教育对于我国高校人才培养质量的提高、中国同世界各国的交流互鉴，以及在中国参与全球治理体系的改革建设中发挥着重要作用。外语教育的这三个作用是对大学公共外语教学功能提出的新要求。正如郭英剑所言，"吴岩的落脚点是在公共外语教学"。因此，培养具有跨文化交流和传播能力的专业人才是服务国家战略的一项重要举措，为大学英语教学提供了有益的指导。

外语类专业培养目标中的国际化视野集中体现在学生的国际传播能力上。何为国际传播能力？简言之，就是讲好中国故事的能力。在《新文科、新外语、新导向——论外语专业人才培养的发展与创新》一文中，何宁和王守仁指出，在新文科建设的过程中，外语学科应突出国际传播能力的建设。文章指出，新中国成立以来的外语专业发展历程表明，外语教育一直都是传播的媒介，促进了中国与外界的人文、科技交流。而在当前的新形势下，外语学科要继续在人才培养方面做好国际传播能力的培养。讲好中国故事，不仅需要掌握语言技能，还需要掌握跨文化交流的技能。了解中国和世界，获得比较的视野，才能更好地讲述中国故事，让世界了解和接受中国。

大学英语教学中，跨文化视野的培养既是课程思政的内在要求，因为培养具有家国情怀的国际传播人才，首先要培养学生的文化自信；也是课程思政的实施路径，因为要培养学生的国际传播能力，就要引导学生用跨文化的视野看待问题。这让学生在认识和了解世界的同时，更加深刻地理解中国在世界上所处的位置，在与不同文明的比较中，能够更加深刻地体会中国文化的博大精深，加深对于本国文化的认识和认同。

跨文化视野下的课程思政在大学英语教学中有多种实施路径。课堂教学中导入环节是易于操作的课程思政切入点，教师可结合单元主题设置活动，引发学生对于内容主题的思考，对学生进行价值引领和塑造。"第二外语英语"课堂的教学活动中，课程导入环节的话题讨论设置基于一种跨文化的视野，在对单元主题和课文内容进行认真研读的基础上，深度挖掘其中涉及的价值判断，引导学生讨论不同文明中对于同一问题的认识。通过比较不同文明、不同国家的文化视阈下对于某一问题的认识，使学生对于事物的理解更加全面深刻，也获得对不同文明和文化的了解。例如"人生的成就（Achievements）"[①]这一单元内容涉及人类文明史的最高成就，因此课程导入环节笔者设置了不同文明和文化对于世界的贡献。不同语种的学生结合自己的专业进行讨论，学生指出中国古代的艺术成就和古希腊、古埃及的艺术成就持续不断地影响着当代艺术和生活的方方面面，中国哲学中的阴阳学说对于东方人思维和生活、饮食等的影响和古希腊哲学中的逻格斯对于欧洲人乃至整个西方哲学的影响。尽管由于时间所限，讨论浅尝辄止，但是这样的讨论可以启发学生在课后继续进行探索，生发出对于学问的追思。

学生课堂展示是大学英语教学中技能训练和价值引领有效结合的方式，是课程思政实施的另一个重要路径。教学课堂展示是在任务导向的教学法指导下设置的一项课堂活动，要求学生通过任务的完成去习得语言学习技能，获取知识。学生通过在课堂对某一项专题内容进行汇报，一方面展示其语言风貌和知识储备，另一方面可以显露其兴趣爱好和价值偏好。如果教师在学生选择题目的时候给予一定的限定和引导，学生在完成任务的过程中，不仅技能得到提升，同时还能获得价值引领。

"第二外语英语"课程注重过程性评价，课堂展示是学生必须完成的一项内容，表现计入平时成绩。笔者对该课程的教学是同一学年的两个学期，相对而言教学具有连贯性。为引导学生在学习对象国语言的同时，获得比较的视野，习得国际传播能力，笔者对于学生课堂展示的主题和内容做出了明确的要求。第一学期的课堂展示要求不同语种的学生组成小组，选择对象国的一位杰出人物进行介绍，例如学生可以介绍对象国的一

---

① 清华大学出版社《新世界交互英语视听说2》，2017年6月第一版，第三单元内容。

位作家、艺术家或者科学家。内容方面，要求介绍不能泛泛而谈，例如在介绍一位作家时，必须选择作家的某部具体作品进行介绍或赏析。这一主题的设定在于引导学生树立正确的人生观和价值观，以这些为人类发展做出卓越贡献的人物为榜样，成为对祖国和社会有用的人。而对于细节的设定则是希望学生有具体的语言文本进行阅读，提升他们的语言技能。通过主题和内容两方面的限定，将价值引领和语言学习进行融合，真正落实立德树人的教育宗旨。同时，不同语种的学生共同协作，加强不同文化之间的交流。第二学期的课堂展示则要求同一语种的同学组成小组，进行中国的国际影响力研究。具体而言，就是要求学生选择在对象国有巨大影响的中国的杰出人物进行介绍，例如中国某位作家或者艺术家在对象国的接受情况。这一主题的限定旨在引导学生对于中国的国际影响力进行研究。并且要求同一语种的同学相互协作，可以就某一个主题进行广泛而深入的讨论。通过对同一主题不同视角的研究，可以生动展示出中国在对象国所产生的影响，从而了解中华优秀文化和杰出人物如何在世界舞台上发挥重要作用，加深对中国文化的了解，提升文化自信。两次课堂展示主题和内容的设定与学生自身所学专业紧密结合，发挥英语作为工具的特色，辅助他们专业课程的学习。通过对于对象国和本国杰出人物及其国际影响力的深入研究，学生完成了一次跨文化研究的实践。相信在研究的过程中，他们对于不同文明和文化的交流会获得比较直观的体验。希望这样的任务可以引导他们在将来的学习中进行更深层次的探索，对中外文化的交流做出贡献，推动中国文化在全球的传播。这对提升外语专业学生国际传播力的培养具有重要的价值，是一次有益的尝试。

跨文化视野下的对比讨论对于学生不仅具有方法论方面的意义，也有助于培养学生的跨文化交流能力。长期的浸润和反复的操演可帮助学生习得跨文化交流的方法，获得比较的眼光去看待和研究实际问题。希望他们在课堂上获得的这种能力最终可以促进不同文明、不同文化的交流互鉴，也促使学生挖掘中华文明本身所具有的文化资源，深入思考中国文化蕴含的深刻哲思，从而为世界的发展贡献中国智慧，提供中国方案。这样的课堂活动有助于提升学生对于中国文化的自信，从而增强制度自信、道路自信和理论自信。

以培养国际传播能力为目标的大学英语教学中，笔者在教学准备和课堂教学中精心地设计安排相关的活动，通过探讨不同文明的异同，加深学生对于不同文明的了解，旨在培养学生的跨文化交际能力和获得中外比较的视野。同时，做到了教学中的知识传授和价值引领相结合，立德树人相统一。

三、课程思政建设对教师发展的要求

课程思政建设对教师发展提出了要求，指明了方向。首先，跨文化视野下的大学英

语课程思政建设对于教师母语水平提出极高要求。希望培养的学生获得跨文化的视野和交际能力，教师自身也需要具备同样的视野和能力。作为英语语言文学专业的毕业生，笔者和大多数的英语教师一样，需要在教学中提升自己。结合笔者自己在教学中遇到的问题和遭遇的瓶颈，在此提出一些解决的方案，希望能够在今后的教学中沿此路径继续开拓，也能给其他同行提供一些参考。以此抛砖引玉，激发更多同行提供高见，促进我国英语教育的发展。

英语教师积极提升自身母语文化水平是构建跨文化视野下的课程思政建设的内在要求。英语教师作为英语专业的毕业生，在其自身的培养过程中，母语教育的投入较之英语教育的投入，恐怕远远不足。我国外语教育自改革开放以来，为适应国家社会经济发展，重视英语文化、忽视母语文化的现象一直存在。在《跨文化交际——现状与思考》一文中，祁昕综合分析了自交际教学法提出以来我国的英语教学发展历程，肯定了跨文化交际能力培养在英语教学中的重要价值，同时指出了其面临的一些问题以及解决方式。其中最重要的一个问题是"母语失位、单向的文化输入"（祁昕）。但是近年来随着我国经济建设的发展、国际贸易和交流的扩大，中国在国际舞台上的角色与定位已经发生了巨大的变化。中国作为大国，必须要有大国担当，为世界贡献中国智慧，提供中国方案是我们的责任。讲好中国故事是外语人的使命和担当。英语教师要培养具有跨文化视野的人才就必须加强自身的中文文化水平。培养能够讲好中国故事的学生，必须自己了解中国故事。笔者尝试的跨文化视野下的课程思政建设对教师的中文文化素养提出了极高的挑战。教师必须不断加强自身中文文化素养，应对教学中出现的挑战和问题。

课程思政建设与教师科研能力须互相促进。提升英语教师母语文化水平的根本路径在于提升教师的科研水平。教师的科研应该与教学紧密结合，在进行科研选题时将教学内容纳入选题范畴。从事科学研究的过程可以促进教师对于教学内容的深度理解，从而可以建构更加科学严谨的教学体系，安排更加优质合理的教学内容。各级各类的教改项目可以为教师进行教研结合提供经费支持，从根本上研究促进教师教学，提升教学水平。学校院系也应该在教师培训方面提供更多的资源配置。例如为教师提供相关的培训讲座，打造优质的教学团队，团队内部打造交流分享的平台。

跨文化视野下的大学英语课程思政建设要实现可持续发展，要求教师必须了解"新使命"，拥有"大格局"，把握"新文科"和"大外语"的发展目标；紧跟时代步伐，积极"识变、应变、求变"。识变就是要把握高等教育发展大势，高等教育一直在变革中发展，中国高等教育也在积极与世界一流的高等教育同频共振。而作为教学一线的教师，不仅要把握高等教育和国家战略的变化，更要把握学生的变化。千禧一代的大学生认知水平和方式、学习手段和媒介均发生了翻天覆地的变化，教师的教学应该积极地跟上这一变化，打造适合学生接受的内容和方式。应变就是要加快新文科建设。新文科建设就是要在科研创新和理论创新方面多下功夫。一线教师是教学改革的参与者和实践者,探索适合新文科建设的教学方式,并将之理论化、体系化是英语教师的长期目标。因此在教学中积极求变,创新教学方式,更新理论。高等教育的最终目标是培养高素质的人才,大学英语教师的教学目标是培养具有国际传播能力的人才,因此大学英语教师要在教学中积极主动探索求变,达成教学培养目标。改变思想观念,要积极主动求变,而不是等待时代的洪水将我们淹没之后才呼喊求救。

四、结语

跨文化视野下的大学英语课程思政建设的实践是在教育部建设"新文科"背景下,在《高等学校课程思政建设指导纲要》指导下进行的一次有益探索。该课程思政建设的实践取得了一些可喜的成果,也对大学英语教师的职业发展提出了更高的要求。教师只有努力紧跟时代步伐,提高科研水平,才能进一步促进教学水平提高,完善大学英语课程思政建设。

外语在中外交流史上始终具有不可替代的位置,跨文化交流能力是国际传播能力培养的重要部分,是外语教学培养高质量人才的关键所在。当今国际局势风云变幻,国家与地区之间的冲突不断升级,新冠疫情带来的不确定性使得国与国、文明与文明之间的交流合作愈加珍贵。然而危难与挑战之中蕴含了机遇,面对挑战,我们只有不断探索,才能把握机遇。作为大学英语教师,坚守岗位,培养具有国际传播能力的优秀人才是我们的使命和担当,也是我们的责任和义务。

参考文献

[1]郭英剑.新文科与外语专业建设[J].当代外语研究,2021,6(03):29~34.

[2]何宁,王守仁.新文科、新外语、新导向——论外语专业人才培养的发展与创新[J].外语教育研究前沿,2021,4(04):3~8,91.

[3]祁昕.跨文化交际——现状与思考[J].今古文创,2022(09):78~80.

[4]王守仁.论"明明德"于外语课程——兼谈《新时代明德大学英语》教材编写[J].中国外语,2021,18(02):4~9.

[5]吴岩.新使命、大格局、新文科、大外语[J].外语教育研究前沿,2019,2(02):3~7,90.

以《延安讲话》与《讲话》为线索的文艺思政课程建设

周婉京

北京第二外国语学院　日语学院

摘　要：回首中国文艺走过的道路，1942 年 5 月由毛泽东同志发表的《在延安文艺座谈会上的讲话》与 2014 年 10 月由习近平总书记发表的《在文艺工作座谈会上的讲话》，为我们思政课程开设的教师与广大学生指明了新时代下文艺工作者的创作之路。从不断地系统学习两次"讲话"过程中，我们看出文艺在革命实践中的重要性，如何确立一个正确的文艺观对学生对群众都至关重要。而党和国家对文艺建设的看重，恰恰为我们思政课程开设提供了新思路、新理念、新方法。本论文立足本学期新开设的通识选修课《中国当代文学赏析》，从课程设置、立意、学生反馈、学生实践各方面共同实现了学科特色与教育改革相结合的目的，力求全景展示出——一门应国家与学校需要的"文艺思政特色课"如何受到广大学生喜爱，又是如何在时代中应运而生。

关键词：延安讲话；北京讲话；文艺思政；革命知识分子；思政课程建设

引言：从《延安讲话》到《讲话》，思政特色课如何在立意上紧跟政策

2022 年正值毛泽东同志《在延安文艺座谈会上的讲话》（下文简称《延安讲话》）发表 80 周年。80 年前，毛泽东同志在延安首次全面、系统、鲜明地表达了中国共产党领导的文艺发展的政策主张，从根本上阐明了革命文艺的方向、道路、性质等原则性、根本性问题，并且明确提出了知识分子如何改造的议题。

2014 年 10 月 15 日习近平总书记《在文艺工作座谈会上的讲话》（下文简称《讲话》）与毛泽东同志《延安讲话》既在思想内涵、精神实质、根本要求、基本原则等马克思主义立场、观点、方法上一脉相承，又在新时代文艺实践上进行了一系列与时俱进的原创性发展，为当代中国文艺发展道路树立起一座新的重要里程碑。习近平总书记在中国文联十一大、中国作协十大开幕式上的重要讲话中，用"两个优势"对文联组织的本质特征、地位作用和根本任务等做出了新概括，明确要求"发挥文联、作协系统的组

织优势，创新工作体系"，"发挥文艺界人民团体的专业优势，指导文学家、艺术家提高专业水平"。①

80年过去了，文艺工作者的发展之路该作何选择？我们的文艺创作需要秉承怎样的信念？本学期日语学院漫画文创方向在师生中广泛开展针对两次"讲话"的学习，结合新时代文艺工作发展与国家美育人才培养的方针，为全校学生开出一门以延安文艺座谈会为线索的文艺思政特色课程——《中国当代文学赏析》。

本课程在学科建设过程中两度参与日语学院院级试讲，并于2014年10月在习近平总书记公开发表《讲话》之后为全院师生发表公开课，就此开始将两次"讲话"的重要精神与思政课程建设结合起来，从历史中激活思政课程发展，并提出如下四个教学方向：1）从1942年《延安讲话》之后，中国文学建设发展方针及指导思想学习；2）结合具有代表性的中国当代作家作品，提出与新时代、时代新人相关的思考问题，并尝试用现代美学及文学理论的思维方法予以回答；3）介绍红色经典作品及其影视的中外剧改编情况，培养学生以比较研究的方式分析一个作品何以成为"经典"；4）教师讲授过程中，引导学生进行一定的实操创作，培养学生通过理论思辨与创意写作的方式来书写中国当代社会的万象更新。

一、以《延安讲话》进入中国当代文学史

首先，从目前本课程的教学实践中可以看出，学生反响热烈，学习热情高，学习成果丰硕。

本学期共计18周17堂课，选课学生人数超过100人，平均每节课在线听课人数超过80人。在期中考试中，有65%的学生以延安革命精神为题目撰写了学术论文。其中，中文212学生旦增云典就在他的论文《文学作品中的延安革命精神》中提出："延安文学为现代中国革命和文化建设提供了弥足珍贵的历史经验，它已成为中华民族精神文化中的重要传统，特别是在当今中国的现代化征程中，它的启示意义更值得珍视。"

与旦增云典结合《红岩》展开分析的方法相比，另一位来自日语213的学生邱紫怡以女作家丁玲的转型为例，解释了一位女作家是如何从《莎菲女士的日记》中的资本家小姐"莎菲女士"成长为《太阳照在桑干河上》的革命女战士。两篇论文佐证着思政思路是可以以创新、生动、鲜活的方式融入我们的日常教学。

如果我们更深入地审视《延安讲话》的背景，我们会发现，在边区文协大会上，毛泽东同志提出了新民主主义的文化，作为团结进步文化人士的总目标。但是对毛泽东同

---

① 习近平.在文艺工作座谈会上的讲话[M]//中央宣传部.习近平总书记在文艺工作座谈会上的重要讲话学习读本.北京：学习出版社，2015：6-16.

志提出的这个方针，当时许多做文化工作的同志，并未产生深刻的理解。他们仍然采取自由主义态度，脱离工作，脱离实际。这一点在习近平总书记《讲话》发表8年之后，在《延安讲话》发表80周年之际，结合当今文艺界的风向问题，借《中国当代文学赏析》本一课而重新被提出并在学生中引发了对于新一代知识青年何去何从——我们为谁而学、为谁而写、如何去写等一系列至关重要的问题。

二、以史为鉴，全力打造"文艺思政"特色课程

本课程共计18周17节课，贯穿始终的是一个对于马克思主义革命观下作家立场问题的讨论。从第一节课以《延安》为起点，分别跟同学们一起研读了梁斌《红旗谱》、丁玲《太阳照在桑干河上》、沈从文《边城》、赵树理《三里湾》、杨沫《青春之歌》、老舍《茶馆》、梁信《红色娘子军》、刘心武《班主任》、张贤亮《灵与肉》、古华《芙蓉镇》、朦胧诗与新生代诗、王安忆《流逝》、梁晓声《今夜有暴风雪》、韩少功《爸爸爸》、莫言《红高粱家族》、余华《活着》、刘慈欣《流浪地球》等。

本课程作为具有文艺特色的思政课程，它的"文艺思政"特色之路是在国家与学校的支持与培养下共同形成的。课程对应学校课改目标，提高了平时作业在总成绩中的占比，并结合课程安排为学生自行创作提供了指导与鼓励，分别安排了——向我最爱的作家致敬、仿照老舍《茶馆》改写人物表、创作诗歌《我这一代人》等三项平时作业。学生不仅踊跃提交作业，而且完成质量非常优秀。一些作品还被本课程授课老师推荐到省市区文学比赛评奖。

值得一提的是，在本学期的期中作业中，就有四个学生针对赵树理的创作围绕着土改相关历史进行了论文撰写。角度不一，各具特色，但相同的是都以爱国爱党为出发点做出了具有问题意识的阐发。其中，旅管194的罗晓雯同学以"革命＋爱情"为主题探讨了革命知识分子的恋爱观；英语214的钱烨同学结合具体文本分析了中国革命文学中的历史观变迁；旅管211的周均睿同学撰写《十七年文学之我见》提出了自己对《百炼成钢》与《红岩》的阅读心得；朝鲜语211的刘润同学以"三里湾中的人物形象分析"为题指出党内两种党员的区别——先进的党员代表王金生与落后的党内投机分子范登高之间的鲜明对比，并由此指出如何在土改中改造落后分子，共同推进公社建设之路……

这些都只是一百多份作业中的几篇，学生对本课程持续的热情恰恰说明了思政课程可以成为一门"网红课"——不仅让学生学有所得，学有所思，而且能够触动他们主动投身社会主义文学创作的热情。

三、全景展示马克思主义革命观下的作家立场觉醒

以丁玲在延安期间创作的《太阳照在桑干河上》为例，我们可以看到马克思主义革命观是如何作用于一个作家的改造。这本书创作于1948年9月，描写的是1946年华北解放区土地改革运动初期的基本情况，展现了朴实的华北农民在中国共产党领导下如何踏上光明大道。在完成之后得到了毛泽东同志的认可，1949年被译成俄文在苏联《旗帜》杂志上发表，并在1951年获得斯大林文学奖金。如果将这本书与丁玲早期的作品《莎菲女士的日记》相比，我们就会得出丁玲进行深刻自我反省之后重新寻找了一条创作道路——与延安革命根据地人民真正结合起来，而不再像过去那样书写小资情调的文艺作品。

实践结合理论，理论指导实践。本思政课程的另一特色在于以《延安讲话》与《讲话》这样的经典文献为"锚"，对于每一节课讲授的文本来进行精读、细读，并让学生在仿写、再创作的过程中深化他们对国家历史、党史的认识。

通过学习我们可以断言，文艺界的发展方向离不开党的文艺政策导向。如果没有党的介入，文艺界不少知识分子恐怕将卷入各类原则的、无原则性的纷争当中；甚至不少人仍囿于文化人的小圈子，创作的仍是属于个人而非集体、国家的作品。

"中国当代文学赏析"这门课，在向学生推介经典红色文献的过程中，所做的其实也是"启蒙"这一项工作。与"启蒙"相伴的，不仅是中国当代文学史上作家们的"觉醒"，更重要的是我们学生自身的"觉醒"。授课老师对学生的循循善诱，也与1942年毛泽东同志、2014年习近平总书记强调的要与人民群众结合在一起是息息相关的。我们常说教书育人首先要以德育人，这个"德"体现在如何在学生的人格培养上树立高度。

四、思政课程如何培养一个"革命知识分子"

从1942年的《延安讲话》到2014年的《讲话》，学生正是从两次"讲话"中找到了自己的定位，理解到中华民族伟大复兴正处在一个关键节点。而学生们自身，就是这节点中最重要的那个人。由此，学生可以贯通历史，从一个更宏观的角度上看待文艺创作者究竟要如何深入群众——如何成为两次"讲话"推崇的"革命知识分子"？[①] 如何切切实实地走到群众中去？

那么，什么是"革命知识分子"？这个概念在当代中国有何学习意义？通过18周17堂思政特色课的学习，同学们找到了答案。"革命知识分子"的内核强调的是"群众

---

① 毛泽东.大量吸收知识分子[M]//毛泽东选集：第2卷.北京：人民出版社，1991：618.

政治"的重要性，需要知识分子在创作过程中，参与到政治实践中去，并且发挥群众在政治中的主体地位。像是知青文学的代表人物梁晓声，在他的《这是一片神奇的土地》《今夜有暴风雪》以及《人世间》等代表作中，我们看到了以他为主的革命青年如何响应上山下乡浪潮，并且在北大荒兵团中广泛发展"群众政治"。有同学在课上回答称，这一点也就回应了为什么梁晓声的小说改编电视剧《人世间》收视率和口碑皆好，在学生群体中也广受好评。北大荒兵团里的故事、东北周家几代人的发展史，何尝不反映着新中国发展的历史？

通过本课程的系统性梳理，革命知识分子生成的途径已经较为清晰地呈现在我们面前，即：作为"革命知识分子"的作家应该投身革命实践和群众打成一片，在这一过程中，建立起和群众的相互学习、相互改造的关系。这也就成为"中国当代文学赏析"这门"文艺思政"特色课在育人方面的另一个阶段性重要成果。

结语：立足《讲话》回看《延安讲话》，思政特色课如何影响青年

党的十八大以来，中国特色社会主义进入新时代。以习近平同志为核心的党中央，不忘初心，牢记使命，正本清源，守正创新，领航中华民族伟大复兴的新时代，创立了习近平新时代中国特色社会主义思想，强调意识形态工作是为国家立心、为民族立魂的工作，对文化事业进行系统擘画，将文化自信纳入"四个自信"，对文艺工作提出了新使命、新要求。①

习近平总书记在《讲话》中开宗明义，提出自己是在世界发展大势中、在中华民族伟大复兴战略格局中审视文艺工作。只有在这样宏阔的理论视野中，文艺的作用、文化的作用才洞若观火、历历分明："没有中华文化繁荣兴盛，就没有中华民族伟大复兴。"②为此，需要广大师生凝神潜心，研读大量红色优秀文艺作品，并结合两次"讲话"中两位领导人对文艺创作者的希望与要求，更严格地要求自己，鼓励学生深入到群众中去——力争讲好中国故事，提升文化软实力，为社会主义现代化建设强根固本。

综上所述，在《延安讲话》80周年、《讲话》迎来8周年之际，配合学校"十四五"规划战略与"三风"建设的要求，开设这节广受学生欢迎的"中国当代文学赏析"，旨在学习两个"讲话"，领会精神实质，进一步推动中华文艺的伟大复兴。在授课的短短18周中，每节课精选一个文本或一个作家的两部作品进行课堂探讨与课后作业仿写，学生们在创作中走了一次前辈文艺工作者的延安革命之路。

---

① 习近平.在文艺工作座谈会上的讲话［M］//中央宣传部：习近平总书记在文艺工作座谈会上的重要讲话学习读本.北京：学习出版社，2015：9-17.

② 习近平.在文艺工作座谈会上的讲话［M］//中央宣传部：习近平总书记在文艺工作座谈会上的重要讲话学习读本.北京：学习出版社，2015：5-6.

"课程思政"融入中级韩国语课程路径探索与实践

金正日

北京第二外国语学院

摘　要：课程思政是朝鲜语专业落实立德树人根本任务的要求。本文从当前朝鲜语专业教学的现状及特点出发，分析朝鲜语专业教学中实施课程思政的重要意义，探索中级韩国语课程思政元素的挖掘和融入路径，以期助力朝鲜（韩国）语专业的课程思政建设。

关键词：朝鲜（韩国）语教育；课程思政；思政元素；融入路径

引言

当今世界正经历百年未有之大变局，新一轮科技革命和产业变革深入发展，国际力量对比深刻调整，我国正处于实现中华民族伟大复兴关键时期。伴随着国内外环境深刻变革、我国正日益走近世界舞台中央，当前作为非通用语的朝鲜语教学事业站在了新起点上，迎来了前所未有的发展机遇，同时也对朝鲜语专业人才培养提出了更高的要求。

党的十八大以来，习近平总书记先后主持召开全国高校思想政治工作会议、全国教育大会、学校思想政治理论课教师座谈会等重要会议，做出一系列重要指示，强调了要加强高校思想政治教育的重要性和意义。这些重要讲话为推进高校课程思政建设工作指明了前进方向、提供了根本遵循。为深入贯彻落实习近平总书记关于教育的重要论述和全国教育大会精神，2020年教育部印发《高等学校课程思政建设指导纲要》，明确提出了"全面推进高校课程思政建设，发挥好每门课程的育人作用，努力培养时代新人和接班人"的课程思政建设总目标。指导纲要实施两年来，各地各校外语学科在不断地探索中，普遍形成了"外语人才培养应以立德树人为战略核心和价值导向，培养了解国情、具有全球视野、熟练运用外语、通晓国际规则的社会主义外语人才"的共识，课程思政建设也取得了阶段性成果。然而，作为非通用语的朝鲜语专业的课程思政建设仍然存在"最后一公里"的困境[①]。当前，在朝鲜语专业如何实现课程思政，真正落实"三

---

① 目前，在知网和万方两大平台中能够检索到的有关朝鲜语课程思政的研究论文数量较少，且鲜见在具体课程中怎样挖掘和实施的路径和方法方面的研究。

全育人"基本理念，仍然是需要深入探讨的问题。本研究立足于朝鲜语专业教学的现状及特点，分析朝鲜语专业教学中实施课程思政的重要意义，探讨朝鲜语专业中级韩国语①"课程思政"元素的挖掘和融入路径。

一、朝鲜语专业课程思政建设必要性及其意义

目前的外语类课程思政主要关注英语专业，但经过70余年的发展，朝鲜语专业无论是招生规模还是地理分布，均已成为除英语外、不亚于其他通用语种"俄语、法语、西班牙语、阿拉伯语、德语、日语"的"大规模"少数语种。因此，面向全国各地280余所高校的朝鲜语专业课程思政建设不容忽视。②

1. 外语学科属性决定在朝鲜语教学中需融合课程思政

朝鲜语专业作为外语类非通用语专业之一，学习这门语言的学生们多数为零起点，他们在学习语言的过程中，在接受外语知识的同时容易受到外国文化、思维方式、价值观的影响，其思想意识、行为模式容易产生偏差。众所周知，自20世纪90年代末以来，以韩国电影、电视剧、流行音乐为代表的韩流文化在中国掀起热潮，迅速传播。思维活跃、敏感且开放的大学生，在接受新知识、新信息、新文化方面非常迅速，但长期以来，由于朝鲜语专业教学的主要精力都集中在讲授语言以及对朝鲜、韩国社会文化的介绍上，忽视了对学生思想道德素养和社会主义核心价值观的培养，即重点放在了"育才"上而忽略了"育人"，导致大学生深受韩国流行文化的影响，出现了学习、关注、了解、表达的更多的是韩国文化，而对中国文化没能引起应有的关注、重视。大学阶段的学生在生理、心理、思想、文化等方面是逐渐成熟的关键阶段，也是他们形成世界观、人生观、价值观的关键时期，在教授学生朝鲜语专业知识和语言能力的同时，将德育融入高校朝鲜语课堂教学中，实施朝鲜语"课程思政"，潜移默化地帮助学生正确认识社会、认识他人、认识自己，弘扬新时代社会主义核心价值观，实现朝鲜语课程真正"立德树人"的功能，为国家培养高素质韩语人才，是高校应该肩负的重要责任。

2. 使朝鲜语专业教育与时代同频共振，精准把握国家战略和社会发展趋势

不可否认，拥有70余年历史的中国朝鲜语教育，为建交以来的中朝、中韩两国的经贸往来、外交外事、人文交流、朝鲜（韩国）语语言文学研究和朝鲜（韩国）语教学等领域培养了不少朝鲜（韩国）语言文学方面的人才。但随着近几年国内外环境的深刻变化，中国越来越接近世界舞台中央，传统的朝鲜语专业教学体系，已不能完全适应中国文化"走出去"战略和"一带一路"倡议等对朝鲜（韩国）语专业人才的需求。为落

---

① 北京第二外国语学院朝鲜语专业中级韩国语课程，目前使用的教材为民族出版社出版的《韩国语3》和《韩国语4》。
② 姜宝有. 中国朝鲜（韩国）语教育的现状与课题[J] 东疆学刊，2022年1月：92-93.

实习近平总书记"参与全球治理需要一大批熟悉党和国家方针政策、了解国情、具有全球视野、熟练运用外语、通晓国际规则、精通国际谈判的专业人才"的精神，我们需要推进朝鲜语专业教育改革，以立德树人为核心，注重在传授知识的同时，通过"课程思政"把国家发展的方针政策、国际局势，结合自身专业向学生介绍，让党的创新第一时间进课堂，增进学生的政治认同，增强文化自信，培养学生的"中国情怀"和"国际视野"，引导学生将个人规划和国家的发展紧密结合，积极面向国家重大需求，为国家建设发展做贡献。

当今世界新产业革命、技术革命方兴未艾，以5G、人工智能、大数据、物联网、生物工程、新能源为代表的新技术、新产业迅速崛起。科技的发展重塑了外语教学环境和学习生态，深刻改变着教育思想和教育理念，也改变着学习理念和方式。面对教学环境的新变化，我们需要推进信息技术和教育教学的融合，转变教师角色，创新教学方式与学习方式，引导大学生自主学习、合作学习和探究式学习，增强学生自主建构知识体系的获得感和规律感，拓展交互空间，提升学生自信，应对人工智能带来的深层挑战。随着我国经济社会和高等教育的快速发展，大学已进入整个社会的中心场域，高校和社会的连接愈发紧密，要进一步强化产教融合、校企合作的育人机制，提高应用型人才培养质量，服务经济社会发展需要。[①]

二、中级韩国语[②]"课程思政"元素的挖掘和融入路径

对朝鲜语专业学生的思政教育需要嵌入到专业课程体系中，并融入案例教学与评析，开展课程思政的教学改革，实现外语教育和思政教育的深度融合。本文以《韩国语3》第一课《韩国的美》为例，探索中级韩国语"课程思政"元素的挖掘和融入路径。

1. 教学目标

（1）课程教学目标

知识目标：

词汇知识：掌握课文中的与美相关的词汇与表达，拓展有关中韩两国对美的理解差异的中韩文表述。

语篇知识：了解说明文的语篇特点、语篇衔接与连贯。

文化知识：了解韩国艺术的特征和韩国人的审美意识及中国对韩国艺术的影响、中韩两国审美意识的异同。

能力目标：

---

① 高等教育从"量"向"质"转变，《中国教育报》2020年12月31日第2版。
② 北京第二外国语学院朝鲜语专业中级韩国语课程，目前使用的教材为民族出版社出版的《韩国语3》和《韩国语4》。

韩国语综合应用能力：围绕中韩两国审美意识的主题，通过听、说、读、写、译等语言技能，提高学生的韩语综合应用能力。

跨文化交际能力：通过比照东西方和中韩两国的艺术特点，探讨东西方的审美意识差异和中韩两国艺术作品的差异，提高学生跨文化交际能力，培养学生运用韩文进行中国文化表达的能力。

逻辑思辨能力：引导学生辩证地思考、分析东西方和中韩两国艺术的差异，通过对韩国艺术发展模式的深入讨论，培养叙述逻辑思辨能力。

素质目标：

思想道德：增强学生对我国的审美意识的认同和信心，坚定"四个自信"，树立为中华民族伟大复兴而努力奋斗的坚强决心。

人文素养：培养学生传承中国优秀传统文化及价值理念，帮助学生形成正确的国家和民族认同。

专业素质：通过比照及思辨，培养学生运用中韩双语表达中国艺术的特点及中国人的审美意识、传播中国传统文化的能力和素质。

（2）思政育人目标

①设计思路

以"比照中韩两国艺术差异"为授课主题，引入有关"四个自信"的思政元素。开展中韩文化对比的讨论，寻找文化根源，使学生正确看待文化传播和文化融合现象，激发学生对中韩文化的思辨能力和学习动力，提高对中韩文化异同点的认识和理解。

②思政育人目标

挖掘个人潜力，超越基本技能，培养人文精神，注重价值理性；了解国家宏观政策，树立正确价值观。

③育人主题

增强政治认同，唤醒责任担当，提升思想道德。

2. 教学实施过程

（1）教学理念

以内容为依托，以主题为中心，通过对中韩两国艺术的差异这一主题的拓展，设计讨论、思辨、分享等学习任务，激发学生主动学习的兴趣，引导学生进行批判性思辨，帮助学生树立正确的价值观，培养学生正向的家国情怀，在学习任务完成过程中，提高韩语综合应用能力，培养思辨能力、自主学习能力、跨文化交际能力及中国艺术特点的韩语表达能力。

（2）课程思政融入的教学内容、教学方法

①课前预习环节：创新设计，融合思政

将思政元素导入课前预习中，可以有效引导学生在课堂中更加主动、积极、合作地参与到学习实践中，从而提高学习效率和学习效果。因此教师要引导学生在学习新知识前主动做好热身预习，激发学生的学习自主性，促进学生积极思考，增强学生的实践能力。在中级韩国语课的教学过程中，教师在讲授新课前可以根据教学内容提前向学生布置含有思政元素、能够启发学生思维的思考题。在学习《韩国的美》这篇文章时，课前向学生布置"韩国的美体现在哪些方面？""中华文化的独特之美体现在哪些方面？""中韩两国人民的审美意识的共同点和不同点"等思考题。学生会带着问题有针对性地查阅资料进行思考和学习实践，这不仅有助于学生对异国文化的理解，也有利于更加深入地了解中国文化。学生也会通过对比，了解两国文化的多样性，并提高学生思考问题、分析问题、解决问题的能力。

②课中实践环节：用好课堂教学主渠道，有效融入思政元素

有意识地把中国传统文化、革命文化、社会主义先进文化等思政元素内化到词汇讲解、语法讲解、理解分析课文、解决练习题等教学过程各个环节，拓宽课程教学的广度，用好课堂教学主渠道，实现专业课程的育人功能。使学生掌握与美相关的词汇、表达和语法，培养学生用韩语知识介绍中国人的审美意识、对外传播中国文化的能力，并通过中国传统艺术品图片和视频让学生直观地感受到中国艺术之美，激发学生对祖国大好河山和历史文化的热爱，增强学生的爱国情感、家国情怀、文化自信和中华民族的自尊心和自豪感。

③开拓课堂，调动热情，加强练习，提升思政教育效果

课后练习是加强学生学习能力的一个重要环节。抓好中级韩国语课的课后环节可以有效提升学生的学习效果。在课后的学习与实践环节中，课程思政教育以"以交流互鉴消除中韩文化隔阂误会"为主题，设置阅读分析与理解、写作、情景剧表演、对话练习等任务。通过此类任务的布置不仅让学生了解两国的文化现象、文化差异，还要求学生独立运用韩语知识表达自己的思想，让思政教育入眼、入脑、入心，贯穿整个学习过程。给学生分享一些韩国网站，让学生与时俱进地学习和关注教材以及课堂学习内容以外的新闻、词语。通过课后各种方式的学习实践，在潜移默化中影响学生，进一步提高学生的爱国情感和感恩情怀，并激励学生为祖国的繁荣昌盛努力奋斗，实现"育才"与"育人"同行。

（3）教学创新

①思政元素贯穿于课前、课中、课后各环节，通过启发、讨论、分享、归纳分析等多种教学方法，提高学生韩语表达水平和逻辑思辨能力。

②主题鲜明，教学内容时代感强。围绕中国特色社会主义四个自信，着力提高学生的文化认同和爱国情怀。

3. 教学效果

（1）案例开展的意义和价值

①可以激发教师结合专业学科属性和课程教学内容，深入挖掘生态文明建设理念、人类命运共同体意识、中华优秀文化的继承与传播等充分体现人文精神、科学发展的思想政治元素，促使师生与时俱进，紧跟时代发展的热点问题，增强师生关注时代进步和社会变革的责任意识。

②对教师具有自育效果，将更加坚定教师的政治立场，提高思想政治素养，践行知行合一的教育理念。

（2）主要成效和特色

学生对韩国艺术的发展以及中韩两国艺术的差异表现出浓厚的兴趣，能够积极按照任务要求，不断加深对课文内容及教学主题的理解。通过完成课前资料查阅、课中讨论及分享、课后拓展等学习任务，尤其是在比照中韩两国艺术差异的讨论和思辨中，增强了学生对我国传统文化的美学观的认同，进一步坚定了"四个自信"，树立了为中华民族伟大复兴而努力奋斗的坚强决心。本课教学在达到既定的思政教学目标的同时，完成了语言教学目标。

4. 案例反思

（1）存在问题

①学生们大多是从零起点开始学韩语，因此虽然到了二年级具备了一定的语言能力，但参差不齐，在课堂上用外语进行讨论受一定的限制。

②课程思政的评价体系还不够科学合理，不能够充分反映学生思政目标的达成度，后续的实践及研究中，重点放在评价体系的构建上。

③教师运用自媒体平台的熟练度不高，没能够充分发挥自媒体平台的优势，更多功能有待于开发。

（2）改进思路

①提升教师自身各方面素养

首先要提升教师自身的思想政治素养和思想政治理论水平。通过集体培训、思政教师讲座、党员教师引领等方式，提高教师的思政育人意识以及思想政治理论水平。而且，还应把德育目标融入人才培养目标，以确保思政教育的时效性。在提升教师思政素养的同时，还要提升教师的文化素养。作为外语教师不仅要传播外国文化，还要进一步学习和了解中国传统文化，以便更好地进行比较，帮助学生"讲好中国故事"。进一步熟悉网络课程平台与新媒体平台，更好地进行线上线下混合式教学，充分发挥现代化网络技术的优势，探索课程思政新路径。

②进一步对课程建设中存在的问题，有针对性地进行改革

以现代化的教学理念为指导，创新教学方法。进一步运用好翻转课堂的模式变被动

学习为主动学习,让学生真正成为课堂的主体,积极参与教学活动。根据学生的实际情况,在教学过程中因材施教,让每一个学生在课程学习中受益。

(3)注意事项

思政教育如果单纯为了思政而思政,非但达不到育人的目的,还会使学生产生抵触心理。后续的改革中要处理好立德树人共性要求与专业人才培养个性要求的关系,把教书育人的宏观要求与本校、本学科、本专业和本课程的培养目标、教学要求、学生的思想实际相结合,避免教条主义地照搬照抄和形式主义的表面文章。

三、结论

课程思政是有效落实朝鲜语专业立德树人根本任务的要求,把课程思政融入朝鲜语专业课程,是培养有国际视野和有家国情怀的朝鲜语人才的需要。设立朝鲜语专业的高校,应立足学校办学定位,基于人才培养特色,从学生所想、社会热点、国际国内形势、现实问题等方面出发,不断挖掘专业课程中的课程思政元素,不断探索有效的"课程思政"元素融入路径,增强课堂吸引力,提高课堂教与学的质量,加强课程教学设计,优化教学内容,创新教学方法,培养符合时代所需的能够为国家民族社会的发展做出贡献的人才和具有独立个性、人格健全、德才兼备、具有国际视野和跨文化沟通能力的全面发展的人才,满足大学生成长成才的需求,推动我国朝鲜语教育事业进一步发展。

参考文献

[1]教育部印发《高等学校课程思政建设指导纲要》,全面推进高校课程思政建设[J].新教育,2020(19):32.

[2]韩宪洲.课程思政:新时代中国特色社会主义高等教育的理论创新与实践创新[J].中国高等教育,2020(22):15-17.

[3]于成文.新时代高校"课程思政"改革的探索与实践[J].中国高等教育,2021(23):23-25.

[4]张来霞.基于线上线下混合式教学的高校中级韩国语课程思政教学改革探索[J].中国多媒体与网络教学学报(上旬刊),2021(08):194-196.

小议法语写作课程中的思政内容建设

董政

北京第二外国语学院　欧洲学院法意罗系

摘　要：新文科建设要求外语教育改变以往过于强调机械性语言训练的倾向，注重在课程中融入思政元素，使专业知识与思政内容同向而行，形成合力。各外语专业课程因语种、内容不同有各自的特殊性，具体的思政内容建设应灵活调整。笔者根据自身教学实践，建议把大学二、三年级的法语写作课程分为"读、思、辨、写"四个环节，针对每个环节设计做出相应的思政内容建设，以求达到较好的思政教育效果。

关键词：课程思政；法语；教学实践

2020 年 5 月，教育部印发《高等学校课程思政建设指导纲要》（下文简称《纲要》），明确要求"把思想政治教育贯穿人才培养体系，全面推进高校课程思政建设"[①]。根据该《纲要》的精神，各类课程都应与思政课程同向而行，形成协同效应。围绕这一主题，全国高校外语专业的专家学者纷纷进行了思考，探讨了外语类课程中思政内容的内涵、思政元素的融入、思政教学设计以及教师本身素质的提高等诸多课题。然而，各个语种的具体情况有所不同，各门课程之间存在明显的差异。因此，除了宏观层面的探讨，还应在具体层面精细分析每个语种、每门课程的特点，才能实现思政与教学相融合的目标。

基于这个出发点，笔者尝试以自身的教学实践为例，浅谈如何在法语专业大二、大三年级的写作课程中进行思政内容建设。本文旨在通过分析法语写作课程的特点，探讨如何把课程思政的元素无缝地融入教学环节，切实做到"润物细无声"，达到思政内容、专业内容相辅相成的理想效果。

一、法语写作课程的教学设计

在传统观念中，法语写作往往被理解成一门工具性、练习性较强的课程，其教学目的在于巩固词汇与语法知识，锻炼笔语表达能力。这样的理解有较大的局限性，片面地

[①] 中华人民共和国中央人民政府.教育部关于印发《高等学校课程思政建设指导纲要》的通知［EB/OL］. http://www.gov.cn/zhengce/zhengceku/2020-06/06/content_5517606.htm.

把写作视为机械性的语言训练，忽略了内容与教学方法的建设。笔者根据自身的教学实践，建议把写作教学大致分为"读、思、辩、写"四个环节，每个环节都有其特点，可有针对性地加入思政元素。

"读、思、辩、写"的教学设计参考了福建师范大学教育学院院长余文森教授提出的"读思达"教学法①，即教师带领学生按照"阅读—思考—表达"的顺序进行学习。在此基础上，针对高等教育的要求以及我校、法语专业的特点，笔者补充了"辩"的环节，并认为这一环节是整堂课程的思政核心环节。

二、"读、思、辩、写"中的思政建设

1. 就法语写作而言，第一个环节"读"，即阅读例文

需要注意的是，阅读例文不仅在于模仿原文词汇、句式表达，更包含对原文内容的理解领悟。因此，在准备例文时，教师就要有思政建设的意识，做好"把关人"，让学生在阅读中吸收到优质的思政内容。笔者在选择例文时，给自己设立了"立场正确，中法贯通"的原则。譬如，在新闻简讯写作一课中，笔者选择了新华社关于我国手机支付②的法文报道作为例文，目的在于引导学生关注近年来我国在科技领域的蓬勃发展。再譬如，在风景描绘写作一课中，笔者既选择了以法国城堡为主题的文章，又选择了介绍中式园林的文章，通过对比中法园林艺术，潜移默化地培养学生的文化自信。教师应意识到阅读例文并非简单的词汇、句式学习，而是语言积累与品德教育融会贯通的过程。一篇质量过硬的例文，可以奠定整堂课的思政底色，有事半功倍之效。

2. "思"作为第二个教学环节，即教师引导学生对例文进行分析

在这个环节中，教师需要淡化自己的存在，让学生成为思考的主体。余文森教授强调，思考的主体与核心应是"学生的梳理与探究，而非教师的讲解、分析、推导、传递"③。但这样一来，教师该如何做好思政建设呢？笔者认为，教师淡化自己的存在不等于放弃课堂的主导权，而是要做好"引路人"，用画龙点睛的方式来引导学生思考。我们不妨借鉴 5E 教学法，即参与 Engagement、探究 Exploration、解释 Explanation、详细说明 Elaboration 和评价 Evaluation。依照该方法，教师应辅助学生积极投入思考，探究文章主旨，适当做出解释说明，并及时评价学生的思路，做出清晰的反馈。另外，我国教育素来提倡举一反三，教师可以率先提出思考角度或观点，引发学生的后续思考。在"思"这一环节中，教师要避免把思政内容以粗暴填鸭的手法灌输给学生，而应在学生

---

① 余文森. 论"读思达"教学法［J］. 课程. 教材. 教法，2021（04）.
② *Le paiement mobile couvrira les péages d'autoroute à paiement manuel en Chine en 2019*，中译标题《手机支付将于 2019 年覆盖高速公路人工收费站》. http://french.xinhuanet.com/2019-01/24/c_137771301.htm.
③ 余文森. 论"读思达"教学法［J］. 课程. 教材. 教法，2021（04）.

心中播下思政的种子，促其开花结果。

3."辩"作为第三个教学环节，即培养学生慎思明辨的能力，树立文化自信，不盲从外国观点

笔者认为，这个环节是本课程最具特色之处，其原因有三。首先，外语专业在新文科的背景下，育人目标是培养"具有全球视野、通晓国际规则"[①]的国际化人才。然而，具有全球视野不代表盲从他国视角，更不能放弃自身立场。这就要求教师队伍把立德树人放在首位，把塑造正确的世界观、人生观、价值观作为思政建设的核心目标。在具体教学中，教师要确保学生明辨外国文化的种种元素，取其精华，去其糟粕，不能不加甄别地全盘接受。其次，高等教育的本质要求大学生发展思辨能力，能够运用马克思主义辩证法对事物进行认知、分析、批判。这也是笔者在"读思达"教学法的基础上强调添加"辩"的原因，是根据大二、大三阶段的教育实际需求做出的设计。最后，强调"辩"还与我校以及法语专业的特点有密不可分的关系。我校作为传统外语院校，自1964年建校以来，为国家培养了大量的外语人才。从我校法语专业走出了众多优秀校友，在外交、经贸、新闻、教育、文化交流等领域做出了杰出的贡献。很多法语毕业生长期驻外，奋斗在对外交流合作的第一线。这样的工作性质决定了他们既需要明辨是非的眼睛，又需要有讲好中国故事、传播好中国声音的笔杆子。"辩"的意义就在于培养具备以上素养的法语人才。

具体而言，笔者认为"辩"的思政内容可以围绕两个概念建设：思辨与论辩。思辨是上一环节"思"的自然延伸，重点在于以辩证法的视角全面看待事物。譬如，笔者在讲解华尔街日报体的特点时，强调要客观全面地看待这种源自华尔街日报的新闻写作风格。一方面，华尔街日报体善于从小事开头、再过渡到严肃主题。这种写作模式极富故事性，很擅长把枯燥无味的新闻变得通俗易懂、活泼有趣。另一方面，也应注意到这种写作模式的局限性与适用范围，不能滥用于所有类型的新闻写作，尤其是严肃主题的新闻写作。更为重要的是，学生在阅读此类风格的外文报道时，要练就"火眼金睛"，冷静分析开篇故事与核心论点是否有站得住脚的逻辑关联，切忌被文章的故事性迷惑，忽略了事物本质与逻辑，最终造成理解偏差，甚至出现立场不稳的情况。

论辩能力的训练，则需要教师设定场景，用设问、议论、反驳等互动形式激发学生的表达欲，训练学生在复杂情境中坚持自己的观点，并有理有据地进行阐述。这一教学活动对教师的挑战较大，但有较高的思政意义与现实意义。当今世界上有众多对我国友好的国家与人民，但仍有部分外国势力对我国不断诋毁。我校的外语毕业生常在外交、经贸、新闻领域工作，有很大概率直面此类挑战。这就要求我校学生除了在思想上要站稳立场，日后在从事对外交流工作时，还需要具备为祖国发声的能力。因此，笔者认为

---

① 肖琼，黄国文.关于外语课程思政建设的思考[J].中国外语，2020，17(05)：1+10-14.

有必要以此为切入点，把思政教育推上一个台阶。外语教学中的思政建设，不应局限于"动脑"的层面，更应调动学生张口说、动手写，把中国的观点表达出来。学生先把正确的价值观内化于心，再发自内心地向外传播中国的声音，这是本课程中思政教育的实践意义。

4.最后一个环节"写"，即将以上步骤的思维结果凝结为笔语表达，形成书面文字

需要注意的是，笔者并非简单要求学生写下课堂上的结论，而是通过布置任务的形式，让学生主动探索中国的历史文化，在课下自行完成"读、思、辩"，最终以作文的形式反馈成果。以我校高级翻译学院中英法复语202班为例，笔者在2021—2022学年第二学期曾布置写作任务，使用法语介绍一项家乡特色。笔者特别强调该主题具有较大的自由度，可以自选内容，不必拘泥一格。根据作业反馈，很多学生选择了较新颖、较贴近社会新动向的主题。譬如，来自湖南长沙的胡同学选择介绍家乡的奶茶品牌"茶颜悦色"。她认为该品牌在网络上深受年轻人的喜爱，可以作为家乡的城市名片，并为家乡感到自豪。在另一项以人物小传为主题的写作任务中，刘同学介绍了"七一勋章"获得者张桂梅女士。在刘同学看来，张桂梅坚守教育报国初心，在丽江贫困地区扎根40多年，让累计1600余名贫困女生圆梦大学，这样的教师就是当代中国的人民英雄，无愧"时代楷模"的荣誉。

从以上两个案例可见，新时代的学生身上已有良好的思政教育积淀，只需给予适当的引导，学生们即可自主地发掘新时代的新故事，带着文化自信与自豪，用外语讲述中国的故事。随着思政效果的巩固以及语言水平的提高，这些学生未来定将成为国家的栋梁之才，也将是我校的骄傲。

三、法语写作思政内容建设的若干细节

1.需要注意的是，专业课程中的思政内容建设应尽量遵循"如盐入汤"的原则

所谓"如盐入汤"，一是要把思政元素自然贴切地融入课程中，如同盐粒撒入汤中不见踪迹，达到"润物细无声"的理想效果；二是不能为思政而思政，在教学中生硬添加过量的思政元素，好比过量的盐加入汤中，反而使汤难以下咽。

具体实践中，笔者常常采取"中法对比"的提问方式，实现无缝引入思政内容的效果。法语写作课上常常会接触到来自法语国家地区的语料，每阅读一篇涉及法国文化的材料，教师可根据实际情况灵活设问，引导学生关注中法文化中的异同。在此基础上，再适当加以解释，巩固正确价值观，实现思政育人的效果。这个过程中，教师要做到设问自然，话题转换流畅，不使用填鸭式教学，不拘泥于形式。

2.法语写作课程中的思政内容，还可以与本专业其他课程横向打通，形成联动效果

以我校法语专业为例，针对大三年级开设的中国历史文化专业选修课，包含大量使

用法语描述中国历史文化的内容。选修该课程的学生可以积累很多实用的法语词汇与表达，在课程内容交叉的场景下，可以把该项积累运用到法语写作中。再譬如，据选修法语写作的学生反馈，在本课程中训练的"思、辩"能力，也适用于很多其他专业课程，使他们在其他课上也能提交正能量、高质量的写作。思政教育不仅仅进行知识传播，更形成了一种方法论，使得学生受益。

结语

外语教学具有强烈的特殊性，天然处于中外文化交流的十字路口。优秀的外语人才，除了具备过硬的专业技能，更要清醒地意识到本专业的特点，要在学习、工作中站稳立场。因此，新文科背景下的外语课堂，不能局限于把学生培养成熟练的外语使用者，更要注重引领学生成长为价值观正确、胸怀广阔的新人才。外语课堂必然要秉持"立德树人"的根本原则，做到专业性与人文性兼备，培养的学生应具有国家认同、民族认同、文化认同，能把中国的故事用外语讲出来，让中国的文化走向世界。

阿尔巴尼亚语课程思政改革初探

北京第二外国语学院王偲骁、北京外国语大学韩彤

摘　要：阿尔巴尼亚同中国传统友谊深厚，曾为恢复新中国在联合国的合法席位做出过历史性贡献。阿尔巴尼亚语专业课程中蕴含着丰富的思想政治教育价值。本文以北京第二外国语学院阿尔巴尼亚语专业课程思政改革为例，通过分析改革过程中面临的关键问题，借鉴其他专业等成熟的经验和做法，结合本专业自身特性，探寻阿尔巴尼亚语专业课程思政改革的新路径。

关键词：阿尔巴尼亚语；课程思政；改革路径

引言

课程思政是落实习近平总书记关于"使各类课程与思想政治理论课同向同行，形成协同效应"重要论述的重要举措，是全面落实立德树人根本任务的战略举措，也是全面提高人才培养质量的重要任务。2020年5月，教育部发布的《高等学校课程思政建设指导纲要》（以下简称《纲要》）明确指出，要"把思想政治教育贯穿人才培养体系，全面推进高校课程思政建设"，"紧紧抓住教师队伍'主力军'、课程建设'主战场'、课堂教学'主渠道'推进课程思政改革"。[1] 在此指导下，全国各高校、各专业逐步开始重视并落实课程思政建设。

阿尔巴尼亚是最早同新中国建交的国家之一，是中国的传统友好国家，曾为恢复新中国在联合国的合法席位做出过历史性贡献，阿尔巴尼亚语专业课程中蕴含丰富的思想政治教育价值有待挖掘。近年来，随着中国—中东欧国家合作机制的深入发展和"一带一路"倡议的推进，中国和阿尔巴尼亚各领域务实合作交流日益频繁，需要更多有家国情怀、国际视野以及扎实语言能力的专业人才参与其中。本文以北京第二外国语学院阿尔巴尼亚语专业课程思政改革为例，通过分析改革过程中面临的关键问题，借鉴成功经验和做法，结合本专业自身特性，探寻阿尔巴尼亚语专业课程思政改革的新路径，对于进一步推进思想政治教育进教材、进课堂、进头脑具有现实意义。

---

[1] 中华人民共和国中央人民政府.教育部关于印发《高等学校课程思政建设指导纲要》的通知 [EB/OL]. http://www.gov.cn/zhengce/zhengceku/2020–06/06/content_5517606.htm.

一、中国高等学校的课程思政建设

1. 课程思政的内涵与价值

若要推进高校阿尔巴尼亚语课程思政建设,首先需要对"课程思政"概念的缘起、本质内涵、价值意蕴进行厘清,解决课程思政是什么、为什么要进行课程思政建设的问题。

(1) 课程思政概念的提出

2014年,上海市教育委员会率先提出课程思政这一概念,推动学校思想政治教育课程改革从思政课程到课程思政、从中小学德育课程建设转变为注重大中小学德育课程一体化建设的转变。① 随后"课程思政"在上海的一些高校进行试验,并取得了较好成效。

2016年,习近平总书记在全国高校思想政治工作会议中指明:"要用好课堂教学这个主渠道,思想政治理论课要坚持在改进中加强,提升思想政治教育亲和力和针对性,满足学生成长发展需求和期待,其他各门课都要守好一段渠、种好责任田,使各类课程与思想政治理论课同向同行,形成协同效应。"② 总书记的重要指示明确了课程思政的主体、作用、内容等基本理论问题,为高校专业课课程思政教育的实施提供重要实践方向。

(2) 课程思政的内涵

近年来我国高等教育领域围绕"课程思政是什么"的问题展开了热烈讨论,对其本质内涵众说纷纭。目前对课程思政的本质内涵达成了初步共识,即课程思政不是简单的"课程+思政",而是一种新的课程观。2020年教育部发布的《纲要》明确指出,"专业课程是课程思政建设的基本载体",这体现了课程思政中的"思政"与普通思想政治理论课中"思政"的本质不同。高校实施课程思政建设,并不意味着在专业课程中思政知识的比例要超过专业知识的比例,而是应以传授专业知识为核心,充分挖掘专业课程内容中的思政元素,将思政教育以隐性的方式寓于课程教学之中,让学生在专业学习和实践过程中自主认同、自觉践行马克思主义。

(3) 课程思政的价值

通过实施课程思政,将高校思想政治教育有机融入课程教学和改革的各环节、各方面,使得各门课程都能参与到学校育人的过程当中,与新时代我国教育的根本任务具有一致性。习近平总书记在全国教育大会上指出:"培养什么人,是教育的首要问题。我国是中国共产党领导的社会主义国家,这就决定了我们的教育必须把培养社会主义建设

---

① 高德毅,宗爱东.课程思政:有效发挥课堂育人主渠道作用的必然选择[J].思想理论教育导刊,2017(01):31~34.
② 中国教育报评论员.全面推动高校课程思政建设提质提速[N].中国教育报,2020-06-06(1).

者和接班人作为根本任务,培养一代又一代拥护中国共产党领导和我国社会主义制度、立志为中国特色社会主义奋斗终身的有用人才。这是教育工作的根本任务,也是教育现代化的方向目标。"① 大学是学生从学校迈入社会的过渡阶段,这一阶段不仅需要习得专业知识与技能,也是培育人格品格的关键时期。课程思政通过其隐性的思想政治教育功能来引导学生树立正确的世界观、人生观和价值观,将专业学习和中华民族伟大复兴的时代使命结合起来,成为心怀"国之大者"的新时代青年,主动担当时代赋予的责任。

2. 高校外语专业课程思政建设现状

语言与思想紧密相联。马克思认为:"'精神'从一开始就很倒霉,注定要受物质的'纠缠',物质在这里表现为震动着的空气层、声音,简言之,即语言。"② 外国语言文学专业的学生客观上面对纷繁复杂的西方思潮和价值观念,出国交流人数比例高,而学生们理论水平及辨别能力参差不齐,因此外国语言文学专业更需要系统、适量、高质量的思想政治教育,教育工作者更需要充分开发课程中蕴藏的思想政治元素。

2020年教育部发布的《纲要》特别指出,要结合不同专业课程特点、思维方法和价值理念分类推进课程思政建设。作为文学一级学科下属的二级学科,外国语言文学专业要在课程教学中帮助学生掌握马克思主义世界观和方法论,从历史与现实、理论与实践等维度深刻理解习近平新时代中国特色社会主义思想和社会主义核心价值观,自觉弘扬中华优秀传统文化、革命文化和社会主义先进文化。

近年来,高校外语教师在挖掘学科思政元素、创新教学方式方面做了诸多有益探索。例如,陈银翘等(2020)在《高校小语种专业课程思想政治教育资源开发的价值与路径》一文中,从遵循政治原则与育人导向、凸显小语种专业学生核心素养、明晰课程目标与资源类型、增进教师的育德意识和育德能力四个方面为小语种课程思政建设路径提出建议。③ 倪罗夏子(2021)在《"课程思政"框架下西班牙语文学课程边缘化困境透视与德育元素设计研究》中提出,以"人类命运共同体"这一全球价值观为切入点,在小语种文学课程教学中促进学生对于中西文化融合的了解。④ 龙志超等(2020)在《外语课程中融入思政元素的探索与实践》中围绕当今全球背景下的一些重要话题,创新性地提出翻译课程中思政元素的融入点和教学方法。⑤ 这些研究从多角度为阿尔巴尼亚语专业课程思政建设提供了参考。

---

① 中华人民共和国中央人民政府. 习近平出席全国教育大会并发表重要讲话[EB/OL]. http://www.gov.cn/xinwen/2018-09/10/content_5320835.htm.

② 卡·马克思,弗·恩格斯. 德意志意识形态[M]. 中共中央马克思恩格斯列宁斯大林著作编译局译. 北京:人民出版社,1982:24.

③ 陈银翘,张爱琴. 高校小语种专业课程思想政治教育资源开发的价值与路径[J]. 现代教育科学,2020(05):81~85.

④ 倪罗夏子. "课程思政"框架下西班牙语文学课程边缘化困境透视与德育元素设计研究[J]. 语言与文化论坛,2021(02):92~102.

⑤ 龙志超,毕佳. 外语课程中融入思政元素的探索与实践[J]. 现代教育论坛,2020,3(8):30~31.

二、阿尔巴尼亚语课程思政改革成果和问题

1. 阿尔巴尼亚语课程思政改革成果

北京第二外国语学院2018年版《阿尔巴尼亚语专业本科生培养方案》尽管已提及对学生的思想政治要求，例如，培养"掌握马列主义、毛泽东思想和邓小平理论的基本原理，具有社会责任感和风险精神"，具有"中国情怀与国际视野"的人才，但是课程设计和思政要求还存在一定的差距，主要的专业必修课仍沿用以语言技能为主的纯语言型人才培养模式，没有着重强调学生政治素养、思辨能力、跨文化交际能力。

2020年，北京第二外国语学院推出新版《本科生培养方案》（以下简称《方案》），为阿尔巴尼亚语专业的课程思政改革提供了具体实践方向。2020版《方案》明确全校思政总要求，强调要落实立德树人根本任务，加强课程思政建设，促进专业课与思想政治理论课同向同行，实现价值引领、知识教育与能力培养的统一。同时，要求将思想政治教育全面融入各专业课堂教学，各专业所有课程都要体现课程思政内容，实现课程思政全覆盖。在学校《方案》改革思路的指引下，阿尔巴尼亚语专业结合自身情况，有针对性地开展课程思政改革，把专业的思政总要求分解到具体课程之中。一方面，减少语言技能课程占比，新增国情类课程，例如中国国情Ⅰ（阿尔巴尼亚语教授）、中国国情Ⅱ（阿语）、阿尔巴尼亚国情Ⅰ、阿尔巴尼亚国情Ⅱ、中阿关系史，以有关中国和阿尔巴尼亚政治、经济、历史、文化、中阿关系史等领域的介绍性资料及学术成果为教学内容，增进对阿尔巴尼亚的了解，引导学生了解中国国情、民情、中国共产党的情况，坚定中国特色社会主义道路自信和中国文化自信，未来可以用阿尔巴尼亚语介绍中国的简要情况。另一方面，在语言技能课程中，改变旧版培养方案中"重输入、轻输出"的模式，增加口译、笔译翻译实践课程，注重锻炼学生对外交流、用阿尔巴尼亚语讲述中国故事的能力。

2. 阿尔巴尼亚语课程思政改革问题

通过实践发现，北京第二外国语学院阿尔巴尼亚语专业在推进课程思政改革过程中还面临以下三个方面的问题。

教材方面，阿尔巴尼亚语专业使用的部分教材虽然内容十分扎实、质量很高，但囿于编写时间较早，无法满足当下思政教育的需求。由于价格、邮寄不便等原因，较难获取阿尔巴尼亚的正规出版物，尤其缺少课程中需要的阿尔巴尼亚语版的介绍中国或介绍阿尔巴尼亚国情的最新出版物，对教学造成了一定的困扰。

师资力量和教学方法方面，目前阿尔巴尼亚语专业仅有中国教师1名和外教2名，面临中国教师不足的问题。因不懂中文等原因，外教在深入了解中国传统文化、挖掘课程思政元素方面存在困难。教师在专业教学内容与思想政治教育结合的方式上还需要深入研究，并进一步探索可以激发阿尔巴尼亚语专业学生对思政内容学习的兴趣和主动性

的教学方法。

三、未来阿尔巴尼亚语课程思政改革路径

通过以上分析可以发现，当前阿尔巴尼亚语专业课程思政改革在教材、教学方法、师资方面还存在困难。基于《纲要》和《方案》，借鉴同类专业在课程思政改革中的成功经验和做法，阿尔巴尼亚语专业尚需在上述几个方面进一步细化落实本专业思政总要求。

1. 深入挖掘课程中蕴含的思政元素

课程建设是高校推进课程思政改革的"主战场"。专业教师要深入挖掘课程中蕴含的思想政治教育元素，将家国情怀、法治意识、社会责任、人文精神、仁爱之心等思政元素自然融入其中。同时，思政元素融入点要严谨贴切。基于现有专业教材和课程大纲，北京第二外国语学院阿尔巴尼亚语课程可以在以下适合有机联系思政教育、需要视角提升的地方将思政元素融入专业教学。

（1）在口译、笔译、高级口译、高级笔译、政治与经济翻译Ⅰ和Ⅱ、中国国情（阿语）课程中用好《习近平谈治国理政》中文、阿文版

《习近平谈治国理政》一书中涵盖了中国领导人治国理政的哲学思想、改革举措和中国坚持对外开放、发展经济的雄心壮志及其在国际舞台上发挥的重要作用等内容，2017年被翻译成阿尔巴尼亚语并出版，是阿尔巴尼亚语专业学生了解当代中国、精进对象国语言的重要资料。在汉语—阿尔巴尼亚语、阿尔巴尼亚语—汉语口译、笔译等课程中，要用好中文、阿文版《习近平谈治国理政》，引导学生先遮盖译文，尝试自己进行翻译，然后比照两者差异，反复深入思考汉语和阿尔巴尼亚语不同的思维方式，在实践中提高口、笔译能力。

（2）在中国国情（阿尔巴尼亚语）课中融入中华优秀传统文化内容

中华民族历史源远流长，传统文化博大精深，"和而不同""天人合一""海纳百川""天下为公"等思想至今仍具有重要价值。中国国情（阿尔巴尼亚语）课不应局限于中国当代政治、经济、国际关系或历史等内容，而要特别将中国传统文化的内容纳入其中，使同学们在课程学习中进一步增强中华文化认同，提高用阿尔巴尼亚语讲述中国故事的能力。

（3）在中阿关系史课中注重讲述中阿友好交往的历史

北京第二外国语学院阿尔巴尼亚语专业教研室将改进中阿关系史选修课内容，力争在课程中更多地发掘中阿友好交往的历史、中国对阿无私援助的有关内容，增进学生们对过去中阿交往历史的了解。

2. 拓展教学资源，创新教学方式

课堂教学是高校推进课程思政建设的"主渠道"。推进阿尔巴尼亚语课程思政改革，需要积极开展教学方法的改革和创新，增强学生的积极性、主动性和求知欲，使专业课程成为学生真心喜爱、切实受益的课程。

在课堂之内，运用讨论式教学法，使阿尔巴尼亚语专业课堂不再局限于教师与学生"问与答"的过程，强调双方透过主题的讨论和互动，将思政元素以"润物细无声"的方式渗透其中；充分发挥学生的主体作用，鼓励学生进行课堂展示，主动寻找自己的兴趣点并提出问题，培养学生的问题意识和探索精神；同时，将中央广播电视总台阿尔巴尼亚语部发布的视频、音频等官方新媒体内容引入课堂，以更加生动、友好、多样化的方式进行语言和国情教学。

在课堂之外，还可以通过邀请阿尔巴尼亚语专业老前辈开展讲座，听亲历者口述中阿传统友谊，引导学生身临其境地感受和传承前辈们的爱国和科研精神，增强专业认同感和自我认同。

3. 增加中国教师数量，提高专业课教师思政教育能力

教师队伍是高校推进课程思政建设的"主力军"。教师数量方面，北京第二外国语学院阿尔巴尼亚语教研室中国教师不足的问题给课程思政改革带来阻碍，未来期待新增中国教师 1~2 名，以实现中、外教师合理配置。

思政素质方面，阿尔巴尼亚语专业教师要将思政学习和专业能力提高并行，以"四有好老师""四个引路人""四个相统一"为目标，积极参加学校组织的思政学习班和讲座，学习并理解马克思主义基本理论，提升育人意识和育人能力。

教学科研方面，阿尔巴尼亚语专业教师的科研工作将在马克思主义思想理论的指导下推进；将科研与教学有机结合，把独特的视角、创新的思维融入课堂教学，引导学生自觉运用马克思主义世界观和方法论分析和解决问题；加强与友校教师、专家学者的交流，取长补短，拓宽研究视野，延伸本专业思政教育内涵。

四、结语

本文以北京第二外国语学院阿尔巴尼亚语专业为例，分析了该专业课程思政改革的成果、问题和前景，指出继续深入挖掘课程中蕴含的思政元素、创新教学方式、提高专业课教师思政教育能力的必要性和可行路径。

高校非通用语课程思政改革势在必行，这不仅是落实立德树人根本任务的必然要求，也符合"一带一路"倡议和"中国文化走出去"战略下国家对外语人才的新需求。在中国快速走向世界、世界也需要了解中国的历史进程中，需要更多有家国情怀、有全球视野、有专业本领的复合型人才，而课程思政是促成三者"同频共振"的重要途径。

经济学类专业人才培养模式中课程思政元素融入路径探析

李德刚

北京第二外国语学院

摘　要：习近平总书记指出，高校思想政治工作关系高校培养什么样的人、如何培养人以及为谁培养人这个根本问题。可见将课程思政建设融入学科专业人才培养能够积极响应总书记对"各类课程与思想政治理论课同向同行"的号召，意义重大。经济学类专业学生更应该以服务国家经济社会发展为己任，高校应有针对性地将思政要素融入经济学专业课程中，培育正确的价值观念，引导学生客观认识并分析中国特色社会主义市场经济发展现实状况，激励学生把西方经济学理论与我国国情相结合，将中华民族伟大复兴目标的实现和自己的人生价值追求相结合，勇担历史使命，不断提升道德素质和思想觉悟，成为有担当、有本领的时代新人。

关键词：课程思政；经济学；人才培养

一、课程思政的含义及时代价值

课程的思政建设与传统思政教育教学不同，并非单纯开展思政教育课程，是一门独特的教育理论，为普通高等学校思政教学培训开拓更宽广阵地。思政工作要求教师通过广泛、深度地发掘最有价值的科学思政元素，在专业课程教学过程中熟练运用有关马克思主义的各种教学方法，并全面、合理融入最新思想政治理论研究成果，进一步充实学科课程教育内容。通过潜移默化植入社会主义核心价值观，进一步提高学生思想政治的觉悟，有意识实现对学生道德行为规范、三观理念及历史责任感的引导教育。

课程思政建设融入高等教育专业学科人才培养时代价值具体体现在以下几个方面：其一，端正政治立场。高等教育肩负培育德智体美全面发展的社会主义事业现代化建设者和接班人的重担。大学是青年三观定型的重要节点，高等院校的思政教育有助于大学生稳定三观、坚定信念，有助于高校学生加深对中国社会历史发展脉络及实际发展情况的认识，培育具有家国情怀、民族自豪感及共产主义信仰的专业人才。其二，衔接职业发展。专业课程教学有助于提升学生的文化知识水平，融入思政要素是对传统专业知识学习的重要补充，包括引导、规范学生思想意识、生活态度和处事品行等，帮助学生树立更科学的职业观念，更好地适应学校与社会环境的改变。其三，厚植文明因子。从长远来看，课程思政建设融入专业人才教育，以高校作为思想政治熏陶和文明塑造的重要阵地，有助于培育蕴含社会文明因子的专业人才。培养的高素质人才从校园走向社会，实现持续性迭代，将有助于推动文明传播，对促进社会文明可持续发展具有重要作用。

二、课程思政融入经济学类专业人才培养的必要性及目标

1. 课程思政融入经济学类专业人才培养的必要性

置身于社会主义经济建设背景下，经济学类专业人才是推动我国社会发展的重要力量。然而，当前经济学类专业人才培养方案存在难以满足社会发展需要的问题，具体体现在经济学类专业课程内容与我国经济发展状况适配性欠缺，教学理论存在一定局限性。

经济学类基础理论教材内容来自西方经济学，重点介绍市场经济运行机制及宏观经济政策调节等内容，发达国家总结的经济发展规律对我国转变经济发展方式、调整经济结构具有重要参考价值。通过西方经济学理论知识学习，吸取经验教训，有助于开阔发展思路，提出具备中国特色的创新型观点，助力我国经济高质量发展。虽然西方的市场经济理论体系对于健全中国特色社会主义市场经济体制仍有可借鉴之处，但是需要思考的问题在于通过课程教学学生未必能够加以思辨地选择性吸收，反而不利于实现人才培养目标。西方经济学理论主要是根据西方先进国家资本主义的市场经济运行实践经验总结提炼而来，不可避免地存在着美化资本主义的取向，部分理念也不利于我国中国特色社会主义市场经济的建立。

除内容适配性之外，还面临着很大的发展时间限制，特别是目前随着全球大变局而加速演变的特点更趋突出，世界动荡源和危机点明显上升，而中国也处于改革发展方式、调节经济发展内部结构、转变发展动力的最后攻关阶段，结构化、机制性、周期性矛盾相互交织，面临错综复杂的经济发展局面，现在普遍使用的教材中传统的西方经济学理论知识已经难以解释发生的经济运行问题，更无法应对可能存在的风险和挑战。

综上所述，为了让学生吸纳更前沿、更实用、更适用的经济学类思想理论，更好地为我国经济发展建设服务，有必要在经济学类专业人才培养过程中融入课程思政元素，帮助学生深刻理解社会主义核心价值观，深刻认识、学习习近平新时代中国特色社会主义思想，提升对中国特色社会主义体制的认同感。从学科属性来看，高校经济学类专业学生毕业后所从事的领域多与政治、经济、管理、财务等有较强关联性，以上行业对从业人员具有更严格的专业技能及道德素质要求。因此，在对经济学类专业人才培养过程中更要强化课程思政建设，提升学生的思辨能力，更客观、清晰地观察、分析和思考中

国经济发展中的现实问题,培养具备经济学思维和分析能力的社会人才,并注重引导学生树立正确的价值观与人生观,为经济学类专业人才培养奠定良好的学业基础和道德基石。

2. 课程思政融入经济学类专业人才培养的必要性

习近平总书记在全国高校思想政治工作会议上的讲话中指出,当前高等院校承担培育德智体美全面发展的社会主义各项事业建设者和接班人的任务,要进一步利用好教育渠道,增强思政教学亲和力和有效性,以适应学生的发展需要和期望,使学校各项基础教育和思想政治理论课同向并进,产生协调效果。通过经济学类专业人才培养课堂思政工程的开展,学校可以把习近平总书记新时代中国特色社会主义思想融入教育课堂之中,积极培养和传播社会主义核心价值观,从而带动广大教师成为中国特色社会主义核心价值观的坚决信仰者、主动倡导者、榜样实践者,旨在最终实现以下育人目标:

(1)引导学生树立正确的世界观、人生观与价值观

大学是学生价值三观形成的关键时期,经济学等基础课程与专业教育过程中应改变过去只注重专业知识培养而忽略思政培养的现状,全面渗透思政教育,积极宣传社会主义核心价值观,帮助学生形成明确的人生志向,培育学生奋发向上的生活态度、敢于挑战的坚韧意志。同时,由于市场经济类课程与经济社会的发展和生活方式关系密切,因此老师在讲课过程中应该更多联系社会实际,并结合时代发展趋势传授科学方法,给学生答疑解惑,引领学生树立科学人生观,形成正确的社会价值观,正确认识个人与社会的关系,充分发挥个人优势,为促进社会发展贡献个人力量。

(2)激发学生爱国情怀,增强中国制度的政治认同感

通过经济学类专业的课程思政建设,利用习近平新时代中国特色社会主义思想讲述中国所取得的主要历史成就,通过介绍社会主义国家体制与社会治理制度的优越性,来增强学生对中国特殊的历史、文明和国情的深刻理解,培养学生对社会主义制度下的政治制度认同感,并坚持道路自信、理论自信、制度自信、文化自信。同时,在教育过程中应指导学生认识当今世界与中国的发展大势,不仅向学生们客观分析我国与发达国家间的差距,也要启发学生思考中国经济未来发展的巨大潜力。鼓励大学生勇担历史使命,自觉地将个人的梦想与追求渗透到国家和中华民族的事业建设之中,为实践共产党人的伟大理想信念和我国特色社会主义共同思想而努力奋斗。

(3)提高学生的专业理论水平、思辨能力和创新意识

经济学类专业课程教学时必须根据我国经济实际发展情况并紧密结合时事,使学习者具备丰富、扎实和适用的经济学基础知识,更关注社会发展现实问题,了解国家发展战略目标,并把握相关政策导向。通过思政建设促进学校教师与时俱进,逐步具有利用马克思主义观点、立场、方法对当前经济社会的发展现状及态势做出分析、评估和决策的能力,进一步提高其对新知识、新技能的理解水平和运用水平,助力学生把经济学理

论知识与行为方法内化于心,从而更好地运用于经济社会的实际之中,使其更好地满足现代发展的需求,培养出中国特色社会主义合格建设者和可靠接班人。

三、经济学类专业课程思政建设面临的困境

1. 教师思政水平不足,对经济学类专业人才培养目标定位模糊

课程思政建设对专业教师思政理论水平有更高的要求,而课程思政理念的实施也必须依托一支观念先进、素质过硬的教师队伍。当前思政教育缺乏系统性安排,专业课教师思想政治素养有待进一步提升以满足思政建设进入专业课课堂的需要。面对课程思政建设,部分教师未能科学认识其对于经济学类专业人才培养的重要性,存在理念更新滞后的问题,仍片面将"课程思政"看作是思想政治课程教师的专项职责。

专业课教师将专业人才培养目标体现在备课以及课堂教学中教授深度、广度适宜的教学内容、运用多样化的教学方法以及普及学科前沿知识,因此,在专业课授课过程中传授专业知识,仍采用传统教学模式,照本宣科地强调经济学专业理论知识和观点,着重关注了教学内容的准确性、知识点的覆盖面、课程教学结构设计等专业课知识呈现效果,没能形成把思政工作贯穿于经济学的专业课程教育全过程的观念,致使专业教学环节中思政教学工作的缺位,从而无法建立合理的经济学专业人才培养和思政建设"协同效应"。关于课程思政中经济学专业培养目标方面的概念界定不清晰和认识上欠缺的问题,其根源来自教师不能够对课程思政理念进行科学认知。

2. 课程思政元素挖掘不足,专业课程教学和思政教育"两张皮"

经济学类专业课程理论知识点多且难,学生在学习的过程中往往只能结合已有理论分析特定问题,难以实现灵活运用,与中国经济发展现实相结合,因此在教学过程中挖掘思政要素就显得十分重要。经济学类专业课程开展思政建设与独立思政课程教学课程存在显著差异,需要实现对思政要素的选择性筛选和课程的精心设计。

由于多数专业课教师的思想政治教育基础知识储备欠缺,对思想政治教学内容没有全面掌握,对学科思政教育概念、内容理解等具有一定局限性,使得经济学类专业教师对课程中思政教育内容的挖掘工作较为浅显,没有针对性,同时也没有做到将思政知识和经济学类专业课的内容进行衔接,建立全面且紧密的联系。比如,经济学专业基础课、专业核心课、选修和学科实验课程等与教学思政元素结合的侧重点有所不同,如果没有针对性就很容易导致教学思政建设的协同性不足,导致思政建设与经济学类专业人才培养的割裂,出现专业课程教学和思政教育"两张皮"的现象,难以发挥思政建设引导学生适应当今社会成长发展需求的作用。

3. 课程思政元素融入形式单调,难以有效激发学生学习兴趣

从经济学类专业学科特点来看,其涵盖知识面广泛,教材中有大量的公式、数据、

图表等，若能够通过合理的形式将思政元素融入课程教学设计，则能够有助于增强课程的趣味性和丰富度，提升学生学习兴趣，减少学生的畏难心理，从而保障对经济学类专业课程理论知识的有效吸收。不过，部分老师并没有很好运用课堂这一主要途径，虽然主观上意识到了课堂思政工作对经济学专业培养的意义，但是没能够以合理有效的形式开展。因此，部分老师在开展专业课程或思政课程建设时，选择了单独展开一堂思政工作课或主题宣传课的形式展开，又或者仅仅在经济学类专业课程教材章节中的某一点开展，经济学专业课程与思政课程的建设缺乏互动。

以上课程思政元素融入学科培养中的过程变得生硬、乏味，导致思政内容导入不成系统，呈现出了碎片化特点，也没有做到在掌握经济学知识的同时对学生进行精神上的引领，从而出现了经济学专业培养过程中"知识培育"与"思政培育"之间有机联系严重缺失的现状，难以达到增强课程实用性、趣味性的目的，反而背离了课程思政建设的初衷，不利于激发学生学习积极性。

4. 激励与评价等保障机制尚不完善，教师开展思政建设积极性不高

课程思政主张教师带动对青年学生的社会主义核心价值观教育，并强调全员、全过程、整体的协同教育。作为经济学类专业人才培养的主要领头人，需要提高经济学类专业教师在参与课程思政建设方面的积极性。在课程思政建设项目实施之前，不少院校的教务管理部门已经开展了教学奖励制度与评估体系建设实践的尝试，尽管从整体设计上已经有了方向，但在现行教学规范与课堂教学制度执行上仍面临着问题，且课程思政建设激励机制和评估方案并没有可行性与针对性，因此，学校必须反思怎样针对教学活动中的课程思政工作与教学情况开展有效监督，实现科学合理的评估结果。激励机制和评估制度是否健全又将直接影响着老师对课堂思政建设的激情和决心。

此外，专业课程教师开展课程思政建设往往需要借助丰富的思政资源素材，依托有效交流对接的思政平台。但由于思政资源匮乏、缺乏资金支持等原因加大了课程思政建设的阻力，难以调动专业课程教师将思政理念融入专业课教学的主动性。保障条件的缺失将切实影响到课程思政建设有效可持续进行，是亟待解决的重要难题。

四、推进经济学类专业课程思政建设的对策分析

1. 提高教师思政素养，将思政理念融入教学工作

课堂上开展课程思政教学的成效，很大程度上取决于老师是否具备良好的思想政治教学素质，在课程思政理念的指导下，转变更新经济学类专业教师的课堂思路，把专业课知识和课堂思政教学紧密联系，是实现课堂思政教学建设高效开展的关键。

因此，经济学类专业课教师应当进一步提升开展思政教育的专业素养，优化对人才培养目标和方法的准确认知。授课职责不能仅限于传授经济学理论知识，还应该将对专

业人才的思想道德、品行素养的提升纳入课程授课方案当中，在育人过程中强化对学生人生观、价值观、世界观和政治观等方面相关的思政教育，确保经过高校教育的学生具有良好的品行，能够更好地满足社会文明发展的需要。另外，在院校层面也需要加强对经济学类专业课老师思政工作课程培养力度，通过聘请专家学者开展思政讲座、学校加强思政建设宣传活动等途径，提高专业课老师对开展教学思政建设意义的了解。同时，学校要大力推动思想政治理论教学队伍建设，增进专业课老师、思想政治理论课老师、学生辅导员等各级主体间的思政沟通，提升专业课老师思政素质，增强将思政理论融入经济学类专业课程的能力与水平。

2. 深挖思政教育资源，充分融合专业课程知识

课程思政不是一门单独的教学课程，专业课程的内容是它的基础，也就意味着教师进行专业课程教学准备时需要充分考察专业知识和相关思想政治教育的联系点，结合课程特色深挖、筛选出有价值的思政要素，并深入思考在传授专业理论知识时课程思政如何充分展开。在具体教学措施方面，专业课程老师在编写教案课件的过程中，必须有计划地厘清每一章知识点中要适当嵌入的思政内容，并根据要融合的思政内容对知识体系及教学方法等进行进一步完善和补充。

经济学类专业课程思政建设对于构建中国特色社会主义经济学理论体系具有重大意义，教师授课过程中选择恰当的思政教育融合点十分有必要，为了实现与专业课程更好地融合，以确保在课上能够更好地向学生呈现及传递课程思政内容，应适当加入与专业前景相关的探讨，如当今经济热点话题，同时关注学生择业观、经济学素养与人文素养等与人才培养密切相关的问题，这样的主题把握有助于避免出现专业理论知识与思政知识点"两层皮"的现象，有助于学生更好地吸收专业知识，并在潜移默化中为学生传递出正确的职业观和人生态度，有助于培养全面发展的经济学复合型人才，为建设社会主义现代化强国打下坚实的经济学人才基础。

3. 创新多元化授课方式，激发学生主动思考积极性

经济学专业课程思政建设过程中应当注重授课方式的创新，不能够仅运用讲授这一传统模式，满堂灌的思政教育可能会引起学生对"说教"的反感。因此，课程思政需要活跃课堂教学气氛，从多维度拓宽学生接受思政知识的渠道，为学生创造浓厚的主动型学习氛围，增强经济学类专业思政建设的趣味性和有效性，进一步加深同学们对专业课课程思政理念的理解，提升学生的思想道德修养。

为了使经济学类专业学生学有所获，保障课程思政的教育教学成效，要创新多元化授课方式，可从以下几方面入手：其一，结合时代发展大势，发挥互联网的强大功能，将线下和线上相结合，注重依托网络平台，充分利用慕课、网络视频等丰富线上思政资源，让学生能够更加直观地感受并理解专业知识内容，并激发学生的思想情感。例如：在讲经济学基础理论知识时，播放《货币》《大国崛起》等央视纪录片，让学生在获取

专业知识的同时提升其民族自豪感和自信心。其二，经济学专业课授课教师可采取案例教学的方式调动课堂气氛，启发学生思考，结合教授专业理论知识要点选取恰当的、有针对性的案例题材，展开分析讲解，达到思政建设融入人才培养的目标。例如：在讲财务知识的时候，可引入"瑞幸咖啡"财务造假案例，让学生搜集相关文献资料，并进行讨论。最终，教师点评同学们的发言并进行总结，向学生传达要注重诚信、不得采取不正当竞争手段的理念，为学生未来职业发展奠定基础，强化课程思政育人效果。

4. 完善课程思政激励、评价保障机制，发挥教师示范、引领作用

教师作为课程思政建设的主要力量，是专业课程教学活动的设计者、组织者和引导者，为更高效地推进经济学类专业课程思政建设，就要求从人才培养方案、专业课教师绩效考核标准、思政建设保障机制等方面做出适当调整和优化，应当有目的、有计划地将资源、政策向课程思政环节倾斜，提升经济学类专业教师开展课程思政的积极性。

建立恰当的思政建设激励、评价机制，发挥机制导向和激励作用，是经济学类专业教师课程改革有序、有效、持续进行的基础。在激励机制设置方面，需要建立多维度激励、评价制度，包括从课堂方案、课程设置、学生反馈等角度确定考核目标、衡量尺度以及考核方式。在教师专业课程教学工作的考核办法中增加教学思政工作，把教师的课程思政工作水平列入教师考核、专业考核、表彰评优等的主要考核项目中，督促专业课教师提升对课程思政教学效果的重视。此外，为了实现课程思政建设顺利进行，需要构建稳定、良性运转的保障机制，具体体现在完善人才培养方案、课程思政素材开发等方面，统筹教师思政建设培训相关的师资、经费安排，搭建课程思政交流平台等，为经济学类专业课程教师进行课程思政探索提供资源支持。

教学改革与课程创新

挖掘冬奥资源　上好翻译课程①

王淼②

北京第二外国语学院　英语学院

摘　要：北京冬奥的成功举办提升了中国的国际地位和国际话语权，留下了丰厚的物质遗产、宝贵的精神财富、多彩的文化资源和丰富的教育素材。高校翻译课程应强化"冬奥思政"的意识，将北京冬奥精神与翻译教学有机融合，始终坚持政治性和学理性相统一，坚持价值性和知识性相统一，将冬奥故事、冬奥素材、冬奥精神融入翻译专业的基础语言课程、高级翻译课程和文化传播课程，引导学生坚定理想信念，讲好中国故事，传播好中国声音，阐释好中国特色，使其成长为勇担民族复兴重任的新时代翻译人才。

关键词：北京冬奥；翻译课程；课程思政

习近平总书记指出，北京冬奥会、冬残奥会（以下简称"北京冬奥"）是我国重要历史节点的重大标志性活动，是展现国家形象、促进国家发展、振奋民族精神的重要契机。北京冬奥的成功举办全面兑现了中国对国际社会做出的"简约、安全、精彩"的庄严承诺，诠释了"更高、更快、更强、更团结"的奥林匹克精神，展现了"世界大同，天下一家"的中国理念。对于翻译课程而言，要充分挖掘北京冬奥的丰富遗产，利用好北京冬奥的育人价值，将冬奥实战资料转化为育人素材，引领广大学生体悟冬奥精神、深化爱国情怀，为民族复兴、人类进步贡献力量。

高校翻译课程应强化"冬奥思政"的意识，积极探索将冬奥知识、冬奥故事以及其中蕴含的爱国主义、奥林匹克精神、北京冬奥精神与翻译教学有机融合，始终坚持政治性和学理性相统一，坚持价值性和知识性相统一③。具体来说，翻译课程思政主要涉及基础语言课程，着眼听、说、读、写等基本功的扎实学习；高级翻译课程，突出同声传译、交替传译、字幕翻译等高级别翻译的实践应用；文化传播课程，关注中国文化"走

---

① 本文为北京第二外国语学院、北京对外文化传播研究基地、2022年北京市社会科学基金（项目）一般项目的阶段性研究成果。项目名称：北京冬奥文化翻译语料库建设研究。项目编号，22JCC061。
② 王淼，女，北京第二外国语学院英语学院副教授。
③ 冯丽霞．善用北京冬奥 上好思政大课［N］．人民网，2022-05-12．

出去"、多元文化"引进来"和彰显"中国特色"翻译等文化内涵和价值。

一、善用北京冬奥资源，打好听说读写基础

高校翻译课程教师应始终坚持"三全育人"的教育理念，教材编写、教学大纲、课程设计和课堂教学等教学环节都应紧密结合北京冬奥的育人资源。例如，听、说、读、写课程应善于利用各学习平台和资源的思政素材，将北京冬奥的思政素材进行设计和加工，丰富现有教学素材，开展启发式、融入式教育教学，让基础语言课程成为外宣平台，成为学生了解冬奥、了解国内外发展的窗口，从而深化冬奥资源的育人成效。

1.听力课程可选用与冬奥元素、时事热点等紧密结合的视听说资料

例如教材资源可以包括冬奥纪录片、冬奥宣传片、"学习强国"时事新闻听力和原文及中国国际电视台 CGTN、英国广播公司 BBC 和美国之声 VOA 对于冬奥的报道，以及北京冬奥组委、国际奥委会等国内外组织机构的官网资源和影音资料。筛选、设计和提炼核心内容进行教学，在提升学生听力、理解能力的同时，还可使学生深入了解冬奥等热点问题、国家政策和国内外新举措，既了解国家发展，又熟悉世界动态。

2.口语课可以充分利用外研社、外教社微信公众号等网络平台的冬奥话题和资源

结合课程设计，将冬奥项目、冬奥故事、冬奥事迹等融入口语课程进行拓展，使学生学会使用冬奥词汇开展相关对话，讲述冬奥故事，开展冬奥知识辩论。口语课教学应侧重互动式、应用型教学，可通过模拟冬奥活动场景开展外语对话和剧本表演，如冬奥接待服务活动、冬奥景点宣传活动、冬奥知识科普活动等，为学生提供更多应用语言的机会，使其在互动活动中学习冬奥知识，提升外语表达能力和解决问题的能力。特别要鼓励参与过冬奥的志愿学生参与英语演讲比赛或用英文在课堂、学校、社区进行宣讲交流，提升英语口语能力和公众演讲能力的同时，分享冬奥的所思、所感、所悟，继续向更广泛的大众群体传播冬奥精神。

3.阅读课增加冬奥相关的时政新闻阅读

翻译专业学生应通过阅读提升双语能力而不仅仅是外语能力，很多学生在学习外语的过程中发现中文内涵博大精深，发现中文更需要不断提升，应与外语一样得到足够重视。在选用《泰晤士报》《经济学人》等外刊的同时，也需要阅读人民网（中、英文版）、新华网（中、英文版）、《人民日报》、"学习强国"等发布的冬奥相关的新闻和文章。如果阅读内容仅有中文，要学习如何用外文将新闻内容进行清楚、准确的总结、叙述，以此提升翻译专业学生的双语转换能力。

4.写作课应鼓励学生围绕冬奥等热点话题进行讨论、写作

例如，基于冬奥运动员的拼搏佳绩、冬奥志愿者的奉献事迹以及其他涉奥人员体现的"国之大者"的中国精神，让学生撰写冬奥感人事迹的记叙文；基于"绿色、共享、

开放、廉洁"的办奥理念，让学生撰写中国绿色办奥及可持续发展举措的议论文；成功举办冬奥使中国收获了包括国际奥委会主席巴赫在内发来的无数感谢信，学生可以以参与冬奥的中国青年的身份，撰写感谢国际组织和国际友人对于北京冬奥的支持与贡献的应用文。此外，还可以鼓励将撰写的文章进行公开阅读、小组互评，鼓励学生积极参与冬奥英语征文活动，通过以赛促学和专家评审，不仅能够激发学生的写作兴趣，还能增进对于北京冬奥的更深层理解。

二、善用北京冬奥资源，培养高级翻译人才

北京冬奥会语言服务促进了多元文化共生共荣，营造了多语言服务氛围，为国际奥委会、北京冬奥组委及运动员和随队官员、奥林匹克大家庭等各利益相关方交流提供高效语言解决方案、多语种服务和优质服务体验，实现了无障碍沟通与交流[①]。高校翻译课程应坚持实践导向，将冬奥实战素材引入教材，使课堂教学与冬奥语言服务紧密结合，让学生切实感受国际交流活动语言服务的高标准、严要求；将冬奥语言服务的挑战和创新融入教学，让学生感受在新冠特殊时期举办冬奥会的艰难险阻和涉奥人员勇于创新、迎难而上的冬奥精神；将学生所知所学融入社会实践，通过虚拟情境、模拟会议和实地参观访问等继承冬奥遗产、体悟冬奥精神。

1. 教材资源

冬奥会翻译涉及业务领域繁多，翻译形式各异，在高级翻译的教学中，可以将《北京冬奥会和冬残奥会代表团团长指南》《北京冬奥组委英语规范使用手册》《北京冬奥会常用词汇手册》《汉英法冬奥会体育术语》和《奥林匹克广播服务公司转播术语表》等实战资源融入课堂教学，让学生学习掌握礼宾、转播、新闻、体育、医疗、防疫等27个职能领域的专业知识；将新闻发布会、观察员会议及交流工作会的同声传译、交替传译、陪同翻译、引导翻译等的资料用于口译教学；将《北京冬奥会和冬残奥会防疫手册》、宣讲团宣讲稿、领导陈述报告、疫情防控须知、闭环政策指南、火炬传递讲稿、口号规范手册、新闻媒体口径、运动员菜单食谱等用于笔译教学；将志愿者网络培训视频、领导讲话视频、开闭幕式播报词、冬奥宣传片视频等资料用于字幕翻译教学；将应用程序"冬奥通"翻译资料用于电子程序翻译教学；将微信群赛时政策和新闻用于即时翻译教学，致力于将人才培养与实际应用紧密结合，从而培养全面型、综合性翻译人才，为日后筹备更多大型高端的国际交流活动培养、储备必要人才。

2. 挑战创新

面对新冠疫情带来的巨大挑战，冬奥口译服务中除了要保证高质量口译外，还要时

---

① 北京冬奥组委对外联络部.北京2022年冬奥会语言服务浅谈［J］.语言产业研究，2019（00）：44-50.

刻做好防护措施，如戴口罩、面屏、着防护服、消杀检查，等等。课堂教学中，可以和学生分享翻译经历、讲述翻译背后的故事，让学生切实体会"冬奥人"胸怀大局、勇于挑战的拼搏精神。此外，为应对新冠疫情的挑战，涌现了很多创新的翻译方法。例如，通过 BlueJeans、Microsoft Teams、Zoom、腾讯会议、微信会议多种网络通信平台完成线上交替传译、远程同声传译等翻译任务，通过多语言呼叫中心提供电话口译，通过"冬奥通"智能翻译及手机微信群提供即时翻译。这些需要翻译课程中除了要教会学生利用计算机软件进行技术翻译、利用同传设备提供线下同传、利用电影制作软件提供字幕翻译等传统方法外，还应将以上新兴翻译技术融入教学，让学生熟悉不同翻译平台，切实体会新兴技术带来的挑战，并思考解决问题的可行性方案。这不仅能够让学生近距离接触新冠影响下冬奥留下的时代遗产，开拓翻译学习和应用的新视野，还能更切实地感受冬奥进程中所有参与者迎难而上、追求卓越的冬奥精神。

3. 社会实践

高校翻译课程应模拟实战练习，培养应用型人才。例如通过角色扮演、虚拟情境、模拟会议等为学生提前设置翻译活动情景，如模拟国际奥委会和北京冬奥组委的交流工作会交传服务或北京冬奥组委新闻发言人新闻发布会的远程同传服务，让学生从会议主题、专业词汇、双语视译、交传笔记、背景知识学习、讲话人信息等方面做好实战中的译前准备[①]。通过模拟形式让学生身临其境，切实体会实战的情境和挑战，并根据遇到的困难，提出解决方案，提升临场应变的能力。针对模拟训练，可邀请专家线上评审、线下点评，组织学生进行同伴互评，鼓励参与翻译的学生进行自我评估并撰写报告，并以阶段性评估方法让学生记录每天、每周、每月、每年在参与模拟实战练习中遇到的挑战、提出的方案和取得的进步。此外，可以组织学生实地参观冬奥场馆等文化遗产，学习场馆中的双语纪录片、双语宣传栏、双语标识等语言遗产；或和学生一起采访参与过冬奥语言服务的专家学者或邀请他们开展冬奥语言的学术讲座，借此来进一步了解冬奥等高水平国际交流活动的语言服务、标准和挑战。

三、善用北京冬奥资源，打造文化传播课程

文化翻译是文化传播的主要渠道，高校翻译课程建设和人才培养应以传播北京冬奥等国际交流活动的文化内涵为典型案例，通过课上、课下等一系列活动提升学生文化翻译和文化传播能力，旨在为筹办国际高水平文化交流活动做好人才储备。课程建设应着眼中国文化"走出去"，与悠久深厚的中华文化紧密联系，时刻以传播北京冬奥精神、讲好中国故事、塑好中国形象为己任，促进中国国际语言文化环境建设；应关注多元文

---

① Daniel G. *Basic Concepts and Models for Interpreter and Translator Training* [M]. Amsterdam：John Benjamins，2009.

化"引进来",将中国文化和其他多元文化进行对比研究,探究跨文化议题,提升学生跨文化交流能力和以国家、国际视角批判性分析问题的能力;应提倡彰显"中国特色"的文化翻译,构建中国特色对外话语体系,提升中国国际话语权[①]。

1. 学习传统文化,了解文化内涵

北京冬奥会是中国元素的文化盛宴,从涉及物质文化代表的会徽、吉祥物、比赛场馆、中华美食、节气节日到精神文化代表的"绿色、共享、开放、廉洁"的办赛理念,"一起向未来"的冬奥口号和"胸怀大局、自信开放、迎难而上、追求卓越、共创未来"的北京冬奥精神等文化标识,处处都彰显着中华文化的智慧结晶。翻译课程应充分利用冬奥文化推动中国文化"走出去"。例如将冬奥文化与翻译专业学习的听、说、读、写、译等课程紧密结合。第一,课上引导。通过课程融入相关话题和练习,让学生了解如何用外语描述中国文化元素,但要杜绝死记硬背、照本宣科、墨守成规,要明确语言中蕴含的文化内涵、文化力量和文化精神,知其然并知其所以然,学会灵活地用双语表述。第二,课外督促。通过高等院校、学术机构和政府部门合力举办大学生冬奥文化知识竞赛;通过微信公众号、小程序打卡等网络平台开展互动性、参与性文化学习活动;通过传播冬奥文化相关的网上资源和图书馆资源,让学生更多地了解中华上下五千年的悠久历史,蕴含民族文明、风俗和精神的中国传统文化,孔子、孟子、老子等享誉中外思想家的经典典籍等,从而深刻理解中国文化的内涵,学会用双语自然、地道地讲述。

2. 博采多元文化,包容众家之言

北京冬奥会云集了来自90多个国家和地区的近3000名运动员参赛,是世界最高水平融合五湖四海文化的一次体育盛会。了解不同文化、不同文明对于促进国际交流、成功举办冬奥有着至关重要的作用,挖掘冬奥文化资源用于教学可有效地将多元文化"引进来"。在日常教学中,需要扩展学生多元文化背景知识。第一,通过资料搜集、调查访问、对比研究等学习方法,让学生深入了解其他国家的办奥理念、举措和精神,引导学生爱国、爱家、爱生活,培养既有家国情怀又有国际视野,充满生活热情、勇于创新的青年一代。第二,课上指导学生赏析国外文化书籍,课外组织学生成立并参与外国书籍读书会,布置阅读任务,组织阅读比赛,分享阅读报告,鼓励同伴阅读、小组讨论和公开分享的集体活动激励学生增加阅读量,提高学习效率,增进相互学习,提升团队合作能力[②]。第三,鼓励学生观看西方经典影视作品和文化节目,分享文化作品背后的文化现象,通过撰写、分享观后感和根据剧情编排经典桥段,引导学生深入思考中西方文化差异,提升学生跨文化沟通能力,培养学生以国家和全球视野进行思辨的能力[③]。

---

① 杨明星,周安祺.中国特色大国外交话语体系建设的三维模式——以"和平崛起"为例[J].郑州大学学报,2021(1):19-23.
② 李正栓,李云华.冬奥会背景下河北省应用型外语人才培养策略研究[J].山西青年,2017(8).
③ 黄晓丽.电影在外国文学教学中的利弊及策略研究[J].科教文汇,2015(12).

3. 斟酌恰当表达，塑造中国形象

文化传播是提高国际话语权，构建对外话语体系，塑造正确、客观、全面的中国形象的关键路径之一[①]。高校翻译课程不论是在基础语言教学还是翻译实践教学中，在坚持语言地道、标准的同时，也要时刻牢记中国特色和中国形象，语言要字斟句酌，创新发展，杜绝简单的拿来主义。例如冬奥会中的"闭环管理"如何英译，西方媒体常用的表达方式是 bubble-to-bubble management，但是 bubble 也有泡沫之意，美丽绚烂但是吹弹可破，这与中国始终坚持人民生命至上的价值理念和要筑造钢铁般的防疫长城的决心很不相符，所以经北京冬奥组委和国际奥委会商定最终《北京冬奥会和冬残奥会防疫手册》的"闭环管理"的英文表达是 closed-loop management，这一表述比 bubble-to-bubble management 更能体现中国在成功办赛的同时，打好疫情保卫战的决心。中国也确实做到了言行合一，在办赛和抗疫上都取得了佳绩，外国运动员称防疫若有金牌，中国应得一枚。诸如此类值得与学生分享的案例还有很多。例如，北京 2022 年冬奥会的英文表达为 Beijing 2022 Olympic Winter Games 而不是 Beijing 2022 Winter Olympic Games，奥林匹克 Olympic 是该国际赛事的品牌、标志与形象，应处于重要位置，而北京冬奥组委选择这个表达是体现出了我们对奥林匹克精神的尊重；对于残疾运动员群体，英文虽然既可以说 the disabled 也可以说 athletes with disabilities，但最终北京冬奥组委语言规范还是要求提供语言服务时使用后者，因为后者更能体现出了我们对残疾运动员群体的尊重，体现出中国文化深处蕴含的人文关怀。所以，文化翻译等文化传播课程应充分利用冬奥语言素材，深入分析语言背后的中国精神，正确传播翻译内容深处的中国情怀。

北京冬奥的成功举办使北京成为了奥运史上首座"双奥之城"，大大提升了中国的国际地位，提高了中国的国际话语权，为人们留下了丰厚的物质遗产、宝贵的精神财富、多彩的文化资源和丰富的教育素材。高校翻译课程应善用冬奥素材的育人价值，将冬奥故事引入课堂，打牢语言学习基础；将冬奥资源融入教学，培养高端翻译人才；将冬奥精神发扬光大，弘扬优秀中华文化。翻译专业教师应时刻以为党育人、为国育才为己任，承担起伟大的时代赋予教育工作者的光荣使命，引导学生坚定理想信念，追求崇高目标，讲好中国故事，传播好中国声音，阐释好中国特色，为党、为国培养能担当民族复兴重任的新时代翻译人才。

---

① 孙吉胜.中国国际话语权的塑造与提升路径——以党的十八大以来的中国外交实践为例[J].世界经济与政治，2019（3）：19-43.

歌以言志：浅议音乐在德语基础阶段口语教学中的应用

李沛霖

北京第二外国语学院

摘　要：音乐在外语教学中有着广泛的应用空间，但对其在口语教学，特别是基础阶段口语教学中的功能，目前并未获得重视。本文以德语歌曲《最后我总是想到了你》为例，从音乐本身的情动功能出发，参考建构主义理论、CLIL、多元识读教学法，将教学活动视为一种交际场景，提出音乐对情感的促进将贯穿整个教学的沟通环节，并最终作用于学习者的叙述行为，尤其在低年级的口语教学中有着积极的促进作用。

关键词：音乐；德语口语教学

自 1980 年代人文科学内的"文化转向"及随之而来的"语言转向"和"图像转向"以来，"文本"一词的概念得以大幅拓宽，多种形式的视听媒介被纳入文本范畴内进行分析。而在语言文学的教学方面，多媒体的应用也早已不再是新鲜事，作为音响类文本的有声媒体被自然而然地纳入教学中来。尤其是在外语教学中，被当作文本而进行分析教学的有声材料不一而足。其中，音乐材料的独特地位亦受到了许多关注。研究者普遍注意到音乐与语言间的相似之处（Gruber 1995：19），尤其对于拓宽词汇量和听力训练具有重要意义，但对于其在口语教学，特别是低年级口语教学中的功能却有所忽视。本文将以德语歌曲《最后我总是想到了你》（*Am Ende denk' ich immer nur an dich*）为例，尝试探讨音乐在德语口语实践中的功能。

一、音乐对叙述的促进

对于音乐在外语教学中的应用，诸多论述都注意到了音乐与情感间的密切关联。援引格诺特·波默（Gernot Böhme）对于氛围（Atmosphäre）和汉斯·乌尔里希·贡布莱希特（Hans Ulrich Gumbrecht）对于情绪（Stimmung）的论述，Ina Henke 指出，流行歌曲的音乐、文本和歌曲中常见的天气主题三个层面经常交织在一起，将听者置于特定情绪之中，其创造出的氛围十分适合应用于语言文学教学中（Henke 2019：168-169）。

与前文相似，在论述音乐在外语教学中的功能时，多数分析都指出了其在于情绪与氛围的构建，并认为音乐正是主要以此种方式对语言学习产生促进作用。吴学忠在其关于音乐与外语教育的博士论文中，援引了建构主义（Constructivism）理论，强调学习者在学习过程中的主动建构能力：他们以已有知识为基础，并与充满未知的学习环境发生交互作用，从而构建出新的认知。他认为，音乐在教学中主要起到情境创设的功能，从而助力学生的这种知识创建行为。但笔者要指出，教学行为中的音乐并不仅作为背景的气氛存在。相反，它贯穿整个教学与语言应用的沟通环节，使所有交际步骤都带有音乐特性而进行。最终，它将作用于音乐受众和学习者，对其以口语形式的交流予以推动，一方面展现出其知识创建行为的结果，另一方面也补全了交际行为形成的最后一环，形成学习者对学习这一社会交际行为的反哺。

对于音乐在教学活动中的交际性，多元识读教学法（Multiple Literacies 或 Multiliteracies）提供了强有力的理论支持。作为多元文化时代下文化学与教学法间的连接，多元识读教学法强调在教学中体现出当今世界中沟通与媒介的多样性，并要求学习者能够在语言之外还能利用其他媒介表现形式，按照具体情形对这些媒介进行组合并创建意义。Cope & Kalantzis 因而强调，音乐在外语教学中有着文化的、材料与媒介的以及多语言导向的意义，以文化模式的形式贯穿整个教学活动（Cope & Kalantzis 2000：5、39）。Christiane Lütge 和 Claudia Owczarek 更是认为，"音乐识读"（Musical Literacy）应被看作多元识读的一个组成部分，可在外语语言的话语能力中作为重要的基石进行促进（Lütge & Owczarek 2019：24-26）。

内容与语言整合教学法（CLIL）对音乐在外语教学中的交际功能亦有所论述。Charlott Falkenhagen & Gabriele Noppeney 强调，音乐在 CLIL 教学法中能作用于学习者的共情能力，而其中语言与音乐一同可以作为情感和学习动力的载体（Falkenhagen & Gabriele 2019：64）。而这种音乐的情动效果正是贯穿了学习这个交际行动的各个环节。Dietrich Helms 指出，音乐作为独特的有声交流方式，对其的理解过程包含了整个交际过程，其中亦包括了听音乐者对其的反应、兴趣和诉说欲（Helms 2004：297）。对这种跨越式交际能力的培养故亦能促使学习者针对音乐产生沟通与叙述欲望，这种因音乐而被促进的叙述欲望，正是外语口语训练的基石。因此，音乐在外语教学中并非只起到背景的气氛功能，而是在教学这种沟通行为的各个环节都赋予了这种叙述性，为口语的促进提供了许多契机。后文的分析将表明，以音乐为主题的教学行动中，在聆听前、中、后的各个阶段都有口语叙述的教学促进点。

二、基础阶段德语口语教学特点

基础阶段德语口语教学有着不小的挑战，在挑战语音问题之外，学习者受到水平所限，囿于中文母语语言习惯和句式，在使用口语时磕磕绊绊，无法说出句式恰当的句子，容易因此产生畏难情绪，以沉默代替张嘴训练（黄莉莎 2018：128-129）。而音乐的使用，对扭转这种因学生心理问题造成的口语叙述障碍有着积极的影响。

李硕在其硕士论文中强调任务型教学法对德语学习者口语促进的重要作用。他将"任务定义为学生在学习语言的过程中，在具体的与生活相关联的语境下，使用目标语言去解决实际问题的活动"；而任务型教学法则致力于将理论知识与实践予以充分结合（李硕 2020：3-5）。这样看来，在口语教学中采用音乐，正是一种这样的任务型教学形式。通过在教师的指引下完成恰当的口语任务，语言和交际能力的提升是可行的。此外，张颖指出，口语教学的重要途径之一是情境的创建（张颖 2020：156）。对于低年级德语学习者而言，音乐对于创建轻松有趣的课堂氛围有着显而易见的促进作用。通过挑选适当的音乐，学习者更容易进入音乐情境，容易克服德语初学者诉说的羞怯心理。朱丽萍在其关于音乐在英语口语教学中应用的文章中亦强调，音乐的使用可以创设真实情景，进而引发兴趣，促进学生扭转恐惧心理而参与教学活动并张嘴诉说（朱丽萍：77）。

值得注意的是，在音乐材料的选择上，音乐创作者并不会特意以外语学习者作为对象，因此对于低年级德语学习者而言，很难找到完全符合一个基础阶段德语学习者水平的严肃音乐作品，因此在歌词中出现较难的词汇与语法现象是很普遍的事情。但笔者认为，这些难点并非在教学实践中放弃使用音乐的原因。进行此环节时可以安排学习者进行自我探究式学习，进而模仿学生在私下听到一首喜欢的外文歌曲，从而自行寻找资料，试图理解歌曲意义的过程。下文使用的《最后我总是想到了你》中亦存在部分相对较难的词汇和语言现象，教学活动中也在核心的音乐聆听环节设置了相应的自我学习环节。

三、应用分析

德国乐队"犯罪要素"（Element of Crime）的歌曲《最后我总是想到了你》（以下简称《最后》）收录于 2009 年的专辑《你所在之处我从不在》（*Immer da wo du bist bin ich nie*）中。歌曲发表后在评论界广受赞誉，不仅被认为在音乐创作上富有想法，而且特别是主唱斯文·雷根纳（Sven Regener）文学性的歌词——他亦是叫好又叫座的小说系列《雷曼先生》的作者——被热烈称赞。《法兰克福汇报》的乐评一上来就花了两段的篇幅对此曲的歌词进行分析，并完整引用其第一节内容，赞扬其为日常生活情景创建意义的能力，并称各个动机交织在一起的方式令歌曲"美得闲庭信步，同时极具秋意"

（so unangestrengt wie schön und gleichzeitig äußerst herbstlich）（Spreckelsen 2009）。歌曲以三节篇幅讲述了一个平常的生活场景：游乐场上荡秋千的孩童把一只鞋踢飞，落到街边一辆车上，孩子的母亲匆忙中被沙坑中另一个孩子恶作剧伸出的腿绊倒并受伤流鼻血，孩子手上的冰淇淋融化滴在地上。但每节结束部分，隐藏在叙事背后的第一人称叙述者"我"都会突然现身，将所描述的这些生活场景联系到一个第二人称人物"你"上，对着"你"说出失恋后的伤心之语，并在短暂的副歌中宣布："无论我在想什么，最后总是想到了你。"歌曲是一首典型的叙事谣曲（Ballade），具有情节和叙事性，充满日常生活气息，语言清晰明快又十分优美，十分适合 A2-B1 水平的德语学习者。同时文本又在叙述策略上匠心独运，可以引导学生关注叙述声音，在文本理解和文学分析能力上都有早期的促进作用。

1. 音乐播放前

学生首次完整聆听音乐之前的预备阶段，课堂中应当完成的教学任务包括重新激活、查漏补缺和引发预期三个部分，三者相辅相成，密不可分。因行文关系，下文将对此分别做出展开解释。

预备阶段教学活动的重新激活任务，是指学生应在音乐播放前激活音乐相关的词汇记忆、情感经历与认知体验。每位大学生在来到德语课堂之前，都曾听过、唱过或演奏过音乐，对音乐和歌词的认知模式在此时应已处于相当完备的状态，对音乐与情感间的密切联系也应有所体会，同时对与音乐、情感和主观体验相关的词汇此时也应或多或少有所了解，这三者之间因而亦处于相互交织的状态。教学设计中应辅以相应的问题，快速并自然地牵引出学生在三个方面的经验，为接下来的学习活动奠定基础。

预备阶段教学活动的查漏补缺任务，是指学生对课堂中需要用到的尚未掌握的词汇、音乐主题涉及的生活经验或歌曲的背景知识应有所了解，才能顺利完成对音乐文本的学习。这里涉及的主要问题是关于音乐和情感表达上的语汇。倘若教学活动中，教师观察到学生在词汇及与主题相关的生活经验上有所欠缺，应及时加以补充。但此功能不应成为教学活动的主体，特别是不应在学生不了解的歌手或专辑等背景知识上花费过多时间，否则会喧宾夺主，变成课程的主体内容，干扰学生以情动为基础的学习过程。

预备阶段教学活动的引发预期任务，是指学生应对即将听到的音乐的风格、主题和可能获得的情感体验有所准备。学习过程与日常娱乐消遣所应用的认知功能不同，毫无准备地进入一首音乐作品的聆听环节，势必会造成学生在聆听时调整认知和情感定位，造成一定程度的注意力分散。学生即将学习和聆听的是摇滚歌曲、说唱歌曲还是古典作品，内容是关于浪漫、政治还是自我表达，整体情绪是欢快的、忧伤的还是激动的，这样的预期都有助于学生在认知地图中进行定位，相应地调整好情感模式，与歌曲间形成呼应、产生共鸣。

综上所述，学生聆听音乐前阶段口语训练的任务设置应尽可能逐步或同时满足三项教学任务，特别是激发学生已有的知识和情感经验，调动学生的前认知和前把握，并促进他们对即将听到的音乐文本有所预期。鉴于音乐强烈的主观性，教师应在这一环节鼓励学生用德语描述自己以往对于音乐的经历，从而激发学生在情感描述上的语汇。比较恰当的问题包括但不限于"你多久听一次音乐？""你在哪里或用什么媒介听音乐？""你自己演奏或创作音乐吗？""听音乐的选择和你的情绪有关吗？""悲伤的时候会听音乐吗？""你最喜欢的音乐类型是什么？""你最喜欢的歌手或乐队是谁？""摇滚乐令你想到什么？""你了解哪位德语音乐人？"等。

针对《最后》，歌曲的内容涉及许多童年的生活场景。为了激发学生在这一场域内的语汇和情感记忆，教学中可以设计相应的环节，例如请学生就"童年"一词展开联想，引出相应的形容词、名词和动词；亦可展现歌曲中出现的童年事物图片，例如草莓冰淇淋、沙坑、游乐场和秋千，请学生看图填词，并加以联想，想象歌曲可能凭借这几个童年事物讲述了什么样的故事。

此外，教师可在恰当时机将歌曲的题目告知学生，并请学生对歌曲的主题和塑造的气氛进行猜测。教学中也可截取音乐前奏部分先行展示，请学生在听到歌词之前，对音乐的情绪进行判断。可以给出例如"忧伤"（melancholisch）、"欢快"（fröhlich）、"怀旧"（nostalgisch）、"亢奋"（aggressiv）等一系列形容词，请学生从中挑选。这样在激发学生的情感经验和推动其主动进行预期的同时，亦可在语汇上激发学生记忆并查漏补缺。

总结来看，音乐播放前阶段的重要意义不亚于聆听之后的文本分析和综述阶段，它对于引起兴趣、激发记忆、促进主动进行预期，特别是令学生张开嘴使用外语方面都有着重要意义。此阶段实际操作中，最为重要的是对任务进行细化。对于基础阶段的学生，信息的给出应当循序渐进，不能一下子丢出过多材料，让学生陷入过多、过宽泛的信息海洋中，找不到方向，也不清楚应对哪一部分的语汇知识和情感范式进行激发和预期。

2. 音乐播放阶段与文本处理

经过准备阶段后，学生此时第一次听到了音乐本身。但学习者此时并非处于娱乐和纯粹美学欣赏状态，这一环节中的最重要部分是文本处理和文本理解，学生应充分利用音乐旋律与节拍对语言的促进作用进行词汇和语法现象的记忆。教学活动故而应在聆听中给与逐步的学习引导。但此时亦是促进学生进行自主学习的最佳契机，其间许多文本理解的任务可以在教师的指导下由学生自行完成。此环节的口语教学部分则可以以剧情复述的形式进行。

为了最大限度地促进学生的听力，音乐应至少播放两遍，并辅以难度不同的文本任务。例如，第一遍播放时，学生应在一系列关键词中尝试选择听到的词汇，随后应能够笼统地就歌曲的意境和情绪做出一定的描述（"这首歌是欢快的吗？"）。而第二遍播放时，可辅以听写的任务。学生得到歌词，其中应有部分词汇缺失，学生应在第二遍仔细聆听时在一些备选词汇中选择正确的填入空白。备选的词汇应有易有难，可以适当选择一部分生词，但都应属于歌词中的重点内容词汇。就《最后》一曲而言，既可以选择"天空"（himmel）、"汽车"（auto）、"流血"（bluten）一类基础词汇，也可以适当加入"金属棕"（metallic-braun）、"高级定制时装"（haute couture）、"华夫饼"（waffel）等较难单词。

对于文本理解的环节，可以鼓励学生进行自我探索。就《最后》而言，歌词共分三段，可以自然地将学生分为三组，每一组负责一节，要求他们利用字典等工具，通过讨论的形式，对不理解的词汇和段落进行自学。小组学习过程中，教师应对讨论进程进行掌控，对可能涉及的较难语法点进行解释，例如第一段末的长句和关系从句，以及第二段出现的第一分词（selbstverschwendend）和隐喻修辞（am Leib des ganzen Stolzes seiner Eltern）。在随后的验收环节，每一组的代表应尝试以复述形式将每段内容重现。此处既可以训练学生用口语按顺序讲述发生一系列事件的能力，同时锻炼空间关系的描述（鞋从哪里飞到哪里？母亲在向哪里运动时摔倒在哪里？），二者均是基础阶段学生应该掌握的口语叙述能力。音乐播放阶段的学习步骤，是学生从语言知识积累走向理解、阐释和语言应用等更高阶学习层面的重要枢纽。

3. 音乐播放后

学生听完歌曲并进行完文本学习后的阶段，应进行总结、阐释和延伸思考，也是学生表达观点、参与讨论和给出反馈的绝佳契机。总的来看，对于低年级德语学生而言，因受到语言能力的制约，课堂的参与应多寻找娱乐性的反馈方式，并在情节和人物情感上多做文章。

音乐播放后阶段的总结环节，是指学生对音乐的内容能够进行综述。教学活动中，应引导学生从不同角度对所见内容进行抽象化总结。例如：歌曲中出现了哪些人物？他们都在做些什么？他们都处于什么样的情绪中？歌曲发生在什么时间？什么地点？为什么会发生这些事情？抽象化是理解和分析的第一步，也是初级外语学习者向中级过渡的第一个步骤。在口语教学中涉及这样的环节，显然有助于这一转变主动从学习者本身做出。

音乐播放后阶段的阐释环节，是指学生对音乐的情节、手法和主题能够进行阐释性的描述。低年级德语学习者受到词汇量的制约，在这一环节显得普遍较为吃力。教学活动中可以通过设置关于人物和情节的基本问题来进行引导。在《最后》中，每一节结尾处忽然出现的"你"和"我"两个人物是可以引发思考的阐释点。教学活动中通过询问二人与主线中母亲与孩子之间的关系，可以引发学生对两层叙述线索间关系的思考；实践中也的确发现，许多学生通过追问才意识到这是两条完全不一样的叙事线索，在学习初期获得了顿悟体验，这对其在文本理解方面有着显然的促进作用。另外，针对歌曲第三段结尾庄词谐用的修辞手法，教学活动中亦可提问学生是否认为孩子的伸腿绊人是一种"邪恶"行为，来引导学习者体会歌词形式与内容反差中产生的幽默。

音乐播放后阶段的反馈环节，是指学生对音乐的主观感受和评价。针对宽泛的"你喜欢这首歌吗"的回答方式会多种多样，这是教学活动中应当予以鼓励的。学生此时应利用已掌握的表达观点和传递情感的语料进行描述。教学活动中，可以就旋律、歌词和演唱等各个方面分别进行提问，促进学生在进行分析时有分类意识。亦可对问题进行细化，例如"你听完歌后感觉如何"，敦促学生积极运用情感语汇来表情达意。就《最后》一曲而言，学生可能会用怀旧、感伤、感动等词汇进行描述，此时亦可进一步询问这种感受的原因，使学生意识到要对自身的情感进行主动的反思，并能用语言对此进行解释和论述。

音乐播放后阶段的延伸思考环节，是指学生从歌曲出发进行网状式发散性思考的过程。音乐的美学性、主题和情感塑造都有能力引发这样的思考，而教学过程中应当辅以相应的任务对此进程进行促进。教学中可以请学习者对音乐进行评论，或者谈谈最喜欢的音乐，或者就歌曲的主题——例如本例中的童年话题或爱情话题进行延伸性的讨论。值得注意的是，这一项教学任务并非一定要在课堂内完成，以作业形式对教学效果进行验收评价的方式有着更为理想的应用效果。

四、结语

综上所述，音乐在德语口语教学中有着广泛的应用潜力。通过选择恰当的音乐材料、设置适当的教学任务，音乐本身的情动效应将作用于整个教学活动的交际过程，尤其能够促进基础阶段德语学习者克服因语言水平原因产生的胆怯心情，顺利进入叙述模式，以主观感受为基础，使用外语口语进行表情达意。需要注意的是，教学行为与音乐欣赏行为在交际目的和交际模式方面都有诸多不同。教学者应在教学中注意二者的平衡，以音乐的美学性为出发点和契机，以口语交际为目标，从而为学习者搭建起音乐与语言间的桥梁。

参考文献

[1] Gruber, Gerold. W. Literatur und Musik – Ein komparatives Dilemma [C] // Albert Gier & Gerold W. Gruber. *Musik und Literatur：Komparatistische Studien zur Strukturverwandtschaft*. Frankfurt am Main：Lang, 1995：19-33.

[2] Henke, Ina. Stimmungslektüren. Zu Funktion und didaktischem Potenzial von literarisch gestalteten Wetterphänomenen in aktueller deutschsprachiger Popmusik [J]. *Literatur im Unterricht*, 2019（2）：165-178.

[3] Cope, Bill & Mary Kalantzis. *Multiliteracies. Literacy Learning and the Design of*

Social Futures［M］. London & New York：Routledge，2000.

［4］Lütge, Christiane & Owczarek, Claudia. Zur Rolle von Musik im kompetenzorientierten Fremdsprachenunterricht – *audio literacy* als Teil von *multiliteracies*［C］// Charlott Falkenhagen & Laurenz Volkmann. *Musik im Fremdsprachenunterricht*：Tübingen：Narr Francke Attempto，2019：17-27.

［5］Falkenhagen, Charlott & Noppeney, Gabriele. CLIL-Musik：Fremdsprache und Musik im Content and Language Integrated Learning（CLIL）［C］// Charlott Falkenhagen & Laurenz Volkmann. *Musik im Fremdsprachenunterricht*：Tübingen：Narr Francke Attempto，2019：51-76.

［6］Helms, Dieter. Musik dreisprachig? Probleme und Chancen eines bilingualen Musikunterrichtes［C］// Andreas Bonnet & Stephan Breidbach. *Didaktiken im Dialog. Konzepte des Lehrens und Wege des Lernens im bilingualen Sachfachunterricht*. Frankfurt am Main：Lang，2004：291-304.

［7］黄莉莎. 德语口语教学模式新探索［J］. 安徽文学，2018（5）：128-129.

［8］李硕. 任务型教学法在大学德语口语教学中的应用研究——以四川外国语大学成都学院为例［D］. 四川外国语大学，2020.

［9］张颖. 大学德语口语教学策略研究［J］. 文化创新比较研究，2020（16）：154-156.

［10］朱丽萍. 音乐在英语口语教学中的辅助作用［J］. 云南艺术学院学报，2003（3）：76-77.

［11］Spreckelsen, Tilman. Zur Not bin ich auch noch da［N］. Frankfurter Allgemeine Zeitung，2009-09-15（30）.

探讨中国高等教育双语教学的若干问题与建议

于雅楠

北京第二外国语学院　商学院

摘　要：双语教学是我国高等教育改革的一项重要措施，旨在为国家发展培养在各专业领域具有全球意识与国际交流能力的高层次、复合型、创新型的国际化人才。然而，我国高等教育双语教学仍处在实践与探索阶段。本文在阐述双语教学发展现状的基础上，从教学目标定位、教师资源配置、学生认可程度、教材教辅供需等多方面解析了现阶段我国双语教学中存在的问题与不足并提出了具体的整改建议，为我国高等教育进一步深化双语教学改革提供思路。

关键词：双语教学；教育改革；高校教育

一、双语教学的起源与发展

双语教学是指应用母语以外的第二语言进行非语言学科的教学活动，是以两种语言为媒介语的教育模式（Fishman，1976）。西方社会对双语教学的应用早于我国。以北美国家为例，1969年加拿大政府颁布《官方语言法》，以法律形式承认了法语与英语的同等官方语言地位，同时奠定了加拿大英、法双语教育的基础。20世纪60年代，由于美国移民政策的推进以及公民权利运动的蓬勃发展，美国政府逐步废除1919年颁布的全英文教学决议，重新引入双语教学并颁布《双语教育法案》，以明确双语教育的重要意义。加拿大与美国双语教学的开展都有消除社会不稳定因素、保证少数族裔教育公平性、减少辍学现象的考量。由此可见，早期双语教学的发展受人口结构与政治因素的影响。

双语教学主要分为沉浸型双语教学（immersion program）与过渡式双语教学（transitional bilingual education）两种模式。沉浸型双语教学是指课程中只用学生的第二语言进行教授的教学模式。根据第二语言与母语使用比例，沉浸式教学可分为完全沉浸式（total immersion）与部分沉浸式（partial immersion）。加拿大与美国部分地区（例如加利福尼亚州、亚利桑那州和马萨诸塞州）学校要求的结构化英语沉浸式课程（structured english immersion program）均为完全沉浸式双语教学模式。过渡式双语教学是指课程伊始以母语教授为主，同时开设第二种语言课程，待语言能力提升后逐步转变成只使用第二种语言进行教学的教学模式。两种双语教学模式各有优劣。相关研究表明，过渡式教学保证了学生的学习进度，避免了学生在早期沉浸式学习中暂时、轻度的落后，更有利于培养学生的自信心；而沉浸式教育可以使学生更快掌握第二语言，使其阅读理解能力高于同龄学生（唐冬霞，2011）。

中国加入世贸组织（WTO）的20年来，社会经济高速发展，改革开放程度日益加深，中国与国际社会的关系也愈发紧密。经济与社会的发展使国家对双语人才的需求程度迅速提高。中国不但需要专业的语言类人才，更需要在经济、贸易、金融、技术、市场、管理等方面有着语言与专业优势的复合型人才。因此，我国高等教育国际化的需求与趋势日显迫切。2001年8月，教育部颁发的《关于加强高等学校本科教学工作提高教学质量的若干意见》（教高〔2001〕4号）中的第八条意见标题为"积极推动使用英语等外语进行教学"，其内容明确规定"为适应经济全球化和科技革命的挑战，本科教育要创造条件使用英语等外语进行公共课和专业课教学"。自此，各高校积极响应政策，开始推动使用外语（主要以英语为主）进行公共基础课与专业课的教学改革。然而，双语专业课程设置一直争议不断。本文在明确双语教育必要性的基础上，从教学目标定位、教师资源配置、学生认可程度、教材教辅供需等多方面解析我国高等教育双语教学现状，以期提出具有针对性的改进建议，提高双语教学质量，为我国高等教育进一步深化双语教学改革提供思路。

二、中国高等教育双语教学的必要性

1. 有助于加强学科建设

多位学者表明双语教学可以有效提高学生外文文献的研读水平，助其梳理国内外学科发展相关历史进程，同时提高学生英文学术写作水平（霍健，2011；奚红妹和宋彩萍，2011；杜丽丽，2016）。因此，开展双语教学不仅有助于国内专业人才吸收国外先进科研成果、促进国际学术沟通交流，更有助于加深师生对本学科的理解，加强我国学科建设，进而提升本科办学质量。

虽然在过去数十年间我国高等教育迅猛发展，但客观来讲，我国许多学科与国际水平仍有一定差距，英语仍是全球学术界研究成果发表的通用语言。双语教学有助于增进学生对世界一流科研成果和前沿课题的认识与理解。无论是进行日常文献查询或是国际学术交流，无论是学习国外领先的科学技术知识或是将中国的学术理念与科研成果展示给世界舞台，克服语言障碍都是至关重要的一步。在本科阶段开展双语教学在引进国外先进教学理念与技术资源、培养学生国际交流能力与信心等各方面都具有重大促进作用。

2. 符合国家发展需要

高等教育双语教学的必要性不仅仅体现在提高学生英语水平的单一维度中，高校双语教学亦是培养具有国际化认知水平、跨文化交流能力与全球竞争能力的全方面人才的有效途径。研究表明，接受双语教育的学生在概念搭建、知识迁移、阅读理解、团队合作、交际能力等方面明显优于接受单语教育的学生（Schwartz & Palviainen, 2016; Jawad, 2021）。在过去20年间，中国高等教育践行双语教学为社会输送了大量既具备英语语言能力、可以进行国际交流，又具备国际合作意识、在专业领域有所建树的复合型人才，为全面建设社会主义现代化国家做出了贡献。自2013年习近平总书记提出"一带一路"建设以来，我国对具有全球战略意识与国际交流能力的人才需求进一步加大。此时正是各高校将双语教学作为培养各专业领域高层次、复合型、创新型的国际化人才的重要途径的良好契机，这对我国全面提升对外开放水平，实施"引进来，走出去"战略有重大意义。

3. 有助于拓宽学生未来发展道路

实施双语教育可以更好地满足学生未来发展的需要。双语教育为学生科研工作、出国深造及在合资、外资等企业谋求职业发展提供必要的语言能力与专业知识，因此广受学生喜爱。刘卓夫等（2015）针对学生对双语课程的接受程度进行了问卷调查。结果显示，87.2%的学生认可在本科教学中开展双语教学的必要性，89.7%的学生表示双语教学不会额外增加学习压力。此研究体现了学生对双语教学的较高接受度。在经济全球化的背景下，学生逐步认识到双语教学对自身能力提升以及拓展职业发展广度的重要性。双语教学开阔了学生国际化视野，增强了学生跨文化交际能力，更有利于学生谋求更好的职业发展。

三、中国高等教育双语教学的现存挑战

1. 双语教学目标定位不明确

虽然双语教学在中国高校已开展多年，但许多学者认为双语教学目标定位仍不明确（赵正堂，2009；张蓓和杨炳成，2015；杜丽丽，2016）。教学目标作为教学过程中所期待得到的教学成果，对教学内容制定有重要指引作用。教学目标定位模糊会使教师和学生双方陷入双语教学的认知误区。其中一个明显误区是教师认为外语在教学过程中使用比例越高代表教学质量越高，因此在教学目标制定上过于偏重学生语言水平的提升，这必然会导致学生将主要精力放在语言学习上，不利于学生对专业知识的理解与学习。这种认知不但忽视了教学目标中学生真正需要掌握的专业知识的讲授，更使一些专业课成绩较好但英语基础相对薄弱的同学产生了畏难和抵触的情绪。严重的还会影响学生对专业课学习的信心，造成学生成绩下滑，背离双语教学的初衷。此现象的出现会使学校

决策者认为实施双语教学既费时又低效，因而削减对双语教学的资源支持。

2. 双语教师资源不足

双语教学需要大量教育资金与专业人才投入。美国颁布《双语教育法案》后的5年间，美国政府在双语教育发展项目上共计拨款约1.2亿美金，开设约6万个双语教师就业岗位以满足双语教学需求。而我国双语教育存在资源投入不足、配置不合理、教师语言能力不达标等多项问题。双语教师的定义是熟练运用两种语言进行专业课教学的教师，而非单纯外语语言类课程教师。这就要求双语教师不仅要精通外语（在现有高等教育双语课程中多指英语），更要有良好的专业素养、具备充分的专业知识。然而，同时拥有良好语言与专业素养的教师资源相对稀缺。目前高校双语教师大致来源于两类：一类是英语专业毕业教师跨专业教授双语课程。此类教师具备良好的英语素养、扎实的词汇基础与丰富的语言教学经验，但缺乏必要的专业领域知识，难以指导学生的专业实践。另一类是从非英语专业毕业的专任教师中挑选具有良好英语能力的教师开展双语课程。这也是目前高校双语教育的主流方案。此类教师虽有扎实的专业知识，但由于语言限制，难以达到用中文讲授时的教学深度与广度，致使学生感觉双语专业课教学效率低于中文教学。同时，非英语专业教师在双语课程内容设计中缺乏英语语言教学方法与技巧，对英语文化、思维理解有限，不利于拓展学生的国际视野与跨文化交流能力。

3. 学生语言能力不达标

双语教学面临的最大挑战之一是学生参差不齐的英语水平。学生必须具备一定的语言基础才能将主要注意力放在学科知识学习上。如果课上需要一边查询英语词汇含义，一边思考英语语意逻辑，学生必然因分心影响对专业知识的吸收。由于我国基础教育资源分布仍不均衡，经济发达的省市地区在英语基础教学上优势明显，导致同一专业里的学生英语基础不同。来自英语教育基础较薄弱的欠发达地区的学生在英语词汇量及口语方面的劣势较为突出。这一现象致使双语课程教师难以制定公平统一的衡量标准。更重要的是，英语水平良好的同学更容易对双语教学产生认同感，这种认同感激发了学生内在需求，使其更容易在学习上付出努力。而英语基础较弱的同学对双语教学的认同度较低，内在需求不强，导致学生双语学习成绩难以提升。

4. 教材的供需问题

教材是教学活动的基本载体，是课程标准的具体化，也是教学质量的保障。迄今为止，教育部尚未推行各专业统一使用的双语教学规划教材，这对双语教学的实践造成了困难。当前双语课程教材主要来源分为两类：一类是直接进行原版教材引进；另一类是由本校或多校专业教师联合编写相关双语教材与教辅资料。英文原版教材的引进在推行双语教学初期阶段起到了重要作用。其不仅有效地为高校双语教师提供了教学资料，也为国内教师参加国际教学及学术交流提供了契机。然而，国外某些教材存在编制内容不适合中国国情、与我国教育发展理念不符等问题。另一方面，国内高校自编教材多半是针对原版教材的部分内容进行汇总与修订，缺乏学科专业知识的系统性。此外，自编教材需要长时间投入与多年教学经验的累积，但少数教师将其作为评定职称的需要，对内容缺少精益求精的要求，使得我国编纂的教材难以在国际学术舞台中流通。

四、中国高等教育双语教学的改进建议

中国高等教育双语教学仍处在实践与探索阶段。针对上述问题的整改建议如下：

1. 明确双语教学目标定位，加强双语教学思想教育

明确双语教学目标定位与加强双语教学思想教育是相辅相成的改进措施。某些教师对双语教学目标的认识不清、定位不准、理解片面多是由于没有树立起正确的双语教学思想。比如，少数教师盲目认为英语提升是双语教学的主要目的，究其本质是由于对中国教育主旨的认知不足。我国高等教育工作者应始终牢记我国与西方国家发展双语教育的本质不同。在教育目的上，美国与加拿大的双语教育源自政治与社会稳定的需求，而我国实施双语教育的根本目的是培养复合型人才，为国家发展与社会主义建设服务。因此，高校应按时组织职业培训、学术交流、专家讲座等活动，有目的、有计划地开展双语教师思想教育工作。正确的思想对实践具有重大指导作用。只有先树立教师正确的双语教学思想，才能促使其明确教学目标，进而根据目标合理制订教学方案。

此外，我国高校教育工作者应明确我国双语教育的属性是附加型教育，不可取代传统教育类型，更不以全专业过渡至全英文教学为目标。因此，相较于过渡式与完全沉浸型双语教学，我国更适合开展部分沉浸式双语教学。依托自身国情与各学科不同情况，设置部分沉浸式双语教学在每学科中所占比例，制订一套完善且确实可行的高等教育双语教学方案是双语教育的首要任务。在制订方案的摸索过程中可设置实验班。实验班级（英语作为教学媒介语占比不得低于50%）的课程与其他同年级对比班课程相同，使沉浸式双语教学实验班与普通教学班级的教学成果有可比性，以此观察双语教学在本专业有无优势。同样方法可用于实验部分沉浸式双语教学中以英语作为教学媒介语的最佳比例。

2. 加强双语教师培训，完善双语教师资源

英语作为目前双语教育的主要媒介语，是提高双语教学质量的前提。首先，学校应对双语教师进行岗前英语语言水平与专业双测试以保证教师拥有能够应用流利英语进行专业课教学的基本能力。其次，在岗中应定期举办相应的教师培训。例如，组织英语专业教师与各学科双语教师共同参与教研活动，共同探讨教学方法；约请国外双语教学专家举办讲座，为国内双语教师提供良好的国际交流平台等。

为了确保双语教学质量，学校应实行双语教师的资格与水平评审机制，推进持证上岗制度。然而，双语教师往往承担着相较于普通专业课教师更大的教学压力。因此，在完善双语教学考评机制的基础上，理应从岗位津贴、绩效统计、职称晋升等方面给予考

评合格的双语教师一定的奖励,以调动其积极性。

此外,想要形成教师资源的有效配置还应加强双语教育前期资源建设投入。学校应积极推动中青年教师海外进修计划,以便提高本校教师的外语能力及国际化视野,补充、壮大双语教学师资队伍。同时,学校可增加人才引进名额,招募海外知名院校毕业的各专业博士进行双语教学。通常情况下,海外院校毕业博士可直接进行双语教学,大大缩短教师技能培训时间。同时,海外院校毕业博士不仅拥有语言优势与国际视野,而且拥有更广阔的国际学术资源与学术交流平台,有助于整体双语教学水平的提升。

3. 提高学生基础英语水平,构建双语课程体系

学生作为高校双语教学活动的主体,其对双语教学的思想认同度和接受能力直接决定了高校双语教学活动的开展。在思想上,学校应适当强调双语的必要性与优势所在;在操作中,学校可施行分段制教学模式,注重教学的可行性与连贯性。例如,低年级可开展低比例沉浸式双语教学。与此同时,开展英语语言辅助类课程,使学生掌握一定的专业英语词汇并着重提高学生听说能力。待学生专业英语达到一定标准后,高年级可开展高比例沉浸式双语教学。相较于低年级,高年级双语课程设置应更注重培养学生英语学术思维方式,提高学生沟通交流能力,并为其提供一定的国际学术交流机会。总之,将双语教学分段开展有利于低年级学生打牢专业英语基础,高年级学生拓展专业学习思维,为不同阶段的学习者制定可预见的目标。同时,与双语教学分段制相配合的英语课程开展有利于促进大学英语课程由语言能力到语用能力的培养的转换,增强大学英语的应用性。

4. 实现教材的"引进来,走出去"

双语课程不能完全摒弃原版教材。虽然原版教材的运用可能存在一定问题,但是原版教材是结合中西方教学理念、培养学生国际化思维方式中不可缺少的一部分。此外,早期学术理论多起源于西方学界。理解原版教材内容对掌握本专业完整知识体系有诸多助力。因此,高校不应完全放弃对原版教材的引进,但可以适当加强对原版教材内容审核工作,确保其专业内容符合中国教育理念与国情。

中西方的教学方式都有其自身的优点与局限。西方的教学方式更强调学习的自主性,侧重于思维的开拓与创新;国内的教学方式则更强调学习的目的性,侧重于学生专业知识的吸收与应用。将两种教学方式结合更有利于培养出国际化的复合型人才。因此,在国外原版教材基础上兼顾我国国情及高校学生实际情况,高校可以开启由我国各专业优秀教师代表主导的、与国际学者相合作的联合教材编纂工作。国内外合编教材更容易被国际学界所接受,有利于初步阶段的教材国际化推广,真正实现教材的"引进来,走出去"。

总体而言,教学目标、教学思想建设、教师素养、激励保障政策、课程体系设计、学生认同度和教材质量等元素都不同程度上影响着双语教学的质量与实效。我国教育主

管部门应大力开展双语教学的科研工作，并与各高校配合建立双语教学管理及研究中心，结合中国社会环境及教育环境，有针对性地进行双语课程的开发、实施、指导和评估等工作。同时，师生双方都应端正对双语教学的态度，及时总结经验教训，循序渐进，克服困难。相信在我国新教改的背景下，双语教学一定会取得优异的成果。

参考文献

[1] Fishman, J. A. *Bilingual Education：An International Sociological Perspective* [M]. New York：Newbury House Publishers, 1976.

[2] Jawad, N. A. Bilingual education：features & advantages [J]. *Journal of Language Teaching and Research*, 2021, 12（5）：735~740.

[3] Schwartz, M. & Palviainen, Å. Twenty-first-century preschool bilingual education：facing advantages and challenges in cross-cultural contexts [J]. *International Journal of Bilingual Education and Bilingualism*, 2016, 19（6）：603~613.

[4] 杜丽丽, 刘润晓, 景晓宇. 高校双语教学的病理生理学分析 [J]. 微生物学杂志, 2016, 36（2）：109~112.

[5] 霍健. 病理生理学双语教学探讨 [J]. 陕西教育（高教版）, 2011（6）：106~107.

[6] 刘卓夫, 罗中明, 李永波. 借助国际合作优势深化本科双语教学的研究 [J]. 高师理科学刊, 2015, 35（08）：92~95.

[7] 唐冬霞. 加拿大双语教育对中国双语教学的启示 [J]. 现代交际, 2011（03）：52~53.

[8] 奚红妹, 宋彩萍. 对话视阈下的高校双语教学 [J]. 教育理论与实践, 2011, 31（36）：53~55.

[9] 张蓓, 杨炳成. 高校双语教学满意度与忠诚度影响因素研究——基于结构方程模型的实证分析 [J]. 复旦教育论坛, 2015, 13（03）：53~59.

[10] 赵正堂. 大学本科专业课程双语教学的几点思考 [J]. 经济研究导刊, 2009（12）：223~224.

计量经济学中关于因果推断的教学内容研究

王汀丝

北京第二外国语学院　经济学院

摘　要：在经济学的实证研究中，有一个最重要的内容是如何进行因果推断。因果推断是在一个较大系统内部确定指定现象的实际效果的过程，在计量经济学中的应用较为广泛。在2021年，诺贝尔经济学奖获得者——经济学家戴维·卡德（David Card）、约书亚·安格里斯特（Joshua D. Angrist）和奎多·因本斯（Guido W. Imbens）——都使用了因果推断进行劳动经济学相关的实证分析。因果推断作为计量经济学中的重要方法，是经济学专业的学生在学习中不可忽视的一个环节。老师如何帮助学生在学习过程中进行理解，以及如何指导学生把因果推断方法进行实际应用？本文会对计量经济学中的因果推断的教学思路和内容方法进行探究和总结。

关键词：因果推断；计量经济学；实际应用

一、引言

对于经济学专业的学生来说，计量经济学是一门非常重要的必修课程。随着大数据时代以及机器学习等领域的发展，很多企业对求职者的数据处理、数据分析、模型建立、统计分析等能力都有很高的要求。因此在本科生或者是研究生教学中，各高校的经济学专业都对计量经济学有着比较高的要求。但是，由于该门课程数理性较强，内容比较枯燥，在部分经济学专业的学生来自文科生源等背景的情况下，导致这门课程的教学反馈和效果往往并不理想。通常在计量经济学的教学中，理论和实际结合不是非常紧密，学生通常关注于如何机械式地记忆和背诵一些假定条件下的繁复的数学证明，缺乏对数据处理和定量分析经济问题能力的锻炼。对于假设与实证研究之间的关系以及如何选择适合的因果推断方法也并不熟练。在实际应用中，根据不同的数据类型、企业特征和经济背景，学生需要自主选择适合的方法来进行数据处理和经济问题分析。因此，计量经济学这门课的最终目的应该是培养学生独立完成经济问题分析的能力。

在以往的计量经济学教学中，实践部分通常较少，老师给出的案例也比较单一。这就导致学生没有足够的思考空间，只会使用课堂上教授过的内容来完成作业，不会进行深一层的思考和拓展，更不会实际应用。另外，由于课堂时间有限和教学大纲的限制，老师没有足够时间带领学生对每一种因果推断方法进行详细讲解，学生对于自己完成数据分析作业产生了畏难的情绪，不敢上手尝试。同时，由于数据分析类的作业往往要求较高，需要较多的时间来完成，学生在课业压力比较大的情况下，作业完成的质量难以保证。上述几种原因导致了计量经济学课程的教学预期与实际效果产生了较大的差距。此外，在现在的经济大背景下，企业，特别是一些与互联网相关的新兴企业，非常注重求职者的数据分析能力，如果学生能将课堂上的内容学以致用，会对就业有着非常积极的作用。本文旨在探究如何在教学中帮助学生理解计量经济学中的因果推断方法并建立与理论学习之间的桥梁。

二、梳理因果推断方法

首先，在教学上老师要帮助学生跳脱公式的束缚，使学生从公式中解脱出来，帮助学生把重点放到因果推断的原理、不同计量方法之间的逻辑关系上面。在应用中，我们最常使用以下几种因果推断方法：线性回归、倾向性评分匹配、工具变量法、双重差分或多重差分、断点回归以及面板数据分析法。因此，在计量经济学的教学过程中，老师不妨把教学分成三个部分，第一部分为基础的统计知识的讲解，在本文中不进行过多解释。第二部分为计量方法的理论说明以及不同计量方法之间的异同和使用条件，也是我们这节要阐述的内容。第三部分为计量方法的实际应用。

其次，在教学上老师要让学生明确每种计量方法的基本模型。虽然很多学生认为计量经济学基础中的数学部分过于繁复，但是明确因果推断的数学模型可以为之后的实证分析打下良好的基础，不可忽视。通常来说，计量经济学中的模型包括以下要素：自变量、因变量、控制值以及误差项。老师要帮助学生理解模型中每个部分的意义和作用。比如，在面板数据分析方法中，因变量是我们想要分析的结果，自变量是导致事情发生的原因或者是某项改变，控制量可能包括可观测不随时间变化的变量和不可观测不随时间变化的变量，误差项是不可观测随时间变化的变量。再次，要了解面板数据模型中对不可观测不随时间变化的变量的假设。如果该项不存在，那么可使用合并截面模型。如果该项存在，并与可观测变量不相关，则使用随机效应模型。如果该项存在，并与可观测变量相关，那么要使用固定效应模型。明确了要使用的面板数据模型后，要分别对三种模型进行讲解，这样有助于学生进行横向的理解。比如，分别给出三种模型的意义、公式、假设等重要信息，帮助学生区分异同，以防混淆。例如，很多学生对随机效应模型和固定效应模型的概念缺乏一个很好的区分，因此要在课堂上反复强调两者的本质区别，这里的区别就在于对于个体不可观测且不随时间变化的变量与可观测变量的相关性假设不同。最后为了帮助理解，可以与学生进行沟通，告诉他们在实际应用中，由于面板数据的特点,固定效应模型使用较为广泛。课程还可以根据学生群体进行难度的调整。对于本科生来说,可以适当地减少难度,只对基本的概念进行讲解,以防信息过多导致学生无法理解和吸收。对于研究生来说,可以根据学生的背景进行难度的调整,适当拓展。

下面我们再拿双重差分模型来进行举例。双重差分是因果推断中一种十分常见的分析方法,在实际生活中,我们经常需要估计某项政策或干扰对经济的影响,这里就需要用到双重差分。因此在教学中,要将此方法作为重点向学生进行详细的讲解,理解好双重差分可以间接地帮助学生理解计量经济学中的实证分析以及因果推断的意义。首先,依然要详细说明双重差分的基本模型,该模型可以作为面板数据模型的拓展。比如,加入个体是否接受处置的虚拟变量、政策发生时间的虚拟变量以及两项的交叉项。明确了模型的数学形式后,要帮助学生理解每项参数的含义,因为参数可以帮助我们理解政策发生前后处置组和对照组的情况。在明确了参数的影响后,要添加控制变量,来降低估计的噪声,在这里老师还要对控制变量的作用进行讲解。对模型有了一个比较清晰的认识后,老师需要帮助学生进行假设条件检验。假设条件检验是因果推断中非常重要的一部分,每种方法的选择都要基于一个前提:该数据是否满足使用此计量方法的假设条件。因此,假设条件检验是教学的重中之重。在双重差分中,我们需要比较处置组和控制组在政策发生前后的趋势差异,如果处置组和实验组在政策发生前没有显著不同,那么该数据满足使用双重差分的条件。该检验可以使用 STATA 来进行画图说明。最后可以对该模型进行拓展讲解,由于情况复杂这里就不做过多说明。

在明确了每一种因果推断方法的数学模型、参数的含义、假设条件之后,我们就帮助学生建立了一个对因果推断方法的基本框架,这个框架中包含了不同的模块,每一个模块代表一种方法。下一步,就要帮助学生找到这些模块之间的联系。这个联系包括两个含义:第一是每种方法的相似之处和联系;第二是每种方法的区别。简单来说,所有的因果推断方法是帮助我们来估计某项政策或变化的影响,这种影响是一种因果关系。另外,要明确不同方法的区别,比如简单的线性回归和匹配可以解决可观测因素造成的偏差,而双重差分方法还可以解决不可观测因素造成的偏差。数学模型的学习是计量经济学课程中的基础内容,老师要把控好讲解的深度,所讲授的内容要能够涵盖实际应用中所涉及的概念,但不宜过于复杂。

三、案例作业

老师在对分析方法进行了讲解后,至关重要的一项是案例作业,一个优秀的案例作业可以帮助学生理解课堂内容,事半功倍。学生从课堂上听到的、记下来的理论知识要通过实际训练才会得到真正理解。因此,在进行案例作业的布置上,老师要注意作业的难度、完成时间的长短以及课堂内容的涵盖几个方面。

首先，在难度方面，案例作业不宜过难，特别是在第一次布置作业的时候，否则，学生会产生畏难心理。老师要严格挑选所分析的数据。所选的数据要长短适中，对本科生来说，500以内的观测值比较理想；对研究生来说，可适当加大难度，增加到1000左右的观察值即可。除了数据的长度外，还应该对数据质量进行筛选，尽量选择没有缺失值的平衡面板数据。此外，可以在课堂上用一些统计软件向学生展示数据结构。比如面板数据中的时间的范围、个体的数量、每年的个体数量，以及其他需要说明的控制变量。这样，学生在做作业前会对所要分析的数据有个直观的认识，可以根据题目需要进行入手。

其次，老师要控制学生完成作业的时间，不建议设计过于繁复或需要较长时间才能完成的案例作业。对于初学者来说，完成时间建议设计成2小时左右。如果学生需要很长的时间来完成计量的案例作业，会打击他们的信心，削弱他们在计量经济学课程上的积极性。此外，过长的时间会压缩对其他课目的学习，降低学习效率。任课老师要精巧地设计作业的难度和完成的时间，不宜太难也不宜太容易。要让学生觉得可以很好地利用课堂上所学的知识，也要让他们觉得有所挑战，并且该挑战在可承受范围内。在这一部分，老师需要做大量的前期准备，找到适合的数据，根据数据设计案例分析的题目。

最后，关于课堂内容的涵盖方面，老师不需要强行将课堂上所有讲授的内容都放到案例作业中，具体原因如上段所示。老师需要挑选出最贴近实际的案例，所选的题目不宜过偏，要贴近经典。要让学生在完成作业这个过程中完成潜在的二次复习，也就是说每一个题目所考察的内容要为该计量方法的重点。案例作业的目的是帮助学生在完成作业的过程中再次理解课堂上所讲授的理论内容，并进行理论和实际的相结合，也就是常说的"授之以鱼不如授之以渔"。这个过程会对学生的实证分析能力有着极大的锻炼，也可以帮助他们在日后工作中独立地完成与经济统计相关的分析工作。

在案例作业完成后，老师要详细查看作业完成的情况并对错误多发的概念进行查漏补缺。在以往的教学环节中，老师往往对大型的案例作业的反馈不足。我们可以在批改完学生的案例作业后进行完成度的分析，以便在未来进行教学结果和教学效果的反馈，具体会在下一节进行说明。

四、教学效果反馈

案例作业和期末考试可以作为对计量经济学实证方法教学效果的有力反馈。老师要明确计量经济学这门课程的教学目的、教学重点在于教会学生计量经济学中的基本方法以及实际应用。期末考试可以设计一些与数理、模型相关的基础题目，比如模型的具体形式、假设条件等。另外还可以加入一些叙述题，让学生用文字和方程来表示一个具体的数据分析过程，比较不同分析方法的异同，进行假设条件的说明等。以往单纯的数理题目只能单方面地考查学生的数学能力，对一些文科生源的学生来说可能会有一些吃力，加入一部分与实际操作相结合的题目可以更全面地考查学生对计量经济学这门学科的理解，也可以看出学生是否具备理论与实际相结合的能力。

案例作业是另外一项考察教学效果的工具。老师可以将案例作业在学期的中后期布置。在中后期，基本上已经完成理论的讲解和大部分实际应用的讲解，所以学生有足够的知识和参考文献来完成。此外，该时期也不会太占用期末考试的复习时间，削弱学生的紧迫感，让学生知道他们有充分的时间来完成案例作业。作业收集上来后老师需要观察以下几点：第一，对于基础题目学生的完成情况。基础知识需要人人掌握，对于计量经济学这门课程，学生要知道每种实证分析方法的意义、模型形式以及假设条件。老师需要将这些内容在课堂上重点强调，让学生引起重视。如果这部分完成情况不理想，老师需要在之后的课上对学生进行再次强调，明确每个方法的含义。第二，对于稍有挑战的题目来说，完成情况在60%左右为佳，也就是班级里有超过一半的学生都能够独立完成，通过课堂上的知识，进行一些额外的阅读和学习，完成挑战题目。对于这部分题目，可以适当地在课堂上进行讲解，但不应占据过多的时间。第三，对于一些比较有难度的题目，完成情况在30%左右即可。由于时间和精力的限制，班级里通常仅有少部分学生能够完成较高难度的题目，这类题目不需在课堂上进行额外讲解，可以与学生进行私下沟通，不在最后的期末考试里多做要求。

五、总结

本文通过三个方面探究了如何在教学中帮助学生理解计量经济学中的因果推断方法并建立与理论学习之间的桥梁：（1）计量方法的模型讲述以及方法间的异同的讲述。帮助学生建立一个对因果推断方法的基本框架，这个框架中包含了不同的模块，每一个模块代表一种方法。此外，帮助学生建立模块之间的联系。（2）案例作业。案例作业可以帮助学生理解课堂上的所学内容，因此需要巧妙地设计。老师应在以下方面进行作业的设计：作业的难度、预计完成时间以及课堂内容的涵盖。（3）教学效果反馈。老师要对案例作业和期末考试的结果进行分析和反馈，帮助学生及时地查漏补缺，强调实际应用在就业上的重要性，引起学生重视。计量经济学是一门文理相结合的课程，需要学生拥有理科生的数理能力，也需要文科生的思考能力，如何精巧地设计计量经济学课程、如何将理论与实际应用相结合是个非常重要的问题，老师要在自身的业务水平上进行钻研、查漏补缺、大量阅读文献、根据不同的学生群体来设计课程的难度，以此来提高教学效果。

参考文献

[1] 邱嘉平. 因果推断实用计量方法 [M]. 上海：上海财经大学出版社，2020.

[2] 赵西亮. 基本有用的计量经济学 [M]. 北京：北京大学出版社，2017.

[3] 赵海涛. 本科生需求视角的《计量经济学》教学改革探讨 [J]. 教育现代化，2019，6（08）：170-173.

[4] 刘发跃，王娅. 计量经济学教学效果影响因素研究——兼论探索性实验教学方法的应用 [J]. 高等财经教育研究，2012，15（03）：15-18.

[5] 王少平，司书耀. 论计量经济学教学中的能力培养 [J]. 教育研究，2012，33（07）：110-114.

[6] 王锋，陈权宝，吴从新，刘娟，王德鲁. 本科与研究生课程的教学衔接问题探讨——以计量经济学为例 [J]. 教学研究，2016，39（01）：66-70.

[7] 李晓宁，石红溶，徐梅. 本科计量经济学教学模式改革的探索与比较 [J]. 高等财经教育研究，2012，15（02）：11-15.

[8] Joshua D. Angrist, Jörn-Steffen Pischke. Most harmless Econometrics [M]. Princeton University Press，2008.

论高等教育融媒体课堂中游戏化思维的引入

杨奕

北京第二外国语学院　文化与传播学院

摘　要：游戏对于人类社会的文明教化发挥着重要作用。已有丰富研究考察了游戏化对教育效果的改变和推动，但缺乏关于游戏化教育思维本体性、情境性和比较视野的考察。据此，本研究考察高等教育融媒体课堂中游戏化思维的引入。研究者采用文件阐释和参与式观察相结合的方法，考察游戏化教育理念在"融合新闻""国际新闻理论与实务"两门大学本科课程的应用和效果。研究得出了"游戏化思维"融入高等教育融媒体课堂的三大有效切入点：一是在教学目标中强调以分布式知识超越节点式知识；二是在教学过程中突出学生的社会化习得而非个体化习得；三是在评价方式上以过程性评价超越纯任务导向的线性评价。

关键词：游戏化；高等教育课堂；分布式知识；社会化习得；过程性评价

一、引言：作为一种新兴教育理念的"游戏化思维"

游戏化（gamification）的定义超越了狭义的"游戏"（game 或 play），它指的是把游戏机制引入到非游戏化的活动中，从而对个体的既定行为模式做出改变。已有丰富研究考察了游戏化对教育效果的改变和推动，学者们提出如下几个主要机制来考察游戏化思维对教育效果的影响：一是通过满足学习者情感体验来驱动其执行、激发其参与度[1]。二是通过多任务型激励而非线性激励来提升学习者的创造力和对不确定性的容忍度，进而提升教育质量[2]。三是通过游戏中故事化情节的有控制设计来增强学习者的自信心和沉浸感[3]。

诸如此类的研究大多存在如下缺憾：一是没有给出"游戏化"思维究竟是什么？即缺乏一个本体论层面的定义。二是未充分探讨游戏化教育思维和传统教育思维之间的差异。即便有些研究做出了比较，也是采用线性思维，即因为"游戏化"与新媒介技术情境的关系更为密切，就全然站在游戏化一边，忽略了传统教育思维亦有可取之处堪与游戏化教育思维对话。三是对具体学科、具体课堂情境的游戏化思维引入考察得比较少。而按威廉·詹姆斯（William James）的教育理念，学习者唯有在一种经验和其他经验的关系中才能把握该经验，这就是所谓的"彻底经验主义"[4]。在高等教育中，基于特定学科背景展开的课堂情境，恰恰是最能帮助学习者在不同经验之联结中把握某一经验的方式。上述缺憾也为本研究的开展提供了丰沛的学术想象力。

二、研究问题和研究设计

本研究考察高等教育融媒体课堂中游戏化思维的引入。这一研究主题可被拆分为如下几个递进问题：

研究问题一：从人文教育的视角看，游戏化思维究竟意味着什么？游戏化教育思维和传统教育思维相比，差异在哪里？对话之处又在哪里？

研究问题二：高等教育的融媒体课程在哪些维度上可以引入游戏化思维？后者想要实现的目标有哪些？

研究问题三：在具体的课堂设计中，游戏化思维的引入产生了哪些影响？特别是，它如何改变了学习者在传统线性思维中对教学对象、教学方式、评价方式的理解、感知和体验？

基于上述研究问题，本研究将采用文件阐释和参与式观察相结合的研究路径。"文件阐释法"源自德语界的经验研究，由德国柏林自由大学教授拉尔夫·波萨克（Ralf Bohnsack）最先提出。波萨克将文件阐释法分为下列几部分：形式阐释、反身性阐释、类型化阐释和关系性阐释[5]。

具体到本研究中，研究者分析的文件素材有：（1）教师准备的教案、讲义、课件等教学文件；（2）学生对学习素材给出的反应；（3）教师对学生所提问题的反馈。上述素材均获得知情同意并对引用者采取匿名化处理。按照波萨克的方法论，研究者考察形式多样的教学材料如何引导并建构学习者的主体行为。

同时，为探讨游戏化思维在具体课堂情境中的引入，研究者还对执教的两门本科生课程"融合新闻""国际新闻理论与实务"进行了参与式观察。这两门课程无论在教学主题还是在教学情境的设计上都涉及融媒体理念和手段。学习者为年龄在18~19岁的大学二年级本科生共108人，兼有新闻系和多学科辅修背景。样本量较为充足。

三、研究发现

本研究得出了"游戏化思维"引入高等教育融媒体课堂最有效的三大切口：其一，从教学目标来看，"游戏化思维"强调分布式的知识获取，而非节点式的知识获取；其二，从教学过程来看，"游戏化思维"强调社会化的习得过程，而非个体化的习得过程；其三，从评价方式来看，"游戏化思维"倡导以过程性评价超越单纯目标导向的线性评价。下文分而述之。

1. 以分布式知识超越节点式知识

传统的"节点式知识"是指知识的传—受都以单体的节点为中心：教师侧重知识的传授，学生侧重知识的领受。与之相对，"分布式知识"是指个体对知识的习得需要经过人和物组成的"行动者网络"（network of agencies）。"分布"意味着每个行动者都需要明确：自己不是全知全能，总有一部分知识存储在他者那里，存储在教具和相关的技术当中[6]。也就是说，对师生双方而言，这一知识获取的网络本身是更高级别的知识；它让参与课堂的每一主体学会信任、合作以及共同探索。

作为教师，本文研究者在"融合新闻""全媒体概论"等课程开课之初即明确了上述主张：课程并不会成为大家的百科全书或在线搜索引擎，而更多希望成为师生共同绘制的动态"知识地图"。教师在理论和实践中的经验更为丰富，因此会更倾向于提供路径指南；学生作为"Z世代"成员，在案例积累上往往更新锐，因此将着重负责案例线索的更新，教师最后再加以把关和鉴别。譬如，在讲授"新兴媒介（emerging media）与空间的关系"一节内容时，师生共同探讨了移动应用程序（mobile application）的定位功能如何串联起碎片化的个人空间。教师给出的例子是"大众点评"软件的"打卡"和"附近"功能。有学生补充了更为新鲜的移动应用"Pott"。理由是：

"我觉得这个移动应用比大众点评的应用更富有个性，因为它既可以生成私人足迹地图，又能让跟你去过一个地方的人看见彼此的点评（足迹）。"（学生A，20岁）

教师在充分熟悉、试用该应用程序的基础上，将之补充进教学资料，并在学生发言的基础上开启了一个更为深入的讨论主题：新兴媒介如何借由"可见性"来串联不同用户的碎片化空间？"可见性"涉及在线用户的身份管理，包括多个"人设"之间的取舍，也涉及赛博时代的隐私管理。本科生课堂探讨到这一程度，在知识层面是相当深入的。但由于案例是学生自发提供、自主参与讨论、提炼之后产生的，因此他们非但没有感觉枯燥、厌烦，反而始终饶有兴味、热情高涨。不仅如此，由于"可见性"和"隐私"的引入，教师又可自然而然地将话题引向数字时代的隐私管理——后者是"Z世代"公民所必须具备的媒介素养之一。此时进行课程思政的相关教育，更为自然融贯，效果更佳。

2. 以"社会化习得"替代"个体化习得"

言及社会化习得，就触及了"游戏"对人类文明的本质意义。事实上，当"游戏化"作为一个专门术语出现之前，"游戏"（game or play）已经被人文社会科学诸多领域的学者视作人文教化的关键步骤。

在人类学领域，"游戏"被视作信息交流和操作的过程，该过程不仅包含"内容意义"（content meaning），也包含"关系意义"（relational meaning）。因此，"游戏"是最基础、最根本的学习过程，即"元传播"（meta-communication）[7]。在社会学领域，"游戏"教会玩家在沟通中考虑他人角色并据此做出反馈，因而被当作青少年社会化的初级步骤（preliminary step）。新闻传播学的先驱米德（George H. Mead）和库利（Charles H. Cooley）、"社会学习理论"的提出者班杜拉（Albert Bandura）等，都抱持类似观点。在《心灵、自我和社会》中，米德列举了这样的例子：

"一个正在玩棒球的人，他自己的每一种活动都是由他对正在参与这场游戏的其他人行动的假定决定的……这样一来，我们就看到了某种'他人'。它是由那些参与同一个过程的人的态度形成的组织……我们可以把使个体获得其自我统一体的有组织的共同体或者社会阶体称之为'一般化的他人'（the generalized other）。"[8]

在移动社交和线下社交共存的今天，米德提到的"棒球游戏"依然深具启发意义：（1）每一个游戏玩家的"自我"中都涉及他人的参与，都涉及人和人的交流、合作。（2）'一般化的他人'是指态度共同体而不一定是肉身的、线下的聚合。这也特别契合今时今日远距离社交成为常态的社会境况。

归结起来，"社会化习得"指向合作的学习和社会化的学习，而"个体化习得"则更强调个人的领受与默会。后者更看重知识的静态属性，即"我学到了某个（些）知识点"；前者更看重知识在共同体中习得的过程，即"在明晰这一知识点的过程中，我和他人一起学到了什么"。

具体到本研究的案例中，研究者在讲授"国际新闻理论与实务"课程时，组织选课学生创建多个"云上编辑部"。每个编辑部成员 6~7 人，在编辑部创立之初，成员需要经共同研讨决定自己的模拟编辑部由哪些角色构成，并讨论每个角色承担国际新闻策划的哪些工作。这一角色表（包括角色和角色之间的关系）被要求在期中的新闻策划草案和期末的正式新闻策划案中加以清晰表述。为进一步增强学生之间的专业共同体意识和合作精神，研究者作为教师专门在考核方案中强调，一切荣誉／奖励／得分都是以团队为单位获得。譬如，学生往往认为传统意义上"最出彩"的"队长"和"陈述者"更容易获得高分。这就很容易带来合作中的"搭便车"和"破罐子破摔"心理。但若按照合作考核的方式，为自己努力也就是为队友努力；反之亦然。最终，每个人都会在自己的行为中考虑他者，因为考虑他者就是考虑自身。这也是米德之"棒球游戏"所论述的精髓。

社会化学习不仅意味着合作获得成功，也意味着共同承担风险乃至失败。曾有一位同学找到教师，陈述自己感觉到和团队成员性格不和而不被接纳。这种感知被排外的后果是：

"我觉得模拟编辑部的领导者替我担下了几乎所有任务。这并不是因为她体谅我比其他人更加内向，而是她不够信任我。但我不擅长表达，所以越沟通，对方越误解我不想干活……而且他们还在没有事先沟通的前提下改动了我已经完成的部分，却在最终呈现时把我的排名向后放。"（学生 B，19 岁）

这一问题看似是团队内部的人际纠纷，却让我们这个新闻学课堂更贴近真实职场可能遇到的矛盾和尴尬。此时，若按个体化教学的思路，教师应该是一个命令式的介入者，让该团队承诺给这位同学一个简单任务，保证其排名即可。这样做效率高，但会切断社会化学习的进程——孩子们会发现，只要会向教师争取，个体的利益有可能得到更多重视。反之，按照社会化学习的思路，这些"准新闻工作者"首先应当学会将人力资源放在合适的位置上，并充分尊重彼此角色之间的关系。最终，教师向包括该队伍在内的团队领导者们询问了组内人力资源的配置情况，单独向该队队长问及每个成员的个性问题。队长提到这位同学时坦率地说：

"我感觉这个合作者有些敏感，越解释越容易着急。为了不耽误组内所有进程，我就自愿承担了最后的收尾工作。"（学生 C，19 岁）

教师在此适时提醒，或可为这位更加敏感纤细的队员安排一个工期较为靠前的探索性工作，譬如发现选题来源、草拟选题理由等。随后在编辑部讨论时让包括她在内的每个成员畅所欲言。这样，即便有不同意见，也是经过职业共同体充分讨论而得出的结果，就不会被认为是针对某一个人的。最终，这个小组较为出色地完成了选题策划案的陈述。从感受被孤立、被误解到重新融合为一个团队，相信该小组的成员所收获的远非新闻专业知识那么简单。这就是社会化学习对教学效果的加成。

3. 以过程性评价超越线性评价

线性评价倡导清晰的"输""赢""优""劣"，被评价者倾向于尽可能简单有效地完成任务，获得与成果相匹配的荣誉/奖励/成绩。这种评价方式也十分契合现代性的进步观：个体相信只要努力就一定会成功，每一天都要比昨天更好，探索过程和延迟满足则被忽略了——这恰恰是高等教育相较于应试教育而言关键而有魅力的一环。游戏化思维更强调非线性运动、强调过程性评价。这意味着"（玩家）要离开主线，花时间探索和延迟到达目的地……自由探索，不必为了达成最终目标及与其有关的技能而一路前进"[9]。当然，这并不意味着对线性评价的抛弃。毕竟，后者在检验信息类知识点时十分有效。或许一个更准确的说法是，过程性评价改变和拓展了线性评价。

在"融合新闻"课程的期中考核中，教师要求学生以小组为单位探讨一个素养题：你认为全媒体时代的融合新闻记者应当具备何种素养？学生被要求从既往的媒体招聘启事、研究报告和相关论文中找寻陈述方向。在评价标准中，教师专门设置了 20% 的创新得分，用以奖励在信源开拓、陈述形式等方面做出探索和创新的团队。

有一组同学汇报了一个困境及解决办法：

"我们团队在检索既有论文时不能找到我们想要的鲜活的答案。但我们又想让自己的陈述言之有物。所以我们列举了一些论文中的常见思路，但我们更想向大家展示我们找到的新信源：我们对现实生活中的全媒体记者做了采访，也经受访者同意展示了他/她的作品。这样就是一个更直观生动的呈现。"（学生 D，19 岁）

最后，这一小组拿到了较高的创新得分。虽然他们的分享依然稚嫩，但按照游戏化思维的过程性考核,"找不到答案,不意味着不擅长学习"[9],而是要提示学习者转换思路或更新一种学习的模式。在此,学习者需要延迟满足,耐心寻找新的到达目的地的路径。这一组同学的做法不仅仅涉及显性信息(知识要点)的梳理,还自觉组织展开了沉浸式的新闻实践,因此是值得鼓励的。《礼记·中庸》提到:"自诚明,谓之性;自明诚,谓之教。"这句话的字面意思是说,从本性至诚而明晓道理,即为天性;从明晓道理而生发诚心,则为教化。但加以深思,我们会发现它还有另外一层深意:教育的本质在于勉人,勉人就要求人道与天道相合。落回到我们的案例中,每一个学生的天性都是至纯至诚的,都是对世界充满好奇、勇于探索的。教育的评价标准不能只考虑单纯的竞争模式,根据演绩(performance)的优劣将学生分为不同的等级;而要鼓励学生探索未知的知识领域,尝试理解跟自己相异,或暂且落后于自身的观点。其实这也为学生进入社会后处理好个体与社区、个人与他者之关系打下基础。

四、总结与展望

本研究探讨了高等教育融媒体课堂中"游戏化思维"的引入怎样改变了学生对教学内容、方式和评价的感知。相较于传统教育思维,"游戏化思维"表现出了一系列独特性:其一,以分布式知识超越节点式知识,它让教学成为一个互惠过程——当学生看到自己提供的案例被纳入教案和课堂讨论时,他/她就不再是被动领受教育内容的人,而是教育这一深广"游戏"的主动设计者、参与者。其二,以社会化习得替代个体化习得,它让教育从文本之内拓展到文本之外,学生不仅被动处理静态的知识点,还自觉地涉入社会化进程,尝试理解跟自己不同的观点,尝试理解跟自己共同参与社会生活的他人。其三,以过程性评价超越线性评价,它侧重在具象的教学情境中鼓励学生进行反思式实践——一个从儿童游戏中自然淬炼出来的"研究—假设—再探究—重思"的过程。

归结起来,游戏化教育思维的核心,就是在教育教学的各个环节中有机融入游戏元素、游戏设计或游戏理念[10]。对高等教育而言,游戏化思维的引入有助于让学生在情境中学、互惠地学,建立经验和知识的有机关联。未来研究可在实证层面聚焦游戏化思维在移动学习、翻转课堂等新兴教学技术中的渗透,或考察游戏化对教育教学评价指标体系的影响。在理论层面,研究者或将游戏化教育思维置于更广阔的游玩研究(Play studies)视域内,考察其如何影响人之社会化存在。

参考文献

[1] 武晓立.游戏化思维在健康传播中的应用[J].青年记者,2020(36):38-39.DOI:10.15997/j.cnki.qnjz.2020.36.020.

[2]杨巧梅.基于"游戏化"思维的任务激励型教学改革探究[J].电脑与信息技术,2021,29(05):85-87.DOI:10.19414/j.cnki.1005-1228.2021.05.024.

[3]曲茜美,曾嘉灵,尚俊杰.情境故事视角下的MOOC游戏化设计模型研究[J].中国远程教育,2019,40(12):24-33.DOI:10.13541/j.cnki.chinade.2019.12.004.

[4][美]威廉·詹姆斯.彻底的经验主义(庞景仁译)[M].上海:上海人民出版社,2006:3.

[5]孙丽丽.基于文件阐释法的视频分析与课堂模仿研究——兼论视频分析的方法论意义[J].华东师范大学学报(教育科学版),2017,35(05):72.86.DOI:10.16382/j.cnki.1000-5560.2017.05.006.

[6][美]詹姆斯·保罗·吉.游戏改变学习(孙静译)[M].上海:华东师范大学出版社,2019:275.

[7]刘蒙之.人类不能不传播——格雷戈里·贝特森及其学术思想[J].理论界,2009(9):164–165.

[8][美]乔治·赫伯特·米德.心灵、自我和社会(霍桂桓译)[M].北京:北京联合出版公司,2014:170.

[9][美]詹姆斯·保罗·吉.游戏改变学习.上海:华东师范大学出版社,2019.

[10]尚俊杰,裴蕾丝.重塑学习方式:游戏的核心教育价值及应用前景.载何威,刘梦霏.游戏研究读本[M].上海:华东师范大学出版社,2020:338.

新文科建设背景下市场营销课程教学改革
——基于 CDIO 理念

孙倩敏

北京第二外国语学院　商学院

摘　要：在新时代下，企业的市场竞争呼唤适应新时代的市场营销人才。在新文科建设的背景下，高校的市场营销课程的教学模式也应该顺应时代要求进行变革与创新。本文将 CDIO 理念引入市场营销课程的教学设计与改革中，从构思、设计、实现与运作等方面对市场营销课程进行创新与改革。在 CDIO 理念引导下的新市场营销课程不仅能够强化学生对市场营销经典和前沿理论的掌握，而且能够加强与提高学生对市场营销实践的理解、运用与分析能力，对新文科建设背景下的市场营销专业设计与人才培养具有一定的借鉴意义。

关键词：新文科；市场营销课程；教学改革；CDIO 理念

一、引言

新文科（New Liberal Arts）这一概念最先源自美国的希拉姆学院。在美国的语境下，新文科是以培养学生的跨文化和多样性技能（Intercultural and Diversity Skills）、定量推理（Quantitative Reasoning）、正念科技（Mindful Technology）、创新和创造力（Innovation and Creativity）以及伦理（Ethics）等为核心的当代技能和思维方式。这一概念引入国内后受到了新时代下人文社科教育工作者的极大关注。而在新形势下，为了建设中国特色、世界一流水平的学科专业，加强新文科建设势在必行。《新文科建设宣言》（2020）强调了我国新文科建设的中心任务是"构建世界水平、中国特色的文科人才培养体系"。在这一大背景下，新文科建设要求人文社科等相关专业与课程进行创新性的教学改革。

市场营销是工商管理的重点专业之一，这一专业不仅需要学生掌握管理学的相关理论，更需要学生具备运用相关理论来分析和解决企业实际的营销问题的能力。传统来看，市场营销类的专业课程可以划分为三个具体的方向：营销战略、消费者行为和模型与大数据。在企业实际的营销活动中，这三类课程所传授的理论知识与技能是融会贯通的。企业营销战略的制定不仅需要战略框架，也需要企业精准把握消费者心理与行为，并运用大数据对战略进行支持；消费者行为理论要运用到企业实践中需要基于企业的战略定位并对消费者的相关数据进行分析；而模型与大数据的运用离开了营销战略与消费者行为理论就会脱离应用与实践导向，沦为工具。因此，市场营销课程在教学过程中需要做到以下两个目标：一是理论与实践相结合；二是三个具体方向的理论融会贯通。

一方面，受制于市场营销理论的发源以及教材更新的时效性，在以往的市场营销课程教学中，教师主要依托于海外翻译版教材和国外企业的案例进行讲解。另一方面，三个方向的课程往往在具体内容上是区别开来的，很少有相互涉及的部分。例如，模型与大数据的课程往往仅是讲解如何设计与计算模型，很少与具体的营销实践结合在一起。而在课程的考核上，市场营销类的课程考核一般分为平时作业和期末考查，而期末考查往往采用期末论文报告的方式进行。这样的教学和考核方式具有一定的科学性以及实操性，但是很难实现培育理论与实践、多种理论方法融会贯通的、适应大数据时代的市场营销人才的目标。为此，市场营销课程需要进行改革与创新。所以，本文主要就"在新文科建设背景下，市场营销课程如何进行教学改革与创新"进行探讨。为了回答这一研究问题，本文引入了 CDIO 工程教学理念对市场营销课程的教学改革进行模式设计、具体应用并提出相应的建议。

二、CDIO 教学模式

自 2000 年以来，麻省理工学院联合瑞典查尔姆斯技术学院等四所院校进行了为期四年的研究，并创建了"CDIO 工程教育概念和模型"。CDIO 代表构思（Conceive）、设计（Design）、实现（Implement）和运作（Operate），强调以能力培养为中心。学生通过积极主动的实践方式学习和获得工程能力，从而实现人才培养的目标。

在工程教育的范畴内，CDIO 要使学生不仅具有扎实的基本工程知识，而且也具有在实际工程活动环境中的系统构建能力，能够胜任工程活动各个环节的真实工作任务，是培养能够适应工程活动的完整周期的人才的一种教育模式。CDIO 教学模式要求教学活动的各个环节和教学设计要注意一体化设计和建设，使教学过程的各个环节和人才培养都能实现系统性和阶段性目标（Ding，2020）。国内外学者和教育工作者对 CDIO 模式在工程教育与人才培养的模式上已经进行了一些探索。董平等（2019）运用 CDIO 模式构建燃气轮机结构和强度课程的一体化教学计划，并强化工程的教学与应用的经验。张茂雨等（2016）对 CDIO 模式进行拓展，设计了对土木工程专业学生适用的 SCCIM-CDIO 人才培养模式。Ding（2020）探讨了 CDIO 模式如何提高高校软件工程教育的质量，从课程教学、课程设计和能力培养等方面对该专业学生进行问卷调查，并归纳出基于项目的课程设计方法和问题驱动的教学方法对提高学生能力有很好的作用。Edström 和 Kolmos（2014）比较了基于问题/项目的学习（PBL）和 CDIO 模式的异同，发现 PBL 和 CDIO 可以发挥兼容和相互加强的作用，因此可以富有成效地结合起来改革工程教育。

近年来，运用 CDIO 理念对工程教育以外的学科专业进行教学模式创新和改革设计也逐渐受到国内外教育工作者的重视。赵蓉英等（2019）将 CDIO 理念引入知识管理课程中，对课程的构思、设计、实现和运作四个方面进行了创新设计，提出了适用于知识管理课程的新教学模式。严小燕等（2020）运用 CDIO 理念讨论了旅游电子商务课程教学中存在的问题，并提出了针对性的改革建议与措施。Cui（2020）采用了实证实验的方法，将 CDIO 理念引入创新创业课程教育中，并通过问卷调查的方式检验了 CDIO 理念在教学改革中的有效性。

综上可以发现，CDIO 理念无论是在工程人才培养还是在其他学科人才教育中都起到了显著的作用，具有较强的优势。因此，在市场营销人才的教育和培养过程中可以考虑结合市场营销学科的实际特征，将 CDIO 理念引入教学改革中。

三、CDIO 理念下市场营销课程的教学模式设计

基于 CDIO 理念和市场营销专业的实际特征，市场营销课程的教学模式主要分为构思、设计、实现与运作四个模块。

1. 市场营销课程构思

构思是 CDIO 理念的第一步，也是教学设计的基础。在全球化的大环境中，面对日益激烈的竞争，企业越来越需要通过科学的营销理论与方法来获得长期的竞争优势。市场营销的课程对在信息化时代培养适应时代发展的营销人才具有重要作用。因此，市场营销的课程既注重专业理论的理解，也注重相关理论在具体的营销场景中的实践。

在理论教学上，一方面，市场营销的课程可以根据不同的理论来划分理论专题，深入对该理论所涉及的概念、假设、主要内容、方法、结果和工具进行讲解，引入相关阅读材料引导学生进行思考。另一方面，为了让学生了解到前沿的市场营销理论，针对高年级的学生可以引入相关前沿文献介绍，帮助学生掌握科学的理论方法以及前沿的科研问题。

在实践教学上，市场营销的课程可以通过以下三个方面强化营销实践。第一，引入前沿的、具有特色的案例讨论与剖析。案例讨论旨在通过实践场景和管理决策的分析和讨论，让学生站在管理层的角度来思考管理问题。在案例的选择上，可以将具有中国特色的案例更多地引入讨论中，引导学生运用市场营销理论讲好"中国营销故事"。第二，加强与企业营销部门的沟通与协作，不仅能够帮助学生从企业实际实践的角度加深对市

场营销的理解，也能够为学生提供更多的实践与锻炼的机会。第三，创建"体验式"实践周。实践周的目的在于让学生能够从企业的角度亲身理解管理实践，所以市场营销课程可以打破旧有的课堂教学模式，通过分组的形式让学生基于具体的实践问题进行选择并对其进行分析。

在理论与实践上，市场营销课程设计需要更加注重两者的融合。一方面，在理论讲解的过程中，需要注重融入案例和应用；另一方面，在实践教学的过程中也需要注重引导学生运用已学的理论对企业的营销实践进行分析，构建具有科学理论指导的逻辑框架。

2. 市场营销课程设计

传统的以老师讲授为主的市场营销课程容易造成学生学习主动性低，强迫灌输并记忆理论容易导致学生"学了就忘"的问题。为了解决这一问题，提高学生的主动性，让学生真正掌握市场营销知识，本文从教学形式、案例选择和考核方式等方面对市场营销课程进行进一步创新设计。

（1）教学形式

本文摒弃了传统的以老师讲授为主的教学形式，为了进一步提高学生的主动性并强化知识点的掌握，创新性地提出了"课堂讲授为辅，讨论为主""案例讨论与剖析""体验式实践周"与"文献汇报"四种形式。

具体而言，在课堂讲授为辅、讨论为主方面，老师在每次课讲授教材中章节，集中探讨某个专题。讲授内容不仅涉及该主题的概念、理论、方法和工具，而且注重融入案例和应用。讲授过程中结合主题不断对学生提出问题，引导学生思考并参与讨论，在这一过程中学生需要课前提前阅读相关材料并进行课后复习。在案例讨论与剖析方面，案例讨论环节体现在课堂平时的讲授、提问和互动中。老师在讲授理论的过程不仅需要融入现实企业案例的讲解，也需要开发或引入相关教学案例引导学生讨论。在体验式实践周方面，为了帮助学生更好地理解市场营销相关理论，本课程让学生自行进行选题，对企业的营销案例或者营销问题进行分析与讨论。在文献汇报方面，老师可以在每周课的最后30分钟组织学生以团队形式讨论一篇与当堂授课内容相关的经典文献。

通过上述四种形式，不仅能够提高学生对市场营销专业课程学习的主动性，而且将理论与实践相结合，强化学生对知识点的理解，为培育适应时代和实践要求的市场营销人才奠定了基础。

（2）案例选择

由于市场营销专业实践性强、变化快等特点，市场营销课程往往需要老师融入大量的企业实践案例，因此在案例的选择上，需要重点关注以下几个问题。第一，案例是否具有典型性。案例的典型性既体现在案例是否能够辅助对理论的深入了解，也体现在在中国教育情境下，该案例是否能够代表行业内标杆的中国企业的做法。第二，案例是否与时俱进。在互联网和数字化的时代下，市场营销实践在短时间内往往能够发生巨大的变化，因此在案例的选择上需要选取前沿的营销实践的相关企业案例。第三，案例是否具有权威性。权威性不仅体现在案例企业是不是行业内的标杆，也体现在案例本身的来源。当前，较为权威的案例库包括了哈佛案例库、清华大学工商管理案例库等，应当优先选择权威案例库的案例进行讲解。

（3）考核方式

传统的市场营销课程考核往往是让学生自选题目进行课程论文撰写。这对还处在本科阶段的学生意义不大，往往应付了事。在 CDIO 理念下，市场营销课程既注重理论也注重实践，因此其考核方式也应该更加多元化。本文将市场营销课程的考核方式分为试题考核、案例考核和汇报考核三种。其中，试题考核是对市场营销理论掌握程度的综合考察；案例考核是基于企业的营销实践案例分析对市场营销理论的应用考察；汇报考核考察的是学生的沟通和演讲能力，这在企业的管理和营销岗位上也是十分重要的。综合上述的考核方式，在市场营销课程评定时，老师可以多手段、全方位和多层次考查学生对营销理论和实践的掌握情况。

3. 市场营销课程实现与运作

为了进一步阐述 CDIO 理念下市场营销课程的教育模式的实现与运作，本文以北京第二外国语学院商学院市场营销系专业课"市场建模分析"为例进行进一步讲解。

该课程是市场营销专业的大数据与模型方向的课程，旨在通过课堂讲授、案例讨论与解剖、应用导向的课程报告等形式实现以下教学目标：了解营销模型方法在新时代背景下的重要性；掌握营销模型的各类方法的原理；构建相应的市场营销模型；初步了解营销模型在学术研究中的应用；在掌握相关的统计学方法的基础上，能够运用营销模型来分析和解决企业中的实际问题。

该课程不仅涉及基于统计学和计量经济学的方法讲解，也涉及模型方法如何在营销决策问题中的具体运用。例如，在 Logistic 模型的讲解中，引入大数据时代企业运用抖音等电商进行营销的实践背景，给出虚拟数据集，让学生基于数据分析得出直播和短视频对市场营销的影响。同时，在课程中还注重引入企业的案例实践。例如，课程以"完美日记"为例讲解营销模型如何辅助企业的战略决策。在该课程的考核中，不仅有以个人为单位的考核，还有以小组为单位的考核。在考核形式上，融合了试题考核、案例考核和汇报考核等多种考核形式，强化了对学生综合能力的考察。

四、结语

市场营销课程是一门既注重前沿理论又注重企业实践的课程。对于学生而言，仅仅掌握书本的知识点与理论往往会使得其对企业的营销实践了解不够深入，在走向工作岗位后往往需要更多的时间来进行适应与磨合。而 CDIO 理念下的市场营销课程的教学模式改革不仅能够使得学生对市场营销三个方向的理论强化理解，更加能够通过案例、实践周与讨论等方式加深学生对市场营销实践的分析与应用。只有同时具备营销理论素养和实践能力的新时代营销人才才能顺应激烈的全球化竞争和快速的数字化技术变革的时代要求。CDIO 理念下的市场营销课程设计更加能够顺应"新文科"建设的大背景，为我国的经济发展和伟大复兴培养更多的具有理论与实践导向的营销人才。

参考文献

［1］Cui F. Application and evaluation of "CDIO" in innovation and entrepreneurship education in higher vocational colleges. *InJournal of Physics：Conference Series* 2020 Sep 1（Vol. 1629，No. 1，p. 012077）. IOP Publishing.

［2］Ding T. Construction and exploration of university software engineering teaching system based on cdio educational concept. *Frontiers in Educational Research.* 2020，3（9）：44-8.

［3］Edström K，Kolmos A. PBL and CDIO：complementary models for engineering education development. *European Journal of Engineering Education.* 2014，39（5）：539-55.

［4］董平，岳国强，张海，李淑英，姜玉廷，高杰，罗明聪.燃气轮机结构和强度课程教学实践研究——基于 CDIO 工程教育模式的教学改革［J］.高等工程教育研究，2019（S1）：172-173+194.

［5］刘振天，俞兆达.新文科建设：新时代中国高等教育的"新文化运动"［J］.厦门大学学报（哲学社会科学版），2022，72（03）：117-128.

［6］严小燕，郭珊珊，邬艳艳.旅游电子商务课程教学改革路径探索——基于 CDIO 理念［J］.山西财经大学学报，2020，42（S2）：129-132.

［7］张茂雨，李博，朱云辉，王艳茹.应用技术型本科高校土木工程专业 SCCIM-CDIO 人才培养模式探索［J］.中国大学教学，2016（12）：52-55.

［8］赵蓉英，王旭，亓永康，魏绪秋.CDIO 理念下的知识管理课程教学模式与实践［J］.图书馆，2019（03）：75-79.

新文科背景下区域国别人才培养模式探析①

王子涵②

北京第二外国语学院 政党外交学院

摘 要：随着第二个百年奋斗目标新征程的开启，在新文科建设背景下，区域国别学被列为交叉学科提上日程，愈发受到重视。近年来，北京第二外国语学院尝试打破区域国别人才培养传统模式，以长期积淀形成的区域国别研究"四加"育人模式为基础，进一步创新实践全国首个"区域国别学院"和实体研究机构"中国区域国别高等研究院""双机构"育人体系，为高校探索区域国别人才培育先行先试和具有鲜明二外特色教育创新改革迈出坚实一步。

关键词：新文科；区域国别学；"双机构"体系；教育创新改革

2020 年 11 月，教育部发布《新文科建设宣言》，以推进构建中国话语体系，建设具有中国特色、中国风格的中国学派新文科体系，建立健全文科教育教学，创建培养新时代应用型、复合型文科人才新格局。区域国别学作为结合语言与理论、理论与研究、研究与实践，专业性精、应用性强、人才培养复合性高的交叉学科，是体现新文科建设精神与内涵的较具代表性的交叉学科，在新文科建设中占有一席之地。作为全国首个建立区域国别学院的高校，多年来北京第二外国语学院服务国家战略全局和外交大局，响应"人类命运共同体"理念与助力"一带一路"建设，坚持探索教育改革创新与实践，探索新文科创新培养模式与体制机制建设，致力于培养经国济世、学以致用，高素质、高水平的高端国际化区域国别人才。

一、区域国别学现状与发展

近年来，在国家的高度重视与大力支持下区域国别学得到快速发展。特别是在新文

---

① 本文系国家社科基金项目"印度国家治理模式与治理绩效研究"（项目编号：19CZZ007）、北京第二外国语学院 2022 年度新教工科研启航计划项目"印度国家治理效度与对外政策研究"（项目编号：KYQH22A012）、2022 年度校级科研专项项目"世界愿景、全球治理与新时代政党外交"（项目编号：KYZX22A023）的阶段性成果。

② 王子涵，北京第二外国语学院政党外交学院讲师。

科建设背景下，关注国际发展新动态与国家发展的新需求，鼓励高校探索和开设多学科、跨专业的新兴学科体系与交叉复合课程。2013年9月，国务院学位委员会发布《学位授予和人才培养一级学科简介》，正式将国别和区域研究提升为外国语言文学一级学科的下属研究对象与专业方向。[1]2021年12月，国务院学位委员会颁布《博士、硕士学位授予和人才培养学科专业目录（征求意见稿）》[以下简称《学科专业目录（征求意见稿）》]，拟在"交叉学科"门类下增设"区域国别学"等一级学科，可授予区域国别学人才法学、文学、历史学学位，推动区域国别学更进一步的发展。

根据国务院学位委员会指导意见，国别与区域研究借助历史学、哲学、人类学、社会学、政治学、法学、经济学等学科的理论和方法，探讨语言对象国家和区域的历史文化、政治经济社会制度和中外关系，注重全球与区域发展进程的理论和实践。[1]在明确国别与区域研究的基本内容的同时，教育部大力推行国别与区域研究中心（基地）建设工作，以高校为中心整合资源打造针对特定国家和区域的政治、经济、社会、文化研究的全方位、综合型、实体性研究平台。2015年教育部印发《国别和区域研究基地培育和建设暂行办法》。2016年，中共中央办公厅、国务院办公厅发布《关于做好新时期教育对外开放工作的若干意见》，进一步提出"完善国别和区域研究基地布局"要求，逐步扎实推进区域国别学建设与人才培养。截至2021年上半年，全国致力国别与区域研究及人才培养的建设单位已有444家。[2]区域国别学建设、国别与区域研究及人才培养欣欣向荣。

在全国百家建设单位中，综合性和语言类院校表现突出。综合性院校以学科门类全、覆盖范围广为优势，语言类院校以多语种、强语言为优势，能够较好地适应区域国别学建设与人才培养的高要求。特别是语言类院校，一方面，具有良好的语言学科根基，有利于打造多语种品类的"语言+区域国别学""非通用语+区域国别学"复合型人才。另一方面，语言类院校常与政府机构、国际组织、涉外企业等机构共享合作平台、共建合作渠道，积极发挥翻译、咨政、咨企等重要作用，有利于区域国别领域强实践、应用型人才的培养，促进"政产学研"一体化。因而，近年来语言类院校以体制机制建设为依托，探索区域国别学创新发展与人才培养。如2017年1月，北京语言大学成立国别和区域研究院。2019年12月，由中山大学、北京语言大学、天津外国语大学、北京第二外国语学院等高校联合创建"高校国别和区域研究人才培养院系联盟"。2021年1月，上海外国语大学成立区域国别数据科学实验室。2022年4月，北京第二外国语学院成立全国首个区域国别学院，创新实践区域国别学人才培育模式与体制机制路径改革。

二、高校区域国别学人才培养定位困境

尽管目前区域国别学发展势头良好,但作为新兴学科,区域国别学科体系建设尚未成熟;同时作为交叉学科,学科本身存在建设难度高与人才培养要求高的难题,主要体现在人才培养层次、学科专业建设及机构类型规划定位难三个方面。关于区域国别学科建设与其人才培养的基本问题有待厘清。

1. 区域国别人才培养层次定位

根据2021年《学科专业目录(征求意见稿)》,区域国别学下设在交叉学科门类,明确区域国别学的交叉学科属性。该指导意见定位区域国别人才培养层次为博士、硕士研究生。在2013年《学位授予和人才培养一级学科简介》中,国别与区域研究则下属一级学科外国语言文学之下,针对培养本科层次的区域国别人才。而新文科建设强调要打破学科壁垒,促进跨学科、交叉学科深度融合,重视和提出关于本科人才培养方案的修订,并推选一批新文科专业进入国家级一流本科专业建设点,要求全面提升新文科本科人才培养质量。这就在一定程度上出现了高校关于区域国别人才培养层次如何定位、定位模糊的问题。

首先,如何定位区域国别人才培养层次。尽管区域国别学在本科阶段、硕博阶段培养不同层次的人才都强调应用性、复合型,体现区域国别交叉学科的重要特性,但在实际的教育教学工作中,人才培养仍需以具体院校、学院、研究院等机构和学科专业为依托,涉及区域国别人才培养的核心方向。区域国别人才培养是否从本科阶段起就以交叉学科进行大类招生与大类培养,构建开设区域国别交叉学科体系与课程,组织建设具有交叉学科特性的教学团队,探索凝练区域国别人才培养模式与方案值得探讨。与此同时,本科阶段与硕博阶段的人才培养各具特点。相对而言除专业硕士外,学术硕士和博士更注重研究素养与研究能力的培养,在应用性上本科人才更具优势。因而,在区域国别人才培养层次上是否下沉至本科阶段或是以硕博层次人才培养为重点,且能够在现有高校教育机构与体系中落地落实仍有待探索。

其次,如何衔接区域国别人才培养不同阶段。目前各高校区域国别人才培养仍采取依托各门类主体学科及建设单位"分流培养"的模式。培养人才层次的转变可能导致原主体学科与新交叉学科衔接的问题,对学生可能存在一定程度的跨学科、跨专业学习的困难及相应的人才培养困难。可能出现在硕士、博士研究生阶段,择优选招具有一定语言或专业主体学科基础的本科学生另起炉灶进行新交叉学科的培养。因而,为厘清区域国别人才培养层次定位,应对可能存在的人才培养不同阶段的转化与衔接问题,就需要探索区域国别人才培养的更多创新方式,健全区域国别人才培养全体系。如选拔拔尖创新人才,精炼本科阶段交叉学科属性的微课程、小班教学、特色优势专业、本硕贯通、本硕博贯通等模式。

2. 区域国别人才学科专业建设定位

2021年《学科专业目录（征求意见稿）》对于区域国别学交叉学科属性的肯定，既回应了长久以来高校学界关于区域国别学科归属的争议，也体现了高校学界对于区域国别交叉学科属性的普遍共识。但如果从本科生培养层次出发，区域国别学科专业建设仍存在主体学科与交叉学科偏向前者的问题。如《学位授予和人才培养一级学科简介》中明确指出，区域与国别研究所属的一级学科外国语言文学以语言、文学为主体。如果以主体学科为基础进行区域国别人才培养则难免会出现倚重主体学科的基础理论与研究方法、教学机构与师资团队，出现课程交叉性不足、人才培养超越单一学科的复合性不足等问题。这也是长期困扰高校区域国别人才培养的症结之一。如何处理主体学科与交叉学科属性的关系问题也是各高校长期努力进行区域国别人才培养改革创新的重要内容，是提升在主体学科基础上整合多学科、跨学科，开设跨专业、交叉性课程，实现区域国别交叉学科复合性人才培养的应有之义。

与此同时，更优质的产出区域国别交叉学科人才有必要进一步完善交叉学科设置与管理的相关内容，有助于区域国别学更切实地下沉至本科阶段，开拓区域国别人才培养的有效路径，开展相应的教育教学工作。经过深入调研多年来各高校探索发展交叉学科的有益经验，系统总结国内外交叉学科的发展现状，充分把握我国学科管理体制机制与基本国情，2020年3月国务院学位委员会审议通过《交叉学科设置与管理办法（试行）》。该办法指出交叉学科是多个学科相互渗透、融合形成的新学科，具有不同于现有一级学科范畴的概念、理论和方法体系，已成为学科、知识发展的新领域。[3] 指明交叉学科不意味着简单的学科交叉。作为2020年起始设置的新兴学科门类，交叉学科在其概念、内涵、理论、方法等内容上尚未形成统一共识，其具体学科的知识体系与知识结构尚未搭建理顺，相关制度安排与体制机制尚未制度化、规范化、规模化，招生就业等方面尚未形成学生与社会的广泛认识、认同。对此，不仅《学位授予和人才培养一级学科简介》《博士、硕士学位授予和人才培养学科专业目录》有待于进一步改革、创新和完善，更有赖于各高校坚持不断地进行教育教学创新改革，自主研讨、关切和挖掘交叉学科的特点规律，探索开展交叉学科设置与专业试点，稳步推进交叉学科区别于传统单一学科人才培养的独立体系与出新路径。

3. 高校区域国别机构类型定位

如何定位区域国别人才培养层次，如何针对本科教育定位区域国别学科与专业建设直接影响着高校在区域国别体制机制建设上的类型定位。目前在区域国别人才培养的机构建设和制度配套上，高校多采取下属学院，建设研究院、实验室等类型的机构，重点依托教育部备案的国别与区域研究中心（基地）形成教研共建共享平台。相对突出国别和区域研究的研究性与服务性，与《学科专业目录（征求意见稿）》中交叉学科的高层次人才培养定位相匹配。部分高校采取整合国别与区域重点研究中心（基地）优质资源与本科教育教学相联动，以学院主体机构及主体学科为核心进行本科教学，并将研究院、研究中心向本科生开放，形成"双渠道"人才培养模式。在现有区域国别人才培养"单一渠道""双渠道"等体系基础上，进一步完善体制机制建设与制度保障，倒推区域国别人才培养层次提升及学科与专业建设难题解决，也是实现区域国别教育改革创新的新思路与新路径，为区域国别人才培养开创新局面。

三、北二外区域国别人才培养的改革与创新

以新文科建设为指引，北京第二外国语学院坚持推进教育教学改革发展，大力推行系列改革举措，努力克服区域国别人才培养定位困难，先后落地国别与区域研究"四加人才"培育模式与区域国别学"双机构"体制机制培育路径，推动区域国别教育事业的高质量发展。

1. 顶层规划推进新文科与区域国别学发展

2021年底，北二外启动"区域国别"人才培养与科研机构研究工作，整合全校资源，整体推进新文科与区域国别创新发展。

首先，做好顶层设计，以顶层设计推进新文科与区域国别建设加速。北二外切实贯彻全国教育大会精神，落实新时代全国高等学校本科教育工作会议部署要求，把握新时代人才培养的目标与方向，全面提高本科人才培养能力与人才培养质量。研究修订新一轮本科人才培养方案，着力完善具有二外特色的"通识教育改革＋语言和专业'内嵌式'制度创新＋学科壁垒破壁＋创新创业与拓展培养模块增设"的人才培养模式与体系。

其次，加强理论研究，以理论研究促进新文科与区域国别教育建设发展。通过教育部首批新文科研究与改革实践项目"新文科背景下高素质国际化复合型人才培养创新与实践"、北京市重点教改项目"新时代跨学科专业人才培养模式深化改革研究"等，聚合校内外专家交流探讨新文科与区域国别建设的重点、热点、难点问题，以理论带动探索新文科与区域国别教育改革发展的新内涵、新路径、新范式。

2. 长期累积奠定新文科与区域国别学基础

北二外是一所积淀深、实力强的外语类院校，截止到2021年已开设26个多语种品类专业，在教育教学实践过程中，强化外语学科优势，谋划国别与区域研究布局，逐步形成"有德、有言、有业、有研"的具有二外特色的区域国别"四加人才"培养模式，为新文科与区域国别学发展改革创新实践打下坚实基础。

首先，坚持以"立德树人"为人才培育的根本理念，形成"德育＋专业"的教育模式。发布《中共北京第二外国语学院委员会关于推进"课程思政"建设的实施办法（修订）》。重视第一课堂通识必修课，加强思政课程与专业课程思政建设。在总计151个

学分中，内嵌 18 学分思政课程，并大力评选和资助院校级课程思政示范课。

其次，坚持以"语言优势"为人才培育的重要渠道，形成"外语+区域国别"的教育模式。一方面，打通语言等级考试渠道，打开非语言类学科专业在区域国别研究领域的语言潜力。另一方面，加强非语言专业英语和第二外语的学习，通过"外语+"的方式，实现第二外语双学位制、三学位制。

最后，坚持以"内嵌机制"为人才培育的制度保障，贯通形成"德育+外语+专业+区域国别"的"四加人才"培育体系与培养模式。既通过"学分嵌套"机制形成"双学位""三学位""主辅修"等学科交叉融合路径，又实现"非通用语+国别区域研究""非英语专业+国别区域研究"全校覆盖式的区域国别人才培养多线路径。

3. 创新实践区域国别人才培养"双机构"体系

北二外在传统"双渠道"人才培养模式基础上，勇于创新实践区域国别交叉学科人才培养"双机构"育人体系。加大促进新文科与区域国别人才培养投入力度，建立专属的"区域国别学院"教学改革试验平台，及"中国区域国别高等研究院"配套实体研究机构。区域国别学院将统筹全校区域国别学科发展与人才培养。中国区域国别高等研究院将承担学术研究、智库建设等重要职能，下设全球治理理论研究、国际组织研究、国际区域政策研究、中国国际话语权研究四个中心。区域国别"双机构"体系建设与实践，尝试突破"区域国别—硕博培养—研究机构"一体为主，吸纳本科教育与人才培养为辅的固有模式，进一步在高校区域国别人才培养层次、学科专业设置和机构类型定位上创新改革、先试先行，为培养交叉性、复合性、应用性、创新性和国际化区域国别人才提供优质平台。

参考文献：

［1］国务院学位委员会第六届学科评议组.学位授予和人才培养一级学科简介［Z］.北京：高等教育出版社，2013：50.

［2］中国社会科学网.区域国别学迎来发展新机遇［EB/OL］.https://baijiahao.baidu.com/s?id=1725696272333868983&wfr=spider&for=pc.

［3］国务院学位委员会关于印发《交叉学科设置与管理办法（试行）》的通知［EB/OL］.http://www.moe.gov.cn/srcsite/A22/s7065/202112/t20211203_584501.html.

沉浸式智慧教室在高校外语教学中的应用与研究

李强

北京第二外国语学院　网络与信息中心

摘　要：随着5G技术、全息空间成像技术、MR混合现实技术等前沿科技的飞速发展，沉浸式智慧教室在教育领域的应用越来越广泛。沉浸式智慧教室打破传统教学模式，应用于高校外语教学中，可营造深度沉浸式的学习环境。本文总结了现有外语教学模式中存在的不足，提出了利用沉浸式智慧教室进行外语教学的新模型，从学习应用、评价分析、教学实践三个维度进行了详细分析，形成以沉浸式智慧教室为基础的外语教学闭环模型，激发学生自主学习的乐趣和兴趣。

关键词：沉浸式智慧教室；外语教学；教学模式

一、引言

通过先进的信息技术，构建利于交流、互动、共享和激发学生学习兴趣的智慧教室，是高校落实"互联网+教育"战略的必然选择[1]。教育部在《教育信息化十年发展规划（2011—2020年）》中也明确指出"推进信息技术与教学融合，建设智能化教学环境"[2]，可见智慧教室建设的重要性。在教育要"面向现代化、面向世界、面向未来"方针的指引下，全国各地及相关部门正在积极开展信息技术与教育教学深度融合的探索，从传统教室到多媒体教室，从多媒体教室到智慧教室，教学场所已不仅仅是三尺讲台、一块黑板的简单格局[3]。

近年来，随着5G技术、全息空间成像技术、MR混合现实技术等前沿科技的飞速发展，沉浸式智慧教室作为智慧教室中的一种形态，逐渐在教育领域广泛应用。沉浸式智慧教室应用于高校外语教学中，打破传统线下教学模式，增强学习模式的趣味性和互动性，为学生营造深度沉浸式的学习环境，提升其自主学习能力。本文总结了现有外语教学模式中存在的不足，提出了利用沉浸式智慧教室进行外语教学的新模型，从学习应用、评价分析、教学实践三个维度进行了详细分析，形成沉浸式智慧教室在外语教学中的闭环教学模式。

二、外语教学现状

随着信息技术的普及和快速发展，自20世纪80年代我国逐渐开始利用信息技术辅助外语教学的研究，到了21世纪进入了繁荣发展阶段[4]。目前，基于计算机和网络技术的多媒体设备早已被应用到了高校外语教学上，但是经过近三十年的实践与研究表明，在利用信息技术辅助外语教学上还存在着以下问题：

（1）教学设备功能单一

目前，各高校在外语教学上，普遍利用多媒体教室、语言教室和同传教室的信息化设备进行教学，与传统的授课方式相比，新的授课方式充分利用了信息化教学设备的交互性，突出了学生的主体作用，在一定程度上帮助教师将课程的主体地位归还给学生，发挥了学生主动学习能力。但还存在信息化教学设备功能单一的问题，在互动方面还是以一问一答、播放录制为主，在教学方面还是以教师教授为主，不能完全调动学生的学习兴趣。同时，随着新冠疫情的常态化、优质教学资源的共享化，远程教学需求在逐年增加，当前的信息化教学设备还不能支持远端学生在真实的、沉浸式的情境和对话中进一步提升听、说、读能力。

（2）教学资源内容单一

目前，各高校在建立外语教学专用语言教室和同传教室的同时，还部署了配套的教学资源平台。然而，教学资源平台上的内容普遍质量不高，教学资源存在着明显的重数量、轻质量和形式单一等特点，内容上往往只是简单将教学视频、PPT讲义等"复制"到网络，资源的实时性、资源的质量、资源的互动性无法保障[5]。同时，对外语教学资源的认识仍然停留在传统定位上，整体环节缺乏多元、灵活、真实的互动教学模式，忽视了学生学习兴趣的培养，学生沉浸式学习环节不突出。

（3）差异化教学缺失

由于认知水平不一，学生在外语学习的进度以及学习效率上存在一定差异，在思考解决问题方面会存在不同，而目前的外语教学还主要采用单向输出的教学模式，缺少对学生学习活动的跟踪记录，不能捕捉学生的具体学习差异，教师不能根据学生的不同需求提供适合学生的教学方式[6]，不利于调动所有学生的学习兴趣和积极性，让所有学生共同发展，同时也制约了外语教学水平的有效展现。

（4）教学实践缺失

目前，高校外语教学大多采取教师备课、授课，学生课堂分组对话、交互传译等主要方式，学生课堂参与感较传统授课方式有很大提高，但课程设计仍然缺少学生实践环节，课堂还不能提供一个沉浸式设计平台，让学生利用所学知识进行课程资源的自主设计，进一步提升学生综合利用知识的社会实践能力，提升学生的成就感，激发学生自主学习的乐趣和兴趣。

三、沉浸式智慧教室在外语教学中的应用

沉浸式智慧教室是将 5G 技术、全息空间成像技术、MR 混合现实技术等前沿科技融入教学基础设施，打破传统多媒体教学模式，增强学习模式的趣味性和互动性，为学生营造深度沉浸式的学习环境和实践环境，激发学生自主学习的乐趣和兴趣，提升学生的自主学习能力和成就感。本文从"学习—评价—实践"三个维度提出沉浸式智慧教室在外语教学中的闭环教学模式，其教学模型总体框架如图 1 所示。该模型以学生培养为基础，以评价分析为抓手，以学生实践为目标，通过将学生实践的优质资源补充到教学资源，形成一个良性的实践成果转化模型。

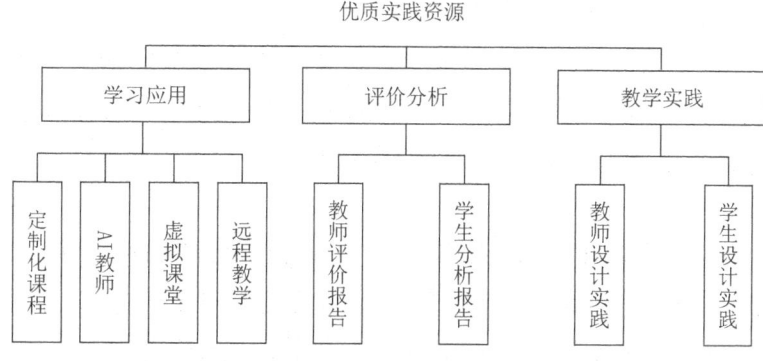

图 1　沉浸式智慧教室教学模型架构

1. 学习应用

教室是教师向学生传授知识的场所，是教师讲课、布置作业的地方，沉浸式智慧教室始终围绕"教学"这个核心理念，将 5G 技术、全息空间成像技术、MR 混合现实技术等前沿科技与教学相融合，以定制化的教学资源为核心，为学生营造一个高度开放、自由、可交互、沉浸式的学习环境。

（1）定制化课程

沉浸式智慧教室利用 5G 通信网络的高传输率特性，可将各类外语学习资源以独立组件或模块的方式部署在云端，教师按需组合，可定制场景化学习、游戏化学习、社交化学习、虚拟演讲、同传学习、交传学习等不同类型的教学课程资源和教学互动流程，并通过云端的计算能力实现虚拟课程的运行、渲染、展现和控制，同时将画面和声音高效地编码成音视频流，通过 5G 网络实时传输至教室内。同时，云端组件资源可通过设计软件进行开发和更新，师生可将自主设计的优质教学资源组件、已定制化课程源源不断地补充到云端资源库，以提供给本校，甚至其他合作高校的教师使用，共享优质资源。

（2）AI教师

沉浸式智慧教室通过人工智能、5G通信等最新技术，可自动生成AI教师，形成"AI虚拟老师+本地老师辅助授课"的教学模式，在课堂中通过游戏化闯关模式，加入互动环节，提升学生外语学习的兴趣和知识点掌握能力。相比于传统录播课和真人直播课，AI外语互动课具有较为明显的优势：一是每堂课在合适的时间点都设有互动环节，增强了课堂的互动性；二是游戏化、闯关式的模式设计提升了课堂的趣味性，可以吸引学生的注意力，从而提升其兴趣和坚持度；三是AI互动课对教师控场能力要求低，标准化程度高，可保证课程品质的稳定，弥补学校专业师资的不足。当然，教育作为重人力型的行业，少不了人与人的交互，学生需要受到老师的认可和鼓励。因此，沉浸式课堂辅导老师也将是AI互动课堂上不可或缺的角色，发挥着情感寄托和伴学的作用，更好地辅助学生完成外语课程学习。

沉浸式智慧教室AI教师的教学模式无疑将成为未来外语教学的主要趋势。人工智能与外语教育的深度融合，将为外语教学发展带来更多可能性，也将推动高校外语教学事业朝着更加数字化、智能化、个性化的方向发展。

（3）虚拟课堂

沉浸式智慧教室利用MR混合现实技术的仿真特性和交互特性，打造沉浸式虚拟教学场景，将外语教学内容里抽象的知识变得直观形象，通过全新的课堂教学模式激发学生的学习兴趣，通过简单好玩的交互游戏，让学生们在互动中快乐学习，在学习过程中实现深层次学习、理解性学习，引导学生自主思考和探索，培养学生创新能力和解决问题的能力，将现有的外语教育模式从传统的"被动接受式"转为"自主探索式"。

虚拟课堂可为外语知识获取创造更好的认知环境。虚拟课堂突破当前外语课堂教学的限制，构建与真实环境相似的虚拟认知环境，从而将学生在现实中难以观察到的场景在虚拟环境中创造出相对应的虚拟物，使得外语学习者在更为直观的认知环境中更好地进行概念的认知以及知识的建构，使学生在场景化学习、游戏化学习、社交化学习、虚拟演讲等多维度的虚拟课程中学习语言、使用语言、感受语言，进而将其内化为自身的语言学习能力和语言应用能力。

虚拟课堂可有效提高学生外语交际能力。学生在虚拟课程中"担任"主角，可身临其境地与自己喜爱的人物进行有效的外语交流，帮助学生在真实而丰富的语言情境中学习日常习惯用语以及口语表达方式，在交流过程中通过模仿、复用，充分掌握语言的固定搭配和灵活应用。

虚拟课堂可有效激发学生语言交际动机。当前外语教学中，在开展不同类型的语言交际训练时，往往需要学生和教师通过想象，在脑海中虚构出语言交际主体、环境以及事件。而虚拟课堂构造的外语虚拟世界可以使学生实现"所见即所得"，完全沉浸到语言环境中，创造出学生置身于母语环境的效果，从而在自身好奇心的驱动之下激发其强烈的探索欲望，更好地激发外语学习者的语言交际动机。

虚拟课堂可降低学生外语学习时的焦虑度。语言情景焦虑是当前外语教学中普遍存在的现象，学生在外语学习过程中容易产生对语言交际的紧张、怀疑、恐惧、不安、害怕等负面情绪，使学生在语言训练过程中由于缺乏信心而被迫放弃语言学习。而虚拟课堂构造的外语虚拟世界，由于去除了诸多外界元素的干扰，使学生在外语虚拟世界学习中能够以更加轻松的心理状态参与到语言交际中，在语言表达时可以更随性化，也使学生更具安全感，不会产生过度的语言情景焦虑，从而更有效地提升学生的听、说、读能力。

（4）远程教学

远程教学可利用沉浸式智慧教室内专业录音设备、摄像设备、5G 网络技术、8K 超高清直播技术、全息成像等技术，提供外语远程课堂和远程课程服务，开阔学生视野，优化教育资源，促进外语教学事业的发展。

远程课堂可面向几十所乃至上百所学校的学生，实现大规模超高清外语远程教学，通过双师课堂、远程同传、远程学伴等多种课堂形式，建立点对点或一对多的远程教学模式，实时直播课堂教学内容，实现中心教室和远端教室师生之间高效互动和交流，使师生获得较好的临场感和沉浸感。

远程课程按照不同语言分门别类，将课堂优秀教学过程制作成教学资源上传至云平台，建立名校优质外语教学资源库，提供远程课程服务，既面向本校师生开放学习，也接入省市或国家平台，向其他学校开放，实现优质教学资源跨校流通和共享，充分发挥名师名课效应，推动优质课程资源共享、智慧生成，满足学习者对各类学习资源的个性化需求，促进教育优质均衡发展。

2. 评价分析

沉浸式智慧教室通过教室内多种技术手段，捕捉外语课堂中师生的鼠标和键盘输入信息、面部和肢体图像信息、语音信息等，通过智慧化手段，进行科学化分析，生成高质量的反映教师教学水平的评价报告和反映学生学习程度的分析报告。

教师评价报告通过课程内容、教学环节、课堂肢体语言等数据分析，一是帮助教师诊断教学中存在的问题，了解自己的教学方法、教学手段的运用是否得当，教学的重点、难点是否讲清；二是帮助教师调控教学方向，发现工作中的薄弱环节，并在此基础上修正、调整和改进教学方法；三是为高校教学管理部门提供抓手，作为评价教师教学工作质量的依据，检验教师教学效果。

学生分析报告通过学生参与度、学习行为、目标达成度等数据分析，计算学生认知状态，捕捉学生学习差异。教师可根据学生分析报告提供适合不同认知程度学生的不同教学方式，调整教学进度，对于已经掌握程度好的同学可以布置富有挑战性的任务，照顾到学生的个体差异性，做到差异化教学，让所有学生共同发展。

3. 教学实践

教学实践是巩固外语理论知识、加深理论认知的有效途径，是培养高素质外语人才的重要环节，是理论联系实际、培养学生掌握科学方法和提高听、说、读、写能力的重要过程。沉浸式智慧教室基于定制化课程设计平台，利用 AI 教师、虚拟课堂等应用模式，通过两种方式完成学生外语学习实践环节。一是由教师设计外语实践课程，学生参与实践。二是让学生利用所学知识进行课程资源的自主设计，提升学生综合利用知识的社会实践能力，将学生设计的优质资源补充到教学资源，形成一个良性的实践成果转化模型，提升学生的成就感，激发学生自主学习的乐趣和兴趣。

四、结束语

本文在总结现有外语教学模式中存在不足的基础上，提出了利用沉浸式智慧教室进行外语教学的新模型，从学习应用、评价分析、教学实践三个维度进行了详细介绍，形成以沉浸式智慧教室为基础的外语教学闭环模型，通过多种课堂形式，锻炼学生的听、说、读、写能力，激发学生自主学习的乐趣和兴趣。

随着我国综合国力的日益强大，我国也越来越重视在国际舞台上构建话语权，讲好中国故事，传播好中国声音，国家发展的新形势需要更多的具备创新实践精神的外语人才。外语课堂教学需要从传统教育向智慧教育转变，从"以教师教为中心"向"以学生学为中心"转变。沉浸式智慧教室是智慧教育的必备手段，是新型外语教学模式的基础，新教学模式强调通过多元化教学，培养学生的语言应用能力，鼓励学生主动学习、善用技术手段进行沟通与思考，培养学生面向外语知识新时代的能力。新教学模式有助于开发学生自主思考与学习能力，有助于量化教与学行为过程，有助于锻炼学生社会实践能力。未来的沉浸式智慧教室必将向着智慧化、创新化、引导化的方向发展，从而让学生更好地去学习，让老师更轻松地去授课。

参考文献

[1] 贺占魁，黄涛. 高校智慧教室的建设理念、模式与应用展望——以华中师范大学为例 [J]. 现代教育技术，2018，28（11）：55-61.

[2] 教育部. 教育部关于印发《教育信息化十年发展规划（2011-2020 年）》的通知 [OL]. http://old.moe.gov.cn/publicfiles/business/htmlfiles/moe/s3342/201203/xxgk_133322.html.

[3] 安宁，牛爱芳，齐瑞红，贾亚刚. 高校智慧教室建设的探索与思考 [J]. 实验技术与管理，2017，034（05）：247-251.

［4］朱利阳.我国高校计算机辅助外语教学的现状与思考［J］.齐齐哈尔师范高等专科学校学报，2015（4）：129-131.

［5］苏燕.高校网络课程教学资源建设探析［J］.科技风，2019（23）：35-36.

［6］沈红.论大学外语教学中的差异化教学［J］.考试周刊，2012（48）：85-86.

与他人共在：中国传播学国际发表影响因素分析[①]

东阳

北京第二外国语学院 英语学院跨文化系

摘　要：立足于生态系统理论，以中国传播学者的国际发表作为知识生产表征进行影响因素分析，本文借助深访文本进行量化文本挖掘，得出了微观层面上的个体性因素、中观层面上的结构性因素、外部系统中的干预性因素和宏观系统中的导向因素。在将国际发表行为诉诸知识社会学探究的同时，本文也提出了优化海外科研成果的现实路径。

关键词：传播学研究；国际发表；生态系统；影响因素

一、研究缘起

在如今的信息全球化时代，随着学术文献检索引擎和相关数据库的日益成熟，全球性学术生产和发表的"公共空间"构建完成，科研成果的跨地区分享与融合成为了可感知、可观测的现实。在知识生产与传播跨国界、跨语言、跨文化发展的情境下，在全球学术关联不断加深、学术资源共享不可或缺、知识流动速度加快的大数据时代，关注全球学术概貌及其发展动态成为学术进步的现实需求，也是我国新闻传播学科进一步发展的内在要求。

中国传播学研究经过四十多年的不断成长，已经从译介学习、消化吸收，逐步向独立自主、创新发展迈进。随着中国媒介技术的飞速发展，中国在传媒实践方面已经迈入世界先进行列，尤其是在移动互联网、网络新媒体方面，中国呈现出和西方国家并驾齐驱，甚至赶超的发展态势。然而，有研究表明中国传播学研究的国际发表如今依然处于"大范围、小焦点"（large scope and small foci）的初级阶段[②]，在国际学术界的参与程度、影响力和话语权方面都有待于完善和提升。

[①] 本文系北京第二外国语学院2022年度新教工科研启航计划项目"作为观念货币的知识：外语学科国际发表影响因素与市场机制研究"（项目编号：KYQH22A010）的阶段性成果。

[②] Clement Y.K. So（2010）The rise of Asian communication research: a citation study of SSCI journals [J]. *Asian Journal of Communication*, 20: 2, 230-247.

二、文献综述与理论框架

1. 国际发表学术生态剖析

刘端裕（1995）探析部分西方传播学刊和中国研究期刊之间的关联后发现，西方传播学界和中国研究之间的交流和互动非常有限。① Curran 和 Park（2000）经研究指出，整个传播学科的发展一直被美国和欧洲等地区的学者主导。欧美学术期刊也进一步巩固了欧美地区传播学的影响力。②

与此类似，张志安、贾鹤鹏（2015）的文献计量研究发现，中国新闻传播学国际发表取得了很大进步，但论文发表量和影响力方面与国际平均水平仍有很大差距。③ 两位作者随即发现中国大陆学者也未能专注于中国问题的研究，未能得到国际学界的密切关注和认可，对国际知识生产的影响力较低。④

Liu Weishu（2015）通过对文献计量的研究发现，尽管在国家定位（national orientation）和语言障碍（linguistic obstacle）两方面存在困难，但中国在 SSCI 出版数量、世界份额和全球排名方面一直在保持着上升势头。但中国学者尚未成为国际学术界的主要参与者，并且不同区域、机构之间的研究产出极不平衡。⑤

韦路（2018）的研究也表明中国大陆新闻传播学国际发表虽起步较晚，但近年来发展迅速，论文总量已经跻身全球前十（含中国香港）。同时存在研究视角同质化严重、理论贡献有限、援引量未能形成主导优势等缺憾。⑥

吴锋、王学敏（2019）通过对 2018 年度的 SSCI 论文进行分析，发现 SSCI 期刊论文的基金支持率高、基金来源广；青年学者发表屡创新高，新兴传媒院校成为国际发表的关键力量。但是论文整体质量不高，作者倾向于单兵作战，国际合作程度较低。⑦

2. 国际发表影响因素初探

Louisa Ha（2000）在梳理大中华区（greater China）的国际期刊文章和书籍章节

---

① Lau, T. Y. (1995). Chinese communication studies: A citation analysis of Chinese communication research in English language journals [J]. *Scientometrics*, 33 (1): 65–91.
② Curran, J., & Park, M. J. (Eds.). (2000). *De-Westernizing media studies* [M]. London: Routledge.
③ 张志安, 贾鹤鹏. 中国新闻传播学研究的国际发表现状与格局——基于SSCI数据库的研究 [J]. 新闻与传播研究, 2015 (05): 5–18.
④ 贾鹤鹏, 张志安. 新闻传播研究的国际发表与中国问题——基于SSCI数据库的研究 [J]. 新闻大学, 2015 (3): 10–16.
⑤ Liu, W., Hu, G., Tang, L., & Wang, Y. . (2015). China's global growth in social science research: uncovering evidence from bibliometric analyses of ssci publications (1978–2013) [J]. *Journal of Informetrics*, 9 (3): 555–569.
⑥ 韦路. 中国传播学研究国际发表的现状与反思 [J]. 国际新闻界, 2018 (02): 154–165.
⑦ 吴锋, 王学敏. 我国新闻传播学国际发表的最新进展、知识图谱及研究热点——基于2018年新闻传播学SSCI论文的大数据分析 [J]. 新闻与写作, 2019 (6): 39–47.

（book chapter）出版状况后表明华人传播学者在国际传播研究中处于边缘位置，并有赖于非华人学者的引领和示范。[①] 金兼斌和王珊珊（2005）发现海外培训和国际合著成为了青年归国传播学者进行国际发表的主要推动力之一。[②]

贾鹤鹏（2016）通过对有过国际发表经历的学者的访谈发现，中国学者的发文动机与激励制度和国内期刊约束两个因素密切相关。同时社会政治性因素（sociopolitical factors）对国际发表也存在显著影响，该因素促进学者进行自我审查（self-censorship）。这种折中的态度导致了学者们对中国本土经验和问题的漠视，研究也因此走向碎片化，难有理论突破。[③]

综上所述，目前关于中国作者国际发表的相关研究数量有限，且多数论文以描述论文发表现状为主。这些文献尽管对本研究提供了有益的思考，但存在一定的局限。首先，这类研究的历史跨度有限，缺乏历时性的考察视角。其次，有些研究聚焦于传播学一个二级学科或者一个特定的研究领域进行深耕。最后，方法较为单一，存在同质化现象。此类围绕文本的阐述倾向于强调统计数据之间的逻辑关系，未能透过数字深入挖掘文本属性背后的学术知识生产和发表模式及其影响因素。

3. 生态系统理论框架

为了处理情境脉络中人的复杂性，乌里·布朗芬布伦纳（Urie Bronfenbrenner）提出将人类生存发展的生态环境由内向外依次划分为微观系统（microsystem）、中间系统（mesosystem）、外部系统（exosystem）、宏观系统（macrosystem）和整个同心圆的历时变化形成的时间系统（chronosystem）。[④]

微观系统（microsystem）是指人们在特定的面对面环境中，在行为活动、角色扮演和人际关系方面形成的固定模式。中间系统（mesosystem）是发展中的个人与两种不同的环境（或多种环境）之间的联系及关联过程。中间系统特别关注的是在每一个环境中，由发展性刺激或抑制性特征（包含刺激和抑制过程）相互作用而产生的协同效应。外部系统（exosystem）则是指"环境中的环境"，包括两个或多个环境之间的联系和彼此关联的过程，其中至少有一个环境不包含发展中的实体个人，但在该环境背景下发生的事件会间接影响到发展中人的生活，或者影响与其直接联系的环境。宏观系统（macrosystem）是由一个特定文化、亚文化或其他扩展性的社会结构所特有的微观、中

[①] Ha, L., & Pratt, C. B. (2000). Chinese and non - Chinese scholars' contributions to communication research on greater china, 1978-98 [J]. Asian Journal of Communication, 10（1）：95-114.

[②] 金兼斌，王珊珊.全球化与本土化夹缝中的生存——对"海归"传播学者研究状态的一次探索性研究 [J]. 新闻与传播研究，2005（03）：76-80+95.

[③] Jia, H., Miao, W., Zhang, Zhi'an, & Cao, Y.. (2016). Road to international publications: an empirical study of chinese communication scholars [J]. Asian Journal of Communication：1-21.

[④] Bronfenbrenner U. (1979). *The ecology of human development* [M]. MA：Harvard University Press：3-44.

观和外部系统的总体模式组成、有机模式嵌入的总体系统。[①]

4. 深访内嵌研究路径

利用系统生态理论中的概念，本文对经深度访谈采集而来的语料进行分类加工。21位受访者均有国际发表经验，并囊括了高校教师、科研院所研究人员、期刊编辑、审稿人、国内期刊主编以及高校科研管理人员等。具体提问方式分为语音问询和邮件访问两种形式。其中，语音访谈平均持续时长为73分钟，语言为普通话和英语。最后，通过ROST content mining 软件对深访材料进行语义网络分析。

需要说明的是，国际期刊的同行评议模式（peer review）使得部分作者兼具作者和审稿人的双重身份。因此，针对部分"既当运动员，又当裁判员"的重要学者，笔者采取了自由度相对较高的半结构式访谈，力图将中观研究和微观案例相结合，既竭力避免因宏大叙事而招致的个性丧失，又试图规避因"一叶障目不见泰山"的全貌模糊。

三、生态系统下国际发表影响因素

1. 微观系统：作为个人的传播学者

微观系统指个人活动和个体间交往的直接环境，还包括环境中相互作用、交互影响的人物关系。根据受访学者的访谈结果，在学者个人层面上的生态因子包括其自身的科研意识及态度、科研动机、科研能力、学术论文写作能力与发表经验等。笔者根据生态系统理论模型，以访谈材料为依托进行了语义分析（见图1）和情感分析（见表1）。

如图所示，"课题""教师"与"论文""科研"具备几乎相同的中心度，成为了微观系统中备受瞩目的维度，说明中国传播学者倾向于将自我视为"教学科研相结合"的综合研究者，而非单一致力于研究的专职研究员。多重身份、多个角色势必会对学者本人、学术研究以及成果转化造成一定的制约与影响。此外，在基于访谈经验材料的语义网络分析图中，课题也成为了中国传播学者首要的考量因素，反映出外部动机对国际发表的刺激激励作用十分明显。

[①] Bronfenbrenner U. (1993). *The ecology of cognitive development: Research models and fugitive findings* in Robert H. W., & Kurt W. Fischer. Eds. *Development in Context* [M]. Hillsdale, NJ: Lawrence Erlbaum Associates: 3-25.

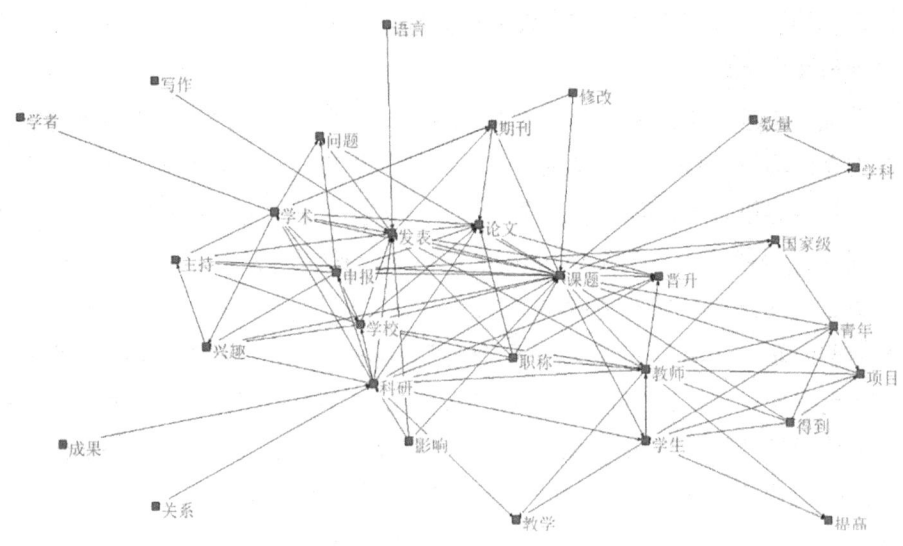

图 1　微观系统语义社会网络分析图

在情感态度方面，在 62 个访谈语篇中，绝大多数中国学者对国际发表在微观系统方面的影响因素持积极态度（91.94%）且积极程度较高，仅有少数受访者流露出消极悲观的情绪（4.84%），但悲观程度一般（avg=-7）。

表 1　微观系统情感分析表

情绪分析量 %	语篇数量
积极情绪 91.94%	57 条
中性情绪 3.23%	2 条
消极情绪 4.84%	3 条
积极情绪分段统计结果	
一般（0—10）：27.42%	17 条
中度（10—20）：27.42%	17 条
高度（20 以上）：37.10%	23 条
消极情绪分段统计结果	
一般（-10—0）：4.84%	3 条
中度（-20—-10）：0.00%	0 条
高度（-20 以下）：0.00%	0 条

综上所述，传播学者对科研的意识和态度对国际发表的作用十分明显。传播学者大多对科研活动和论文发表的价值和意义持支持态度。多数传播学者认同科研和教学相辅

相成并可以相互促进。此外，总体上外部科研动机高于内部科研动机。无论是高校教师还是科研院所的研究人员升职晋级、考核绩效，高校教师还需要迎接各种评估、验收。

需要重视的问题还包括学术研究之外的"非技术因素"，例如目标期刊的选定以及对投稿系统和发表流程的把控。此外，学术英语写作能力与投稿发表经验、与编辑和审稿人的沟通交流之道也是值得关注的因素。

2. 中间系统：多重因素博弈下的科研情境

由于个体同时跨越、整合多个微观系统，乌里·布朗芬布伦纳便提出了"中间系统"概念来指代不同微观系统之间的关联，亦即包含个体的多个微观系统之间的交互关系与相互作用。在中间系统的框架下，家庭、工作和业务提升三个因子成为了显著的影响因素。业务提升因素囊括培训访学、学术会议、讲座沙龙、学历进修和同行合作等具体要素。

笔者立足于家庭集体、教研工作和学历提升三个具体层面，针对访谈材料进行了语义网络分析和情感分析。由于涉及家庭成员、师生关系以及个人体验等明显带有感情色彩和主体倾向的话题，经社会网络分析后产生的热词中心度都相对有限，涉及"时间分配""学术合作""学校环境"和"导师引领"等中心维度（见图2），说明时间、学术共同体、单位和导师在中间系统中扮演着重要角色。

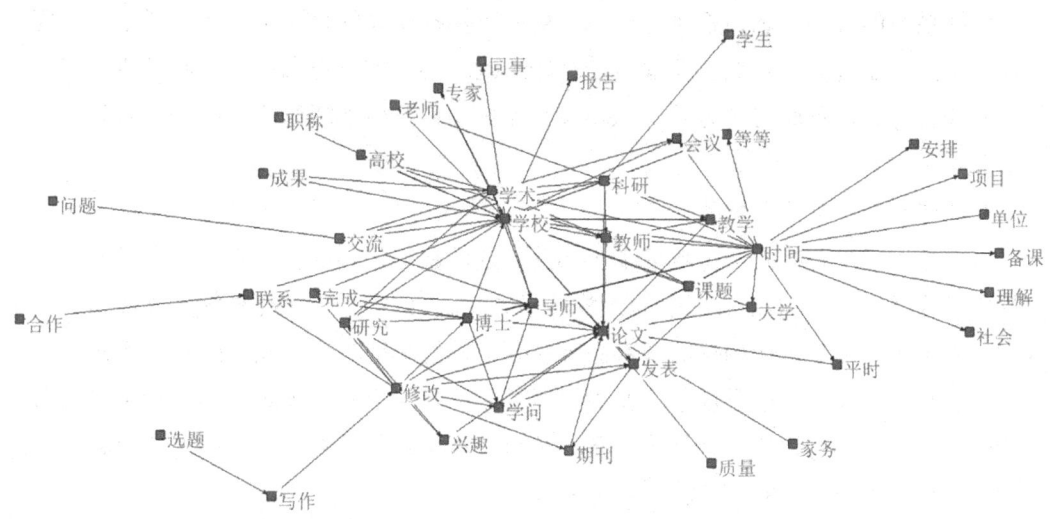

图2 中间系统语义社会网络分析

在情感态度方面，在36个访谈语篇中呈现出明显的两极分化情绪，其中积极情绪（80.56%）大幅度超过了消极情绪（19.44%）。但是在两种情绪内部也呈现出分化的特点。以消极情绪为例，在微观系统中，即便科研意识淡薄且能力有限的受访者也仅仅表现出一般的悲观程度（avg=-7），但在中间系统中有三位受访学者的负面情绪翻了一番，达到了中度水平（avg=-14）（详见表2）。较之于微观系统，中间系统的主要因素对学者观点和情绪的影响相对较大。

表 2　中间系统情感分析表

情绪分析量 %	语篇数量
积极情绪 80.56%	29 条
中性情绪 0.00%	0 条
消极情绪 19.44%	7 条
积极情绪分段统计结果	
一般（0—10）：16.67%	6 条
中度（10—20）：19.44%	7 条
高度（20 以上）：44.44%	16 条
消极情绪分段统计结果	
一般（-10—0）：11.11%	4 条
中度（-20—-10）：8.33%	3 条
高度（-20 以下）：0.00%	0 条

中间系统的各种生态因素错综交织，对中国传播学者的科研工作产生了十分重要的影响。当然，学者们不可能被动地接受这些影响，他们的思想态度、科研动机、职业道德、责任心等，也不断与周边的生态环境互相影响，从而不断调适、改变自身与生态环境的关系。

3. 外部系统：政策与把关

外部系统至少含有两个（或多个）相互勾连的系统，其中至少有一个子系统不包含发展中的个人，但在外部系统中的人物或事件会直接作用于个人本身、微观和中间系统。与中国传播学者密切相关的外部系统主要由单位政策和同行把关两部分构成。

单位政策涉及科研成果评鉴、职称晋级要求以及成果孵化措施，同行把关一般而言分为编辑初审、同行评议两个具体步骤。笔者针对全部"外部系统"的访谈材料进行语义网络分析（见图3）和情感分析（见表3）。

从语义网络的中心性来看，外部系统主要通过期刊稿件审批流程而发挥作用（主要体现在"期刊研究"和"学者审稿"两个维度上），学校政策也通过"职称评定""成果认定"等具体科研相关制度，发挥着一定的影响作用。但是，以同行评审为中心的审稿制度居于主体地位，并发挥着主导作用。

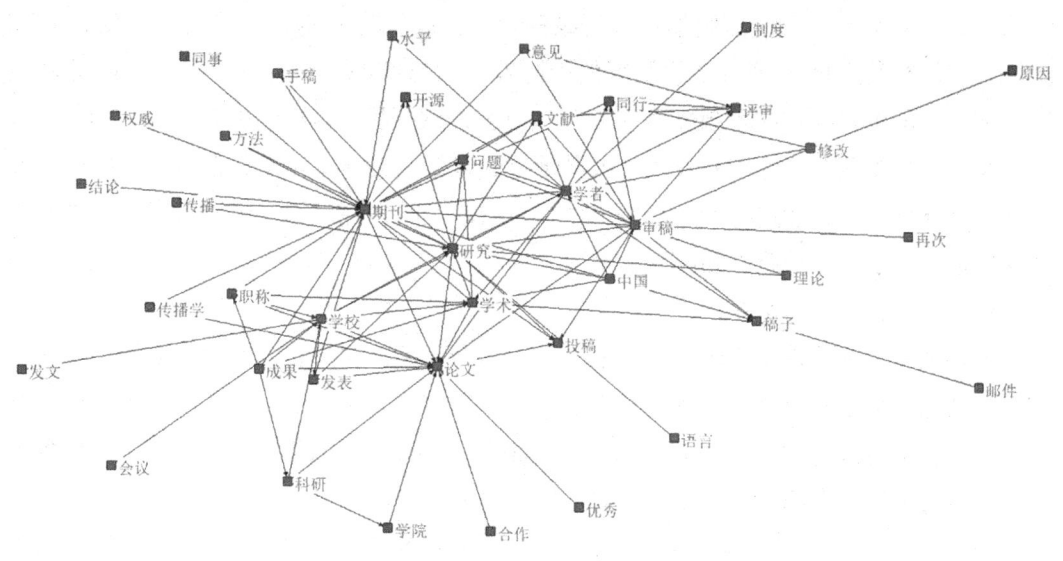

图 3　外部系统的语义社会网络分析

在 21 个涉及外部系统的访谈语篇中，受访学者呈现出"总体二元对立，内部分化多样"的总体情感特征。学者群体在总体上肯定了外部系统的正面作用，但是高度评价和中度、一般性评价几乎"势均力敌"。这说明学者总体虽然对外部系统比较认可，但不同学者对其影响的个体反应却不尽相同。

表 3　外部系统情感分析表

情绪分析量 %	语篇数量
积极情绪 91.43%	32 条
中性情绪 0.00%	0 条
消极情绪 8.57%	3 条
积极情绪分段统计结果	
一般（0—10）：14.29%	5 条
中度（10—20）：31.43%	11 条
高度（20 以上）：45.71%	16 条
消极情绪分段统计结果	
一般（-10—0）：8.57%	3 条
中度（-20—-10）：0.00%	0 条
高度（-20 以下）：0.00%	0 条

总而言之，学校政策方面虽然存在竞争性较强的"丛林法则"，但学者们能够借助

团队整合、实验室建设的体制便利进行纵深化、共同体化的研究，形成"集聚效应"。这种"成果孵化"的政策对中国学者的国际发表大有裨益。然而，在政策倾斜的利好环境下，以审稿标准为准入制度的 SSCI 学术场域依旧是西方学者主导的"买方市场"。一篇学术论文想要在国际期刊发表，就必须首先遵循西方学术规矩。但是，审稿人本着对全球受众负责的态度进行严厉把关也值得尊敬，尤其是在地道表述和读者意识层面的欠缺也是中国学者亟须改进和完善的地方。

4. 宏观系统：规划与导向

宏观系统是指覆盖全局的文化、亚文化和社会环境，主要包含两个影响因子：国际政策规划以及学术评价导向。国家教育宏观政策决定高校学术发展的方向，对高校的科研和评价政策起决定性作用。近年来，国家建设"双一流"大学和"双一流"学科政策导向对传播学者的影响较大。

随着国家出台相应政策以纠正唯 SSCI 为上评价体系，成为了重要的节点性导向因素。但是由于政策惯性及传播学国际化不足的现状，传播学国际发表数量在波动中上升。目前中国传播学者只能在西方制定的游戏规则中蹒跚前行，各种鼓励政策有必要继续实施。相信传播学者研究领域会更加广泛，在"破五唯"的政策规划下，本土化理论建构会稳步推进，中国学者也会在国际传播学界占据应有的位置。

四、结论

通过梳理中国传播学国际发表的生态系统模型及其相关影响因素，中国学者需要在微观系统层面强化科研观念、端正态度、提升能力、积累经验；在中间系统中积极投身科研工作的同时统筹兼顾以"家庭"为代表的各项社会关系；在外部和宏观系统中充分发挥主观能动性、借助各种政策红利、整合资源、顺势而为、因势利导地实现"多、快、好"的国际发表目标。

此外，笔者在研究发现的基础上，结合自身的国际发表经验，提出两条增益国际发表的实操建议：双语发表策略（dual publication）与国际会议论文转化。

双语发表策略是指针对统一研究对象分别按照中文和英文不同的语言结构和行文思路进行学术书写，最终形成两个"主体相似、内外有别"的研究成果。虽然表面看来双语发表有"一稿多投，自我抄袭"的嫌疑，但实则不然。其原因在于中文和英语在遣词造句、行文逻辑、写作体例、引用参考格式等方面都存在显著不同，修辞分别和语篇差异决定中英两个版本很难高度相仿或是"简单翻译"。此外，双语发表还有助于本土研究者与海外学者分工合作，打破语言和数据库藩篱，向海内外学术界贡献真知灼见。

国际会议论文的转化发表在海外和中国港台地区由来已久、盛行一时。诸如 ICA 等知名传播学国际学会的参会文章（full-length article）或长摘要（extended abstract）

首先要经过"类同行评议"的分会审查,在会场展示过程中还要和与会学者进行答疑商讨。如此一来,一篇文章(或文章雏形)几经打磨已经初步具备了SSCI发表的价值,完全可以在听取分会同行评价意见、完善相关信息以及语言润色之后进行SSCI期刊投稿。因此,中国学者可以尝试百尺竿头更进一步,积极将修改完善过的参会论文进行投稿和发表。

参考文献

[1] Bronfenbrenner U. (1979). *The ecology of human development* [M]. MA: Harvard University Press: 3-44.

[2] Bronfenbrenner U. (1993). *The ecology of cognitive development: Research models and fugitive findings* in Robert H. W., & Kurt W. Fischer. Eds. *Development in Context* [M]. Hillsdale, NJ: Lawrence Erlbaum Associates: 3-25.

[3] Clement Y.K. So (2010) The rise of Asian communication research: a citation study of SSCI journals [J]. *Asian Journal of Communication*, 20: 2, 230-247.

[4] Curran, J., & Park, M. J. (Eds.). (2000). *De-Westernizing media studies* [M]. London: Routledge.

[5] Ha, L., & Pratt, C. B. . (2000). Chinese and non-Chinese scholars' contributions to communication research on greater china, 1978-98 [J]. *Asian Journal of Communication*, 10 (1): 95-114.

[6] Jia, H., Miao, W., Zhang, Zhi'an, & Cao, Y. . (2016). Road to international publications: an empirical study of chinese communication scholars [J]. *Asian Journal of Communication*: 1-21.

[7] Lau, T. Y. (1995). Chinese communication studies: A citation analysis of Chinese communication research in English language journals [J]. *Scientometrics*, 33 (1): 65-91.

[8] Liu, W., Hu, G., Tang, L., & Wang, Y. . (2015). China's global growth in social science research: uncovering evidence from bibliometric analyses of ssci publications (1978-2013) [J]. *Journal of Informetrics*, 9 (3): 555-569.

[9] 贾鹤鹏,张志安. 新闻传播研究的国际发表与中国问题——基于SSCI数据库的研究 [J]. 新闻大学, 2015 (3): 10-16.

[10] 金兼斌,王珊珊. 全球化与本土化夹缝中的生存——对"海归"传播学者研究状态的一次探索性研究 [J]. 新闻与传播研究, 2005 (03): 76-80+95.

[11] 韦路. 中国传播学研究国际发表的现状与反思 [J]. 国际新闻界, 2018 (02):

154-165.

［12］吴锋，王学敏. 我国新闻传播学国际发表的最新进展、知识图谱及研究热点——基于 2018 年新闻传播学 SSCI 论文的大数据分析［J］. 新闻与写作，2019（6）：39-47.

［13］张志安，贾鹤鹏. 中国新闻传播学研究的国际发表现状与格局——基于 SSCI 数据库的研究［J］. 新闻与传播研究，2015（05）：5-18.

国际中文教育博士专业学位设置与培养的思考①

北京第二外国语学院 邵滨 北京大学 富聪

摘 要：本文提出未来国际中文教育专业博士培养应及时回应时代、学科发展对人才培养的新要求，建设发展国际中文教育博士专业学位，应注意以下六个方面：1. 国际中文教育专业博士的培养要以需求为导向，应以与海外联合培养为主。2. 培养目标应从研究型转为高层次、复合型、应用型。3. 培养过程应从重视研究能力转为重视实践能力。4. 培养过程应重视课程体系、培养方式及课堂教学的变革。5. 学位论文应着眼于解决具有现实意义和应用价值的问题。6. 国际中文教育专业博士的建设发展应有精品意识。

关键词：汉语国际教育；博士生培养；专业博士；国际中文教育；高层次人才

引言

《孔子学院发展规划（2012—2020年）》② 提出注重培养高层次国际汉语教育人才。2018年1月24日，马箭飞在《办好孔子学院 贡献中国智慧》③ 一文中，强调要健全汉语国际教育学科体系，在此基础上增设汉语国际教育专业博士学位。2018年3月，刘宏提交"关于国家设立汉语国际教育博士专业学位的建议"④。2018年5月，教育部特批20个教育专业博士指标，在北京大学、天津师范大学等7所院校招生⑤。2019年招生高校总数增至21所。

---

① 本文系北京第二外国语学院2022年度新教工科研启航计划项目（KYQH22A002）、2023年度校级科研专项"数字技术支持下北京国际中文教育服务产业化路径研究"及新时代师德师风建设专项课题的阶段性研究成果。
② 【作者简介】邵滨，男，北京第二外国语学院汉语学院讲师，研究方向为国际中文教育。富聪，女，北京大学对外汉语教育学院在读博士研究生，研究方向为语言学及应用语言学。
③ 马箭飞. 办好孔子学院 贡献中国智慧［N］. 中国教育报，2018-1-24（1）.
④ 吴琳. 推动国际交流——访大连外国语大学校长刘宏代表［N］. 光明日报，2018-3-9（7）.
⑤ 国家汉办. 关于做好2018年汉语国际教育方向教育博士专业学位研究生招生工作的函［Z］.2018.

一、汉语国际教育博士层次人才培养的现状

（一）语言学及应用语言学专业博士（对外汉语及相关方向）

朱瑞平、冯丽萍等（2017）①调研我国高校汉语教学方面博士点的学科主要包括语言学及应用语言学、汉语言文字学。2000年开始设置语言学及应用语言学博士点并于2010年增加到7个。吴应辉（2018）指出已有11所高校招生语言学及应用语言学专业博士学位研究生（对外汉语及相关方向）②（见表1）。

表1 语言学及应用语言学专业博士学位招生单位

招生单位
北京大学、中国人民大学、北京语言大学、中国传媒大学、厦门大学、吉林大学、四川大学、北京师范大学、华东师范大学、陕西师范大学、上海师范大学

（二）相关院校自设汉语国际教育相关专业博士

自2008年起，中央民族大学等十余所高校自设二级学科博士点，方向为汉语国际教育相关专业博士。王祖嫘、吴应辉（2015）③就汉语国际教育博士招生培养情况进行梳理，2008年中央民族大学就在语言学及应用语言学二级学科下设立"汉语国际传播"研究方向，2012年在中文一级学科下设立"国际汉语教学"二级学科博士点，增设"汉语国际传播理论与实践"等研究方向（见表2）。

表2 汉语国际教育相关二级学科博士点设置

序号	招生单位	专业名称
1	厦门大学	汉语国际教育、汉语国际推广、对外汉语教学
2	华东师范大学	汉语国际教育
3	四川大学	汉语国际教育
4	上海外国语大学	汉语国际教育
5	北京语言大学	汉语国际教育
6	北京外国语大学	汉语国际教育
7	华中师范大学	对外汉语

---

① 朱瑞平，冯丽萍.全国对外汉语教学与汉语国际教育基本信息调研报告[M].北京：中国社会科学出版社，2017：297.
② 吴应辉.国际汉语师资需求的动态发展与国别差异[J].教育研究，2016，37（11）：144~149.
③ 王祖嫘，吴应辉.汉语国际传播发展报告（2011—2014）[J].新疆师范大学学报，2015，36（04）：92~99.

续表

序号	招生单位	专业名称
8	南京师范大学	对外汉语教学
9	山东大学	语言与文化传播
10	中央民族大学	国际汉语教学

（三）2018年试点院校招生教育博士汉语国际教育方向

2018年5月，教育部特批20个教育专业博士指标，在北京大学、天津师范大学等7所院校开始招生，具体见表3。2019年增至21所院校。2018年在教育专业博士下以汉语国际方向进行招生，2019年在教育专业博士下增设汉语国际教育方向进行招生。

表3　2018年教育专业博士汉语国际教育方向试点院校及招生人数

序号	招生单位	招生人数
1	北京大学	3人
2	东北师范大学	3人
3	华东师范大学	4人
4	华中师范大学	2人
5	陕西师范大学	2人
6	南京师范大学	2人
7	天津师范大学	4人

除此之外，从2015年开始，国家汉办"孔子新汉学计划"项目开始招收中外联合培养及来华攻读学位的博士生，因为大部分学生均非汉语国际教育专业，所以本文未将该项目列入目前汉语国际教育博士层次人才培养范围内。

二、传统汉语国际教育领域博士人才培养的特点

（一）培养方向主要集中在与汉语教学相关的汉语本体领域

国内对外汉语教学领域第一位博士生导师赵金铭先生，针对对外汉语博士生培养提出"首先要把握住汉语的特点，把汉语研究透，不能以己昏昏而使人昭昭"。[①] 在

---

① 赵金铭.忆我校获批全国第一个对外汉语教学博士点前后 [EB/OL]. http://news.blcu.edu.cn/c/2017-07-07/485758.shtml.

后来的招生简章中,赵先生把他的方向明确为:对外汉语教学·语法研究。后来增补的一些博士生导师也延续这一传统。这一时期博士研究生的论文选题,"多为从汉语教学实际出发,发现问题,结合教学实际进行分析研究,并将研究成果反馈到教学之中"。

(二)培养目标以学术研究为主

北京大学在这一时期也培养了大批博士人才。以北京大学对外汉语教育学院公布的博士生培养的研究方向、内容与特色介绍为例,可以看出北大的博士生培养主要以汉语作为第二语言的本体研究、习得研究以及教学研究。教学方面的研究主要集中在汉语作为第二语言的教学历史、教学理论与方法、教材、测试与教育技术应用等问题,可以看出培养目标主要以学术研究为主(见表4)。

表4 北京大学博士生培养的方向、内容及特色[①]

序号	研究方向名称	主要研究内容、特色与意义
1	汉语第二语言·语言研究	本方向从汉语第二语言教学的视角研究汉语语言各要素的特点、规律及其在教学中的应用原则,并探讨汉语语言要素教学体系的构建等问题
2	汉语第二语言·教学研究	本方向研究汉语第二语言教学历史、教学理论与方法,以及教材、测试与教育技术应用等问题
3	汉语第二语言·习得研究	本方向研究汉语第二语言习得过程、影响因素及习得规律,并探讨汉语第二语言习得理论构建等问题

(三)博士点学科偏少,难以满足人才培养的需求

这一时期博士点偏少,难以满足人才培养的需求。朱瑞平、冯丽萍(2017)调查指出当前博士点学科偏少,应适当增加专业学科,使之多样化,以满足对外汉语教学及汉语国际教育人才培养不同方面的需求。2014年之后各校的自设专业也存在类似问题。孔子学院的蓬勃发展不仅需要掌握汉语教学、语言本体研究的专业人才,更需要大批具有丰富实践经验、管理能力、跨文化沟通能力的高层次人才。

---

① 北京大学对外汉语教育学院.北京大学2017级语言学及应用语言学博士研究生培养方案[Z].2017.

三、时代、学科发展对人才培养的新要求

(一)孔子学院发展对高层次实践型人才的需求不断攀升

2006年,许琳[①]针对汉语国际教育的形势,提出了汉语国际教育事业六个转变。2017年10月,马箭飞[②]提出四个新的转变。截至2018年12月,我国已在全世界154个国家和地区设立了548所孔子学院、1193个孔子课堂和5665个汉语教学点,全球170多个国家开设了汉语课堂或汉语专业,全球汉语学习人数攀升至1亿。2022年已有76个国家将汉语教学纳入国民教育体系。汉语国际教育事业的蓬勃发展,对高层次人才的需求越发强烈,尤其是具有较强汉语国际教育实践能力的高层次人才。

(二)学科发展需要高素质的跨学科人才

2007年汉语国际教育专业硕士获国务院学位办批准成立。2013年教育部本科目录把原"对外汉语""中国语言文化"和"中国学"合并为"汉语国际教育"专业。截至2021年,汉语国际教育硕士专业学位培养院校总数已经从2007年的24所增加到196所,每年招收中外学生近万人。2021年国务院学位委员会开展学科目录修订,在《博士、硕士学位授予和人才培养学科专业目录(征求意见稿)》中将汉语国际教育专业更名为国际中文教育。日益增长的本科及专业硕士发展规模对具有博士学位和丰富教学经验的任课教师、指导教师也提出了更多需求。

(三)海外汉语热需要高层次实践型人才

根据教育部2018年3月30日发布的信息,2017年共有48.92万名外国留学生在中国高等院校学习,规模增速连续两年保持在10%以上,其中学历生24.15万人,占总数的49.38%。这需要更多高层次实践型汉语教师。据原国家汉办统计,全球100多个国家的2300多所大学开设汉语课程,其中大多数院校都缺乏合格的汉语教师,众多国家向孔子学院总部申请派遣高层次汉语教师和教学顾问。

四、国内外相关专业博士培养的经验值得借鉴

(一)国内专业学位博士层次人才培养取得一定经验

近年来,中央民族大学等院校,努力探索汉语国际教育博士层次实践型人才的培

---

① 许琳.汉语加速走向世界是件大好事[J].语言文字应用,2006,S1:9~13.
② 马箭飞.延续"汉语热"要实现四个转变[N].光明日报,2017-10-28(9).

养，先后培养了数百名汉语国际教育领域的博士，积累了宝贵的经验。在探索高层次职业人才培养的过程中，北京师范大学、华东师范大学等院校与境外著名高校开展联合培养，如纽约大学、俄亥俄州立大学、爱荷华大学等，吸收境外优质教育资源。这些合作探索经验为未来专业博士学位的发展奠定了良好基础。此外，我国已开设的教育学、兽医、临床医学、口腔医学等领域的博士专业学位教育所取得的经验，也可为国际中文教育领域博士专业学位提供借鉴。

（二）国外专业博士设置及人才培养经验可资借鉴

马爱民（2013）[1]介绍，从1921年哈佛大学开始开设教育博士专业学位以来，教育博士专业学位先后在美国、澳大利亚、英国、爱尔兰等多个发达国家和地区开设。教育博士专业学位教育的宝贵经验，可供国际中文教育专业领域学习和借鉴。李晓琪等（2002）[2]介绍了英语、日语第二语言教学学科的发展情况。如英国较早开设TESOL专业，招生院校超过35所。美国从20世纪60年代起开始设置TESOL专业，招生学校超过160所。加拿大、澳大利亚等国家也均培养不同层次的TESOL教师。日本、法国和德国在二语师资培养方面积累了很多经验，均有数十所高校培养对外日语、法语、德语教学方面的硕士、博士生。

五、对国际中文教育专业博士培养的思考

2012年，艾红培[3]提出尽快设立汉语国际教育博士专业。仇鑫奕（2015）[4]提出应建立汉语国际教育领域的高层次人才培养平台，专门培养当前海外亟须的汉语国际教育领域高层次人才。吴应辉（2016）[5]提出着力培养可满足高端需求的"超本土"师资。围绕汉语国际教育专业博士的招生、培养，李宝贵（2019）[6]对19所高校招生简章进行文本分析，杨薇、陈媛媛、钟英华（2022）[7]对近十年来的博士论文选题和研究方法进行研究。2020年12月22日，天津师范大学举办了全国汉语国际教育领域博士专业学位研究生培养模式研讨会，在会上马箭飞指出尽快解决汉语国际教育博士类别专业学位科学设置问题。

---

[1] 马爱民.国际比较视野下的教育博士发展研究［D］.华东师范大学博士论文，2013.
[2] 李晓琪，等.英语、日语、汉语第二语言教学学科研究［M］.北京：中国大百科全书出版社，2002.
[3] 艾红培.设立汉语国际教育博士专业之我见［J］.大学教育，2012，1（06）：24~25.
[4] 仇鑫奕.汉语国际教育高端人才培养平台构建思路［J］.研究生教育研究，2015（2）：74~78.
[5] 吴应辉.国际汉语师资需求的动态发展与国别差异［J］.教育研究，2016，37（11）：144~149.
[6] 李宝贵.教育博士专业学位研究生招生问题的透视与改进——以汉语国际教育领域为例［J］.教育科学，2019，35（05）：82-91.
[7] 杨薇，陈媛媛，钟英华.国际中文教育相关领域博士学位论文选题及研究方法分析［J］.四川师范大学学报（社会科学版），2022，49（03）：138—145.

长期在教育专业博士下设方向培养博士生，不利于学科的发展与专业建设。2021年国务院学位委员会开展学科目录修订，将汉语国际教育专业更名为国际中文教育，使得国际中文教育博士专业学位独立设置的目标即将实现。结合《汉语国际教育博士专业学位设置方案（讨论稿）》[①]，针对未来建设发展国际中文教育博士专业学位提出如下建议：

（一）国际中文教育专业博士的培养要以需求为导向

以需求为导向指要面向国家重大发展战略需求、行业产业的重大需求等。国际中文教育专业博士的培养应以外籍学生为主，争取做到定向培养，招生一般应来自长期在海外汉语教学一线，具有丰富汉语教学管理经验与实践经历的人才。

（二）培养目标应从研究型转为高层次、复合型、应用型

要从传统的语言学及应用语言学下的对外汉语教学方向培养的针对汉语本体及语言教学的研究型人才，转变为培养能够适应汉语国际教育和中华文化传播发展需求的高层次、复合型、应用型高级人才。

（三）培养过程应从重视研究能力转为重视实践能力

国际中文教育专业博士学位获得者不仅应具有一定的研究能力，更应具备胜任汉语教学、管理以及中华文化传播等领域复杂工作的实践能力。在培养过程中，要着重培养学生发现问题、研究问题进而解决问题的行动能力。

（四）培养过程应重视课程体系、培养方式及课堂教学的变革

课程体系应符合国际中文教育、中华文化传播和孔子学院发展的需要。课程内容应反映汉语国际教育和中华文化传播在理论和实践方面的最新成果。课程结构应体现综合性、研究性、实用性特征。课程教学应重视运用专题研讨、案例分析等多样化方法，综合采用慕课、翻转课堂、网络平台等信息技术手段进行课堂教学变革。

（五）学位论文应着眼于解决具有现实意义和应用价值的问题

学位论文选题应具有创新性，应主要来源于当前国际中文教育和中华文化传播实践中具有现实意义、理论意义和应用价值的问题，能够反映学位申请人综合运用相关理论和科学方法研究与解决汉语国际教育和中华文化传播实践性问题的能力。

---

① 全国汉语国际教育专业学位研究生教育指导委员会秘书处.汉语国际教育博士专业学位设置方案（讨论稿）[Z].2018.

（六）国际中文教育专业博士的建设发展应有精品意识

建设发展过程中要有精品意识，应控制规模、适度发展、重点监控，力求培养适应时代发展、满足多方需求的高层次人才。

参考文献

［1］艾红培．设立汉语国际教育博士专业之我见［J］．大学教育，2012，1（06）：24~25．

［2］北京大学对外汉语教育学院．北京大学2017级语言学及应用语言学博士研究生培养方案［Z］.2017．

［3］仇鑫奕．汉语国际教育高端人才培养平台构建思路［J］．研究生教育研究，2015（2）：74~78．

［4］国家汉办．关于做好2018年汉语国际教育方向教育博士专业学位研究生招生工作的函［Z］.2018．

［5］孔子学院发展规划（2012—2020年）［N］．光明日报，2013-2-28（7）．

［6］李宝贵．教育博士专业学位研究生招生问题的透视与改进——以汉语国际教育领域为例［J］．教育科学，2019，35（05）：82-91．

［7］李晓琪，等．英语、日语、汉语第二语言教学学科研究［M］．北京：中国大百科全书出版社，2002．

［8］马爱民．国际比较视野下的教育博士发展研究［D］．华东师范大学博士论文，2013．

［9］马箭飞．延续"汉语热"要实现四个转变［N］．光明日报，2017-10-28（9）．

［10］马箭飞．办好孔子学院 贡献中国智慧［N］．中国教育报，2018-1-24（1）．

［11］全国汉语国际教育专业学位研究生教育指导委员会秘书处．汉语国际教育博士专业学位设置方案（讨论稿）［Z］.2018．

［12］杨薇，陈媛媛，钟英华．国际中文教育相关领域博士学位论文选题及研究方法分析［J］．四川师范大学学报（社会科学版），2022，49（03）：138~145．

［13］王祖嫘，吴应辉．汉语国际传播发展报告（2011—2014）［J］．新疆师范大学学报，2015，36（04）：92~99．

［14］吴琳．推动国际交流——访大连外国语大学校长刘宏代表［N］．光明日报，2018-3-9（7）．

［15］吴应辉．国际汉语教学学科建设及汉语国际传播研究探讨［J］．语言文字应用，2010（3）：35~42．

［16］吴应辉.国际汉语师资需求的动态发展与国别差异［J］.教育研究，2016，37（11）：144~149.

［17］吴应辉.国际汉语师资培养中存在的突出问题与解决方案［C］//黉门论坛会议论文［A］.北京大学，2018.

［18］许琳.汉语加速走向世界是件大好事［J］.语言文字应用，2006，S1：9~13.

［19］赵金铭.忆我校获批全国第一个对外汉语教学博士点前后［EB/OL］.http://news.blcu.edu.cn/c/2017-07-07/485758.shtml.

［20］朱瑞平，冯丽萍.全国对外汉语教学与汉语国际教育基本信息调研报告［M］.北京：中国社会科学出版社，2017：297.

教师发展与师资队伍建设

高校非通用语青年教师专业发展困境与对策

马媛也

北京第二外国语学院　欧洲学院

摘　要：随着"一带一路"倡议的提出，我国对于非通用语专业人才的需求逐渐增加。同时，越来越多的高校开设了相关专业，非通用语青年教师作为教学工作的生力军，肩负着重要责任。因此对于非通用语青年教师专业发展中面临的困境进行研究具有重大意义。本文将对非通用语青年教师普遍面临的"课程思政能力""教学设计与实施能力""教学反思与创新能力""职业生涯规划与成长发展能力"等一系列问题进行探讨与分析，为解决非通用语青年教师所面临的困境寻求对策。

关键词：非通用语；青年教师；专业发展

前言

自我国改革开放以来，对外交流日益频繁。为更好服务国家战略，推动"一带一路"倡议的发展建设，培养高水平、高质量非通用语人才具有重大意义。受历史因素制约，在非通用语专业诞生之初的首批、第二批非通用语教师陆续退出教学阵地，非通用语青年教师逐渐走上教学岗位，承担起培养具有复合型知识、国际化视野、多元化文化素养非通用语人才的重任。然而，受教学经验不足、知识结构不完善、思想政治水平不够、学历层次较低等一系列因素制约，高校非通用语青年教师的专业发展道路上还存在亟须解决的障碍。[①]

一、高校非通用语青年教师专业发展困境

非通用语的含义一般有两种：一种指除联合国通用的语种（英语、中文、俄语、法语、阿拉伯语、西班牙语）以外的所有语种；第二种是指我国教育部2000年初发出的《关于申报外语非通用语种本科人才培养基地的通知》中所指的除英、日、俄、法、德、

[①] 许纯洁."一带一路"背景下非通用语人才培养的实践困境及其突破[J].西北成人教育学院学报，2019(04)：40-44.

阿（阿拉伯）、西（西班牙）等7语种以外的语种。这些非通用语一般都是世界上单个国家或地区所使用的语言。本文所涉及的非通用语指第二种类别。①而在大部分研究中，高校青年教师一般指年龄40岁以下、在高校担任教学科研工作的教师。②因此，高校非通用语青年教师是指40岁以下、在高校从事非通用语教学科研工作的教师。

本文将根据《中华人民共和国高等教育法》《新时代高校教师职业行为十项准则》等法律法规对于高校教师的要求，从"课程思政能力""教学设计与实施能力""教学反思与创新能力""职业生涯规划与成长发展能力"四个方面对高校非通用语青年教师专业发展困境及对策进行探讨。③

1. 课程思政能力

习近平总书记在2018年召开的全国教育大会上指出："我国是中国共产党领导的社会主义国家，这就决定了我们的教育必须把培养社会主义建设者和接班人作为根本任务，培养一代又一代拥护中国共产党领导和我国社会主义制度、立志为中国特色社会主义奋斗终身的有用人才。这是教育工作的根本任务，也是教育现代化的方向目标。"④为达成"全员全过程全方位育人"的目标，把思想政治教育融入教学工作这一任务刻不容缓。教师作为传播知识、传播思想、塑造灵魂的载体，肩负着重要责任。然而，高校非通用语青年教师加入教师队伍时间较短，教学经验不足，思政工作进课堂的实施还面临着一些困难。一项问卷调查显示，高校青年教师个人思想政治健康，爱国思想强烈，政治立场坚定，能够自觉肩负教书育人使命与立德树人任务，但思想政治工作的现有困境不容忽视。⑤首先，非通用语青年教师在求学过程中接受的教育多为外国语言、文学、历史等内容，对我国传统文化、民族精神、历史发展的认识不足。其次，大部分非通用语青年教师都有过出国留学经历，甚至整个高等教育阶段都是在国外完成的，更容易受到国外思想的影响，更容易存在政治理论知识与政治理想信念匮乏的情况。此外，部分非通用语青年教师对于课程思政工作的实施能力不足，不知道如何将思政内容与课堂知识有机融合，只能机械化地在课堂上插入思政教学，这样不仅难以达到培养学生良好品德的目的，甚至导致学生对课堂教学产生反感、抵触情绪。

---

① 杨晓京，佟加蒙．中国非通用语人才培养现状及发展对策研究［J］．世界教育信息，2008（05）：58-62．
② 刘朝锋，张梦雅．高校青年教师教学专业发展问题与对策研究［J］．文化产业，2022（06）：160-162．
③ 肖一冰，孙大永．新时代高校青年教师教学专业能力发展体系构建［J］．中国现代教育装备，2021（23）：163-165+183．
④ 中华人民共和国教育部，http://www.moe.gov.cn/jyb_xwfb/s6052/moe_838/201809/t20180910_348145.html，（2022-6-25）．
⑤ 云兵兵，马国超，王景波．新形势下加强和改进高校青年教师思想政治工作对策研究［J］．大学教育，2021（03）：155-157．

2. 教学设计与实施能力

（1）缺乏教学技能的培训与指导

一般来讲，大部分非通用语青年教师均毕业于国内外以外语为特色专业的高校，主修外国语言文学等相关专业。虽然在近年来外国语言文学专业得到了一定规模的发展，逐渐走向国际化、复合型、复语型结合的培养方向，但受各方面条件的制约，该类专业还存在着课程设置类型单调、师资力量不足、教学方法单一等一系列问题。这导致大多数非通用语青年教师在走上教学岗位之前只接受过大量的语言培训，并未受到过教学理论学习、教学技巧、岗前实习等方面的专业指导，使得该类教师在课堂教学工作的开展上面临着诸多问题。

（2）课程建设压力大

青年教师在工作岗位上处于较弱势地位，缺乏经验，能力不足，一般都需要承担较为繁重的教学工作。在当前这个深化教育改革的重要时期，党和国家对于非通用语人才提出了新的要求。外国语言文学类专业教学指导委员会对于外语类专业的教学质量标准做出了规定，要求各高校以学生为中心，细化人才培养目标，根据具体目标制定课程体系，升级教学环节，提高对学生的素质要求，以建立起产出型、能力导向型的外语教学活动。① 在以往的非通用语教学活动中，大多是对学生的听、说、读、写技能进行系统训练，更重视语言技能，忽视对于对象国文化、文学、艺术、历史、地理、政治、经济等方面知识的培养。所以导致青年非通用语教师的知识结构相对单薄，理论水平有限，实践能力不足，很难满足国家对于非通用语学习者的要求。而在当下要求的驱使下，高校的语言类专业课程设置愈加丰富，对于学生毕业的要求越来越高，青年教师在教学设计以及实施问题上必然面临着更大的压力。

3. 教学反思与创新能力

（1）缺乏教学反思能力

虽然随着"一带一路"倡议的提出，越来越多的国内高校加入了非通用语建设工作之中，开设的语种也愈加丰富，但与在社会上认知度较高、发展较为成熟的专业相比，非通用语专业还属于冷门专业。一部分学生在选择相关专业时比较迷茫，往往只凭借网络平台上对于该国家碎片化的报道选择了此专业，对语言学习的了解程度较低，这就导致学生在语言学习过程中缺乏源动力，在学习过程中发现语言学习的难度远远高于自己的预期，从而产生畏难、逃避甚至抵触心理，对学习效果产生较大的负面影响。面对此类情况，青年非通用语教师缺乏经验，教学手段、方法、策略掌握不足，导致在教学反思环节难以发掘出高效的解决方法，甚至会出现自我怀疑，自我否定等一系列情况，难以构建教师的职业认同感，更难以通过教学反思工作达到教学能力提升的目标。

---

① 钟美荪. 实施本科教学质量国家标准，推进外语类专业教学改革与发展 [J]. 外语界，2015（02）：2-6.

（2）缺乏更加广阔的视野与创新能力

为了更好地服务我国对外交流与合作，2018年，教育部高等学校教育指导委员会编订的《高等学校外语类专业本科教学质量国家标准》中对于外语类专业的培养规格提出了新的要求，要求外语类专业学生应具有中国情怀和国际视野、人文素养和科学素养，掌握外国语言知识、文学知识、国别区域知识，更要熟悉中国语言文化知识，形成跨学科知识结构，要具备运用外语的能力，文化赏析的能力，跨文化交际的能力，思辨能力，研究、创新能力，应用信息技术的能力以及一定的实践能力。而对专业核心课程的要求也进行了升级，对于非通用语专业来讲，不仅要包含听、说、读、写、译等语言技能训练课程，还要包含外国语言学、外国文学、翻译学、比较文学与跨文化研究以及国别区域研究方向的基础课程。[①]青年非通用语教师作为教学工作的发起者，需要对教学改革做出积极的响应，更需要开阔视野，避免将自己定位成只从事语言教学工作的外语教师，而是要力争成为同时具有外语专业知识、国际化视野、跨文化能力、国别区域研究能力的专业教师。

4. 职业生涯规划与成长发展能力

受到历史原因限制，非通用语教师的学历结构还有待优化。尽管各大高校采取引进高学历人才、在岗培养、要求教师进行深造、派遣教师出国访问学习等措施提升非通用语教师的学历层次，具有研究生学历的非通用语教师数量逐年增加，但博士及以上学历的教师比例仍然有限。[②]青年教师自身知识结构是能力发展的基础，也是高校教学水平的重要前提。[③]此外，当下高校人事改革制度改变了原有的"终身制"，提倡"聘任制"，部分高校对新入职教师采取"非升即走"的制度，而对于非通用语青年教师来讲，部分高校也对于新入职教师采取了"非博即走"的制度，要求新入职非通用语教师在固定年限内考取博士学位。固然，这一要求能够推动青年教师在进入高校教学体系之后尽快提升自身学历层次与知识水平，提升教师的学术素养与科研能力，然而，如今国内大部分非通用语专业都未开设相关专业的硕士点以及博士点，非通用语青年教师只能选择跨专业攻读博士学位。从一方面来讲，跨专业深造能够拓宽青年教师的知识面，促进自身语言专业与其他专业的结合，有利于复合型专业人才的发展。但另一方面，可供非通用语青年教师选择的专业有限，竞争较为激烈，这也是当下面临的重要问题。

---

① 教育部高等学校教学指导委员会.普通高等学校本科专业类教学质量国家标准[M].北京：高等教育出版社，2018：92-93.

② 许纯洁."一带一路"背景下非通用语人才培养的实践困境及其突破[J].西北成人教育学院学报，2019（04）：40-44.

③ 赵清贺.高校青年教师教学能力影响因素及培养对策[J].教育教学论坛，2021（11）：121-124.

二、高校非通用语青年教师专业发展对策

1. 课程思政能力的培养

习近平总书记强调:"教师思想政治状况具有很强的示范性。要坚持教育者先受教育,让教师更好担当起学生健康成长指导者和引路人的责任。"非通用语青年教师应以习近平新时代中国特色社会主义思想为指导,提升自身政治素养,认真落实党的教育方针。各高校应加强对于非通用语青年教师思想政治工作的指导,建立完善的考核体系,对教师政治理论学习的时间与成果做出具体要求。组织非通用语青年教师参加课程思政教学工作坊,邀请各类专业课程思政教学工作先进团队、个人进行教学展示,发挥榜样的示范作用,指导青年教师探索课堂思政的设计与实施方法,从而争取做到"润物细无声"地将思政教育落实到每一名学生身上。

2. 教学设计与实施能力的培养

虽然大部分青年教师在进入教学岗位后都接受了以高等教育心理学、高等教育学、高等教育法规概述、高等学校教师职业道德修养为主要内容的高校教师岗前培训,但培训时间较短且并未达成系统性培养教学能力的目标。所以非通用语青年教师应在提升自身语言教学能力的同时注重教学理论、方法、技巧的学习。高校也应为青年教师制订长期性、多元化、系统性、针对性的教学培训方案,助力青年教师教学能力的提升。此外,应面向非通用语青年教师建立并发展"导师制度",安排相关专业经验丰富的优秀导师开展"传、帮、带"行动,邀请导师对青年教师进行评课、改课、磨课等帮助,以切实行动助力青年教师能力发展。

3. 教学反思与创新能力的培养

教学反思是教学活动中的重要一环,它既可以是教师对于自身课堂表现的反思活动,也可以是对他人课堂教学、理论知识的交流学习。进行教学反思有利于帮助教师发现教学中存在的问题,改进教学过程中的不足,以达到更高的教学质量。非通用语学习的过程一般都是从零起点开始,在学习初期采用"非通用语+学生母语"或"非通用语+英语"的组合来进行课堂教学,随着学习难度的增加与学习内容的丰富,逐渐增大非通用语在课堂上的比例。这就意味着教师需要保证每节课的教学内容都能被学生理解并掌握,否则会直接影响后续教学质量。此外,语言学习通常来讲都被认为是一个较为枯燥、乏味的过程,非通用语教师需要格外注重课堂上教学内容、课堂氛围、活动设计、多媒体资源综合作用的教学效果。因此,非通用语青年教师应采取录制课堂教学过程、邀请资深教师旁听、听取学生意见等方式发现并改正自身问题。

而创新能力更是非通用语青年教师能力发展的必要条件,传统的语言教学无法满足国家对语言人才的更高要求,这意味着非通用语青年教师需要锻炼自身整合网络资源与语言材料的能力,主动对课堂教学材料、教学方法、教学手段、教学目标等多方面内容

进行改革创新。

4. 职业生涯规划与成长发展能力的培养

许多非通用语青年教师都面临着知识结构较为单一的情况，所以，需要在熟练掌握目的语词汇、语法、语音、语用等语言知识的基础上，丰富自身知识结构，深入学习对象国文化知识，探索对象国历史、地理、文化、文学、社会、政治、经济等多方面元素，融合语言学习与知识学习，重视自身语用能力、跨文化能力、思辨能力的发展。此外，非通用语青年教师要理性认识提升自身学历水平和学术能力的重要性与急迫性，要明白教师的学术素养不仅影响着自身科研能力，更决定着教书育人的水平，要把学习进修当作职业生涯规划的重要一环。此外，高校需要考虑到非通用语青年教师在学历升级上面临着限制因素较多、发展方向不清晰、竞争压力大等问题，在要求非通用语教师学历升级的同时也要加大支持力度，提供专业指导，充分利用高校自身平台为青年教师拓宽成长路径。①

结语

当下，是非通用语专业培养目标向"复合型""复语型"转变的关键时期。各大高校基于《高等学校外语类专业本科教学质量国家标准》中对于外语类专业培养具有良好素质、扎实的语言基本功与专业知识，适应我国对外交流、国家和地方经济社会发展、外语教育和学术研究需要的各外语语种专业人才和复合型外语人才的基本要求，结合自身办学定位，制订了个性化的人才培养目标。②以北京第二外国语学院为例，作为一所以外语和旅游为优势特色学科、多学科门类协调发展的高校，北京第二外国语学院设有31个语种专业，坚持以服务国家战略和首都需求为导向，以培养"多语种复语、跨专业复合"的具有家国情怀、国际视野的国际化、复合型人才为根本任务。③青年非通用语教师作为高校教学工作的生力军，需要突破困境，寻求发展，才能达成为社会、为国家培养出复合型人才的重要任务。

上述问题难以凭借个人之力解决，需要广大高校与教师协同合作、积极探索，才能实现非通用语青年教师专业发展目标。

---

① 杨晓京，佟加蒙.中国非通用语人才培养现状及发展对策研究［J］.世界教育信息，2008（05）：58-62.
② 教育部高等学校教学指导委员会.普通高等学校本科专业类教学质量国家标准［M］.北京：高等教育出版社，2018：92-93.
③ 北京第二外国语学院官方网站.学校简介.https://www.bisu.edu.cn/col/col9929/index.html，（2022-6-25）.

基于教师可持续发展的高校教师发展中心建设创新路径研究[①]

王秀彦[②]　王静[③]

北京第二外国语学院

2016年起,各高校积极响应教育部要求与号召,陆续成立教师发展中心。北二外教师发展中心将师德建设与评聘考核紧密结合、把教师发展与教师评价有机融合,做出了一些受广大教师喜爱并信任的工作,带动了整体教师队伍实现了政治站位不断提高、师德师风持续优化、育人能力全面进步,也为师资队伍建设工作提供了崭新视角与更多素材,实现高校教师可持续发展培养体系的多元化、标准化、体系化。

一、长远布局教师工作,确立中心职能定位

二外教师发展中心工作由党委组织人事部统筹,与党委教师工作部合力共抓教职工的政治素质、师德师风、专业发展等全面德能水平提升工作,下大力气推动全校教职工深入学习习近平中国特色社会主义思想和教育理论重要论述常态化学习,精准贯彻市教委历年教师工作要点,坚持把握政治大局、树好师德大旗、成就教师发展、托举学生成才、助推学校改革、奉献首都建设的"六位一体"师资队伍建设方针,贯彻党管人才、党育人才、为国树人、德能提升、身心平衡的教师人才培养理念,全面推行"教师发展3+7"体系化工程,培养具备过硬的政治素质、高尚的道德情操、深厚的人文与科学素养、卓越的教学水平、突出的科研能力、成熟的学术合作、平衡的身心健康等7方面的素养的高水平、专业化的教师队伍,引领青年教师、锻炼管理干部、培育教学名师、激励学术明星、打造学科领袖,有重点、分步骤、全覆盖,把新教师入职宣誓中的"立德树人坚守初心,为国育才勇于担当"16字誓言落实到教书育人、学术研究、学科建设、社会服务四大任务中,为建设具有鲜明首都特色的高水平外国语大学提供有力支撑。

[①] 本文系2022年国家社科基金高校思想政治理论课研究专项"新时代高校思政课教师胜任力优化路径研究"(项目号:22VSZ061)。

[②] 王秀彦,女,教授,博士生导师,北京第二外国语学院党委副书记。

[③] 王静,女,北京第二外国语学院教师发展中心副研究员。

二、对标首都建设需求,规划教师发展体系

(一)学校统一思想,明确工作重点

首都高校肩负着促进中国高等教育事业长足发展的共同使命,也因在专业学科内与首都各行业的积极联动、参与国际科技文化交往、媒体信息交互的频率、机会远高于地方高校,对首都"四个中心建设"有特殊且直接的贡献。学校高度重视,统一思想,全力保障,师资管理部门一直坚持主动深入钻研习近平总书记的重要教育论述和市教委教师工作的政策法规,把专家型教师、教育家型教师的发现、引聘、培育、评价、发展作为一项具有规律性、系统性的工程来抓细抓好抓实,以建成有特色、有成效、可复制的工作机制为目标,发挥好首都高校对"四个中心建设"的切实助推力。

首都"四个中心建设"	人文基础课程上台阶	专业设置与人员编制设定同教学、科研、学科各任务板块的系统性、整体性、协同性	1. 引才、育才、用才、团队搭建 2. 师资结构建设与专业结构建设、学科发展方向的高度统一	规律性、系统性教师队伍建设工程
	哲学社会科学课程思政上水平			
	学科交叉融合上层次			

(二)健全机构体制设置,加大制度保障力度

1. 狠抓教师政治站位,构建"大教师"工作格局

党委教师工作部、教师发展中心齐抓共管,为教师思想政治和师德建设提供坚强组织保障,努力构建学校集中统一领导,党政齐抓共管,把"压舱石"压实压紧,教师工作部统筹协调,各部门履职尽责、协同配合的大教师工作格局。出台《加强和改进基层党组织在教师队伍建设中发挥主导作用的实施意见》《教职工党支部把好政治关、师德关的实施办法》《教职工政治理论学习制度》等文件,实施教师党支部书记"双带头人"培育工程,定期开展教师党支部书记轮训,提高政治能力和政治本领。

2. 在意识形态监管引导下建立教师发展多元化体系

切实把握教师群体的思想脉搏,每学期深入基层开展教师思想动态调研,贯彻落实校领导联系教授工作制度,持续开展青年教师导师制培养,为160余名青年教师与老教师结对子,加强教师思想引领和动态管理,瞄准师德建设目标、树立师德正面形象、对症设计培训内容、查堵消除舆情风险,教师发展多元化体系实现"榜样"与"警示"的内容相结合、引导与监督的手段两手抓。德能双提升融合的具体工作方法将在工作方法环节介绍。

三、二外教师发展中心工作方法

（一）自主发力，大胆探索

为了充分发挥教师立德树人使命、促进首都建设目标实现与学校发展，遵照教师的成长时间轴铺设高尚师德养成、专业能力递进的培训体系，由学校领导、教学名师、骨干教师亲身讲述、讲好师德榜样故事，分析师德失范成因及后果，邀请专家主讲系列成长知识——职业身份认同与教师形象构建、师生交流技巧与学业辅导技能、科学用嗓与教学语言使用、慕课制作与信息化教育技术、教育改革与高校教师教学工作开展、国家级课题与高质量学术成果建设、学术论文与咨政成果写作、成果转化与首都建设规划等专题讲座，极大开阔了广大教师的视野思维，提升了专业化能力，能够贴合学校与专业学科发展方向来凝聚个人发展定位，明确职业生涯规划步骤，学校与教师之间降低了沟通成本，减少了人事工作的摩擦消耗，提高了向心力、凝聚力与贡献力，发挥出教师发展中心润滑剂、加速器的特殊作用。

（二）借力用力，落实到位

教师发展中心积极发挥主动性与创新精神，快速了解优质高效的知识资源，主动对接北京市高师中心、北京市人力资源和社会保障局、国家教育行政学院、外研在线等学习平台，通过必学、选学、点学等多种方式，组织参加了岗前培训、北京市公共知识专题培训、管理干部综合素养提升、高校舆情引导与应对、课程思政融入金课教学、骨干教师科研能力与师德、名师大讲堂、教师情绪管理与职场心理调适等学习培训，全面系统学习高等教育学、高等教育心理学、高等教育法规概论等课程，累计超过30场次、2000人次，推动广大教师熟悉学界业界专家、掌握前沿先进理念、提高师德与能力水平，优化师风、教风、作风。

（三）创新合力，持续发展

1. 调动内部合力，坚持融会贯通

组织人事部发挥人力资源的工作方法与经验，几乎每个工作6年以上的同志都进行了部门内部、外部的多岗位锻炼，有教务处、科研处、离退休工作处、学工部工作经验，熟悉教师、了解教师的工作对象，具备一颗红心，掌握多种能力，能够对政策制度融会贯通。对岗位、编制、职称、评价、薪酬人事管理经验与教师政治素质、师德提升、专业发展管理的最佳融合点就是2021年11月成功举办了2021年全国外语高校师资年会。整理学习心得，在2022年工作计划中，增加了两个专门针对教师发展长效机制的创新点（教师德能培育与过程评价要素的设定、教师"造星"计划）。

2. 发挥校外合力，坚持拼搏精神

在 3 年中，教师发展中心组织了 5 场专题调训班，飞行里程超过 3 万公里，培训骨干教师、学科带头人、院系负责人、优秀党员教师代表、新教师等超过 120 人次，在 27 家国家级教师教学发展示范中心中，已经与清华大学、北京师范大学、浙江大学、厦门大学、西南交通大学等 5 所高校开展了合作高级研修班，正在与哈尔滨工业大学、中山大学等全国 13 所中组部培训基地中的领军高校商议 "院系负责人管理合作能力提升调训班" "青年教师专业成长高级研修班"，每班学习内容充实，学时超过 40 学时，学习内容包括国家教育政策、高校治理方法、教育改革路径、教学科研团队建设，贯彻 "师德学习在课堂、在理论、在路上" 三结合的方式，通过到红旗渠先进事迹教育基地、贵州革命纪念馆、"绿水青山" 南平生态银行建设实践馆、西南革命纪念馆、嘉兴红船纪念馆等真实生动记录党和国家光荣革命史、奋斗史的教育基地进行学习，"四史教育" 入眼、入脑、入心、入魂，使政治教育与师德培育能够浇铸教师灵魂，教书育人触及学生心灵，感召广大教师热爱党和国家、热爱学校集体、热爱教师职业、热爱专业学科、热爱创新奉献、关爱学生成长、关注社会发展、珍爱工作岗位、珍爱人格名誉、珍重团队情谊，教师思想政治教育、师德师风培育、综合专业发展的有机结合设计和春风化雨的培育方式，使得二外教师队伍呈现出日益浓厚的使命感、深厚的责任感、清醒的自律力，也造就了二外教师发展中心对广大教师的独特吸引力。

（四）以竞赛促能力，专项专题进阶

爱党爱国是使命，教书育人是根本。二外教师有一个 "不管东南西北风，牢记苦练基本功" 经典板书训练传统，外语专业及所有专业的教师都要分批参加教学板书与教案可视化训练。同时围绕历年北京市青年教师基本功大赛开办 "综合育人能力高阶训练营"，借力 "北京市青年管理干部技能大赛" 携手校工会、教务处、外事处等职能部门，邀请校内外专家、获比赛一等奖教师代表讲授课件制作、多媒体技术应用、教态仪表、科学发声、考试设计、学业辅导、管理沟通、突发应急事件管理等能力。"双青赛" 的应赛专项训练营既为学校与教师赢得了荣誉，锻炼了队伍，更是激发了鲇鱼效应，标杆竖起来，奖励跟到位，充分将教师发展过程评价要素与教师岗位职称评价杠杆作用发挥到最佳效应，以 "大师资" 管理模式，成就 "大先生" 培养目标。

（五）摸准发展规律，开展教师研究

党委组织人事部是一个团结奋进的学习型、研究型团队，教师发展中心既是积极落实这一风格理念的机构，也是贡献这一宝贵的组织文化的重要分支。在短短 3 年内，实现了对教学岗、管理岗、专技岗、工勤岗的全面覆盖且超过 3 轮的培育培养，用脚步丈量了拥有鲜活英雄事迹的祖国大地，更新 7 版师德师风建设学习资料汇编，出版了 4 部

"教师发展研究"论文集,在《北京教育》上发表了师资队伍建设专题"刊中刊"论文专版,以成果形式巩固了师德师风建设、教师发展实践与研究经验,形成了具有学校特点的鲜明风格。

1. **不怕教师发展中的"针对性问题之难"**

非通用语教师座谈会解决"出成果难""评职称难""搞合作难"的问题,给出对策是"畅通咨政通道,搭建合作平台,实现外语+国际政治+方式",让每个专业的老师都有路子好走,有特色可建,有未来可期。

2. **不怕教师群体"需求层次差异之难"**

第一期教师综合素质训练营开办,贯培学院青年教师自发踊跃参加,凌晨4点从延庆赶来全程参加培训,于是从第二期、第三期开始,教师发展中心组织专家队伍"上门送学",专门针对职业教育教师的发展问题,以及年龄、学历、专业等特点,请到非常具有亲和力的北师大刘美凤教授讲解"吸引学生的教学设计方法"、庞海芍教授主讲"以学生为中心的教学理念与策略"、祝智庭专家主讲"人工智能技术在外语教育中的应用",坚持"教师发展中心不放弃,所有教师不掉队"的信念,关心教师群体与个体的不同需求,兼顾共同性、差异性,实现高等教育阶段教师、职业教育阶段教师的全员发展。

结语

这三年来,北二外教师发展中心得到的支持多、帮助多,同时遇到的问题多、难题大,教师发展中心团队始终抱着朴素的热情、单纯的坚守、不变的初心,方法多想,路子多闯,有方法、有目标、有原则、有底线。教师教育与发展体系,始于爱的传递与奉献的接续,成于制度建设与规范管理,达于弘扬师德、精进师能。

贴近教师、关爱教师、了解教师,才能找到深化教师考核评价改革的关键节点,充分发挥激励导向作用,按照习近平总书记注重一分为二地看问题、实事求是地解决问题的唯物辩证法要求,形成了"夯土机"与"指挥棒"辩证统一的工作机制,实现师资队伍建设一盘棋,局局有新意,招招有实效。

参考文献

[1] 鲁峰. 构建德能兼优型教师队伍[J]. 河南教育(教师教育), 2021(11): 40.

疫情防控常态化下高校教师心理健康维护面临的挑战与应对

——以北京某高校为例

肖敏

北京第二外国语学院

摘　要：疫情防控常态化背景下，高校教师心理健康维护工作呈现出新的特点，面临着新的挑战，这也对高校教师心理健康的关注和保障工作提出了更迫切的要求。面对高校教师心理健康的现状及需求，高校就如何关爱教师，如何做好教师心理维护的前瞻性工作，如何做好保障性措施的落实，如何帮助教师平衡好工作、生活、科研等方面的压力，建立平稳、健康的心理状态，成为当前高校教师健康工作中亟须解决的问题。本文在某高校教师心理状况调研的基础上，分析了疫情防控常态化下教师存在的主要心理困扰及原因，分析高校教师心理维护面对的挑战，从而提出应对举措。

关键词：疫情防控常态化；高校教师；心理健康维护；挑战与应对

2020年，一场突如其来的新冠肺炎疫情，影响了全球200多个国家和地区，成为国际最为关注的突发公共卫生事件。以习近平同志为核心的党中央带领14亿中国人民打响了一场疫情防控人民战争、总体战、阻击战，保护了人民生命安全和身体健康[1]。实施新冠肺炎疫情防控常态化后，高等院校转为封闭式或半封闭式管理，校园管控实施着比社会面更严的防疫举措，作为高校教育管理的主体，高校教师面临着工作、生活等方面的挑战，教师在心理上或多或少会出现一些不适应的情况，在此背景下研判教师心理健康状态，及时梳理教师开展心理疏导、心理干预等心理服务，维护心理健康，保障校园和谐稳定具有重要意义。

一、高校教师心理健康现状

北京某高校教师健康中心成立教师心理健康调查小组，自行编制"教师心理健康需求调查表",问卷采用匿名填写的方式,共分为个人基本信息、心理健康现状及服务需求调查等部分。在问卷星平台编制完成后,于2021年5月6日至5月20日随机选取该校全体在职在编教师开展调查,利用微信平台进行线上发放和回收,共得到310份有效问卷。调查问卷回收后,调查小组对合格问卷进行统计学处理和分析,形成调查报告。调查结果显示,从教职工对于心理健康程度的自我感知上看,该校教师心理健康程度较高,有60%左右的教师认为自己心理处于健康状态;从教师群体日常受到的心理困扰问题上看,工作压力(76.5%)、科研焦虑(44.5%)、子女教育(40%)、收入待遇(39.5%)位列困扰高校教师心理健康因素的前4名,"其他"类别中,教师们提到非编压力、职称评定、养老问题和近年流行的职场PUA现象也是所受困扰的问题;从心理健康预防需求上看,70%以上的教师表达了对了解心理健康知识的诉求,近50%的教师希望获得心理咨询和诊疗服务,同时有一半的教师喜好通过现场咨询方式,73%的教师需要了解压力与情绪管理知识与技巧,近60%的教师想要了解职场人际关系处理方法和技巧。

从调研报告结合日常心理健康团建活动及一对一心理咨询情况分析可知,疫情防控常态化背景下,面对疫情变化的不确定性,工作上,教师需要随时做好"双线"教学无缝对接的准备,工作量及工作难度也随之发生变化。在网络教学中教师与学生互动不良,教学效果未达到教学预期目标,科研工作进展不佳等。生活上,部分教师因涉疫范围与自己居住地距离较近、对公共场所是否消毒到位等顾虑,产生了对自身安全的担忧,以及亲人因疫情防控要求异地分居、久而不见等问题。社会交际活动减少,生活、工作"两点一线",部分家庭经济收入减少出现暂时性的经济困难以及居家办公与子女教育冲突等,引发了教师的焦虑不安,导致部分教师产生心理困扰。工作压力、科研焦虑、子女教育、收入待遇等问题成为高校教师主要的心理压力源,也直接反映了教师心理问题产生的主要原因来自工作方面、社会认同方面、职业竞争发展方面以及婚姻家庭等方面,这与刘润香[2]、范韶维[3]等人的研究结论相同。

在调研中发现,教师们对心理健康知识的需求程度较高,对参与心理健康活动的意愿较为强烈,在对有针对性的心理健康疏解方法和技能的需求比较集中,心理健康状态呈正向发展。因而高校需要结合疫情防控常态化要求,帮助教师建立健康的心理状态,满足新时代教师健康高质量发展需求。

二、高校教师心理健康维护与发展面临的挑战

(一)外部环境带来的挑战

从疫情发展变化上看,新型冠状病毒变异率高,隐匿性强,疫情发展不确定性强,

出现多点散发且点多面广等特点，以其传染性强、潜伏期长和影响人数众多的情况，对高校教师自我安全感造成了极大的影响。同时在自媒体时代，新闻传播分秒必达，群众对疫情影响范围及数据的过分解读等，都在不同程度上造成了教师心理困扰。

（二）内部环境带来的挑战

从高校教师自身心理状态上看，部分高校教师工作、生活单纯，交际范围相对固定，长期生活、工作在"象牙塔"里，个人经历单一，按部就班，心理较为脆弱、敏感，对生活、工作的不确定性以及事物发展变化的不规律性，失去了自我规划的掌控力，呈现出心理上的失控状态，容易患得患失，紧张焦虑，部分教师甚至出现抑郁等心理问题，对工作、生活失去兴趣和信心，甚至出现"躺平""摆烂"等状态，且心理应激后的创伤修复需要更长的时间，给心理引导和疏解工作增加了难度。

（三）高校教师心理健康专业管理的挑战

目前高校教师心理健康服务与管理的专业性队伍建设尚不成熟，部分高校并未建立教师心理健康服务的专门机构，配备专职教师心理辅导人员，相较于学生心理健康服务的保障力度尚有差距。且近年来，教师心理健康服务需求的增长与教师心理援助体系队伍建设还存在不平衡的问题，存在心理危机排查评估、介入不及时，心理专业人员紧张、专业化程度有待提升等客观问题。

三、高校教师心理健康维护与发展的应对

自发生新型冠状病毒肺炎疫情以来，高校的社会影响面广，关乎每一位学生和学生家庭的生命安全，其特殊性决定了高校疫情防控措施严之又严，慎之又慎，这也就需要高校教师以更高更严的标准要求自己，模范遵守各项防控措施。在疫情防控常态化的大背景下，早期研判教师心理问题，及时了解教师心理需求，更早更及时地进行心理干预，对高校教师心理健康维护工作具有重要的现实意义。针对目前高校教师心理健康存在的问题，可以从教师自身层面、社会支持层面上加强教师心理关爱，帮助教师缓解压力，平衡生活、工作之间的矛盾，助力个人事业发展。

（一）教师自身层面

一是引导高校教师学会正确的自我认知。引导高校教师学习心理健康知识，提升心理健康素养，立足自身，从家庭角色、工作特点、社会责任等方面寻找自我认同，正确面对压力，寻找适合自身特点、符合自身条件的心理疏解方式。摆正个人心态，及时修正自身不足，扬长避短，正向调节，发现疫情防控给生活、工作带来的正向意义，深层

次地理解珍爱生命、珍视健康、珍惜生活的积极意义,做好自己健康的"第一责任人",逐步实现事业成就,获得更多的幸福感。

二是引导高校教师树立远大的教育理想。牢记"为党育人,为国育才"的神圣使命,挖掘疫情防控过程中涌现出的爱国主义精神、逆行而上精神、勇敢战斗精神,从中汲取精神力量,以良好的理想信念教育素材增强自己的教育理想[4]。将立德树人贯穿教育教学管理全过程,将教育理想融入日常教育工作中,将伟大抗疫精神与本职工作相结合,发挥专业特长,不断激发自身的教育热情,讲好"疫情防控"大思政课,把教育视为终身为之奋斗的事业,推动新时代教育工作不断发展。

三是引导高校教师建立良好的人际关系。疫情期间,高校教师面临着多种形式的学生涉疫情况排查、学生日常健康监测以及学生在校健康管理等方方面面的细微工作,面临着多种关系的维护,教师需要处理好多种多样、多个层次的人际关系,如同事关系、师生关系、上下级关系,等等,正确处理好人际关系是高校教师顺利开展教学管理工作的基础,也是提高教育教学管理质量的重要基础和前提,是促进学生全面健康和谐发展的重要条件[5]。为此,教师调整好健康的心理状态、处理好和谐的人际关系,是个人身心健康的需要,也是事业健康发展的需要。

(二)社会支持层面

一是构建高校教师心理关爱服务体系。高校教师的社会支持离不开学校系统的支持,高校应当为教师建立专门的心理健康保障机构,统筹教师心理健康工作,及时有效健全教师心理问题预警、干预机制,依据教师心理健康需求,制订教师心理健康服务方案,及时提供有效的心理健康指导与服务[6]。整合校工会资源,通过职工之家、暖心驿站等开展职工关爱活动,缓解教师教学、科研、生活压力,帮扶困难教师,加强防疫措施,营造轻松愉悦安全的氛围,为教师形成积极向上、理性平和的心态创造良好的环境,共同帮助教师做好疫情期间的心理适应。加强与校医院的联动,畅通医疗诊疗转诊机制,为防范化解教师心理危机做足应急医疗处置的准备,切实保障教师身心健康。

二是畅通高校教师心理疏解的渠道。结合学校教学、科研节奏,将心理健康知识与教师职业发展、师德师风建设相结合,发挥春风化雨的教育引导作用,促进教师全过程发展。在严格遵守疫情防控要求下,以提升教师心理健康知识储备为目标,邀请心理专家开展心理健康知识讲座。尊重、保护教师个人隐私,帮助排解抑郁,搭建线上线下一对一心理健康咨询平台。契合学校教学、科研节奏,开展形式多样、内容多元的心理团体辅导,应用艺术性表达方式等疏解心理压力,如:开展情绪宣泄、音乐放松、心理沙龙和情绪表达与管理等心理健康活动。充分应用新媒体力量,发挥网络阵地的科普功能,精选防疫心理科普知识文章,传递心理健康知识及应对方法。通过录制心理健康讲座视频投放校内网数字资源平台供教师反复学习,提升心理健康知识学习的便捷性。制作教师防疫心理健康自我调适等宣传手册，维护教师的心理健康。

三是深化新时代教育评价改革，建立完善科学的教育评价体系，多措并举，加强教师过程评价，以尊重教师、关爱教师、成就教师为评价原则[7]，在职称评价改革、人才评价体系、标志性成果认定、创新团队培育、优化薪酬改革、青年人才成长[8]等方面为高校教师职业提供可持续发展空间。破除教师评价中的"五唯"现象，从教师的学科发展背景出发，提出个体性的评价方案，增加评价维度，鼓励教师成为教、学、研协同发展的"多面手"，增强教师对评价结果的认同感。用好评价指挥棒，发挥激励杠杆作用，缓解教师职业发展中的压力，激励教师潜能，潜心育人。

四是重视家庭支持。家庭支持在教师心理健康维护上是必不可少的，学校可通过为教师家属寄送"家书"、召开家属代表座谈会等方式，号召家属关心关爱支持教师，陪伴教师一同应对疫情期间线上线下双线教学压力，分担生活压力，强化家庭成员在教师异常情况排查、情绪纾解和心理危机早期识别等方面的作用，共育和谐家庭环境，让教师成为人人都羡慕、支持、关爱、保护的职业，不断提升教师的社会地位，提升教师的获得感、幸福感。

综上所述，教师的心理健康是评价教师心理素质的重要指标，对于高校教育发展有着重要的意义。通过对疫情防控常态化下教师心理健康问题的调查分析，能够及早了解高校教师主要存在的心理困扰和心理服务需求，从而有针对性地综合采用各种策略和措施引导教师心理健康发展。重视关注教师身心健康是一项长期坚持的重要工作，这不仅是教师个人的责任，更需要全社会的共同支持与努力，只有这样才能充分释放教师潜能，发挥教师才干，为新时代教育事业的健康发展贡献力量。

参考文献

[1] 张社强.读懂抗疫大战、历史大考的"中国答卷"——学习贯彻习近平总书记在全国抗击新冠肺炎疫情表彰大会上的重要讲话[J].决策探索，2021（1）.

[2] 刘润香，涂威.不同岗位高校教师心理健康现状调查研究[J].当代教育实践与教学研究，2016（09）：248-249.DOI：10.16534/j.cnki.cn13-9000/g.2016.1930.

[3] 范韶维.高校教师心理健康状况调查与对策研究——以中国矿业大学为例[J].煤炭高等教育，2018，36（02）：67-71.DOI：10.16126/j.cnki.32-1365/g4.2018.02.013.

[4] 丁胜.疫情防控背景下高校青年教师理想信念教育再认识[J].林区教学，2021（12）：13-16.

[5] 李菊花，宋媛媛.教师人际关系与教师专业情意发展的关系初探[J].延边教育学院学报，2021，35（06）：187-189+195.

[6] 刘刚.新时代地方高校教师心理健康的现状与应对策略[J].办公自动化，

2018，23（13）：38-39.

［7］李宗欣.新时代教育评价改革背景下高校落实立德树人的路径研究［J］.长春工程学院学报（社会科学版），2022，23（01）：104-107.

［8］金凤，姜晨.破五唯防"躺平"［N］.科技日报，2022-01-18（02）.DOI：10.28502/n.cnki.nkjrb.2022.000249.

北京冬奥会背景下外语类高校教师队伍建设的实践与思考

——以北京第二外国语学院为例

田淏元

北京第二外国语学院

摘　要：2022年北京冬奥会圆满落幕，在此契机下，北京第二外国语学院（以下简称"北二外"）主动担当，积极作为。为加强教师队伍建设，健全师德建设长效机制发展，完善教师评价体系，本文以北二外为例，从五个角度探索外语类高校教师队伍建设的具体实践，归纳坚持制度管理的"硬度"、服务教师的"温度"、评价体系的"维度"三个方面，探索出"5+3"的高校教师队伍建设体系，深化高校教育评价体系改革，以健全完善师资队伍建设发展为目标，努力培养造就一支政治素质强、业务能力精、创新实践广的高素质、高水平、高标准的教师队伍。

关键词：北京冬奥会；高校外语教师；教师队伍建设；教师评价体系

一、引言

按照习近平总书记提出的"向世界呈现一届简约、安全、精彩的冬奥盛会"的承诺和要求，2022年北京冬奥会圆满落幕。用外语讲好北京故事、中国故事，讲好冬奥故事，传播奥林匹克精神不仅是高校外语学子的使命，更是外语类高校教师的责任与担当。在北京冬奥会契机下，对于外语类高校教师队伍是一次考验，更是一次实践，是对教师队伍建设整体的考量与验收。教育要适应国家经济社会对外开放的要求，培养一大批具有国际视野、通晓国际规则、能够参与国际事务和竞争的国际化人才。而外语类高校作为培养具有国际视野和跨文化交际能力的语言类、应用型人才的主体，必须积极应对这一艰巨而意义重大的任务。外语类高校教师大部分均具有海外留学与学术交流背景，兼具国际化视野，但是，国际化人才的培养工作是长期性的，更是系统性的，既需要在课程体系的设置、教学方法与教学内容的创新等方面与国际接轨，也需要通过师资队伍建设和管理体制等方面的改变不断探索国际化人才的培养模式[①]。当然首先要解决的就是师资队伍问题，因为师资队伍水平的高低直接决定了教育质量的好坏，同时师资队伍建设也是高等教育国际化进程中的关键一环。

北二外牢牢把握"高水平特色大学"办学定位，充分发挥外语学科与管理学科优势，把提高教师思想政治素质与职业素养摆在首位，建设一支政治素质高、忠诚干净担当、专业能力强的新时代外语类高校教师队伍。

二、北京冬奥会背景下外语类高校教师队伍建设探索路径

1. 加强党建引领，坚守"战斗"岗位

国无德不兴，人无德不立。高校作为社会精神文化培育和传播的平台、人才培养的重要场所、意识形态的前沿阵地，必须落实立德树人根本任务，这是高校扎根中国大地办教育的需要，也是国家发展、社会进步的要求，也是高校办学的内在之意[②]。而落实立德树人根本任务的前提，首要条件就是落实学校党委主体责任，这就要求必须要由学校党委统筹规划、统一安排，坚持党管人才，建立从选拔、培养到考核全过程评价与提升体系。北二外学校党委高度重视北京冬奥会选派教师工作，由党委组织人事部牵头，成立"北二外服务北京冬奥会教工临时党支部"，充分发挥党支部战斗堡垒和党员先锋模范作用。提高政治站位，强化党建引领，加强组织关怀，带领全体选调教师坚守"战斗"岗位，"压上"全部精力，主动担当，积极作为。充分发扬"把支部建在连上"的优良传统，在选派教师队伍中，有担任场馆或酒店工作的临时党支部书记、组织委员、宣传委员等职务，充分发挥好基层党组织和党员在冬奥会保障一线的战斗堡垒作用和先锋模范作用，讲奉献，讲协作。充分了解选调教师思想动态，突出政治教育，提高党员素质，坚定理想信念，全面落实好冬奥会服务工作及各项赛事任务保障工作。

2. 科学制订计划，选拔对口人才

学校深入贯彻落实党的十九届五中全会精神，根据《国家教育事业发展第十四个五年规划》《北京市"十四五"时期教育改革和发展规划》和学校党委《关于制定教育事业"十四五"发展规划和二〇三五年远景目标的建议》，立足高水平特色大学发展定位，围绕建成"具有鲜明北京特色的高水平外国语大学"目标，组织专家制订选拔计划，有针对性地开展选调工作，优化专业队伍，做到全方位、多领域、广维度选拔各领域人才。在选拔过程中，注重年龄、专业、学科的匹配度，选派教师队伍中年龄跨度大，从90后到60后，从28岁到58岁；专业跨度广，涉及英语、日语、韩语、工商管理、经济学等专业；学科专业丰富，其中涵盖外语、管理、经济、体育等学科；学历背景高，

---

① 赵春喜，张洪巧.多元化用人机制下外语类高校师资队伍建设探究[J].人力资源管理.2015（01）：182-183.
② 李梦琪.高校落实立德树人根本任务路径探析[J].焦作师范高等专科学校学报.2021，37（03）：36-38+44.

50%的教师拥有博士学位。充分做到了严格审核、专业对口、择优选派。

3. 加强宣传引导，提高政治站位

切实把思想和行动统一到服务冬奥工作中，主动担当，积极作为。充分发扬"把支部建在连上"的优良传统，身兼数职，除了担任学校所在冬奥会临时党支部职务以外，大部分党员教师还兼任所在场馆或酒店临时党支部书记、组织委员、宣传委员等党政岗位要职，全面开展服务保障各项工作，做到组织有力、指挥有力、保障有力，确保圆满完成各项服务保障任务。一是充分发挥临时党支部的党建引领作用和临时团支部的作用，分组、逐人开展谈心谈话活动，征求意见建议，了解有无困难和问题，及时予以解决。二是积极联合属地及相关部门，对相关工作人员进行多种形式的慰问。冬奥保障期间，各位教师收到了学校、冬奥组委、属地街道等单位的多种形式慰问。三是播放红色电影，加强思想教育。四是组织多种活动丰富教师业余生活，组织党员、群众和民主党派人士策划开展庆祝春节联欢活动、"新闻周刊人物专访"等主题党日系列活动，提高政治站位，引导党员教师立足岗位做奉献，创先争优当模范，彰显党员的精神风貌。

4. 关注教师需求，展现人文关怀

选派教师在进入冬奥会服务保障前，由党委组织人事部牵头，组织召开"服务冬奥会新老教师座谈会"和"出征冬奥会教师座谈会"，给教师们提供分享经验和交流心得的平台，为今后服务冬奥工作保驾护航。此外，重点做好"两个聚焦"工作，全力服务好选调教师。一是聚焦服务保障。为选调教师提供外出社会实践学习的机会，让教师提前感受冬奥氛围，感受冬奥文化，组织选调教师参观首钢园区等基地。二是聚焦关心关注。倾听选调教师在工作、生活上的困难，为教师排忧解难，同时为广大教师清除障碍、保驾护航。

5. 结合自身教学，发挥专业特长

选派教师发挥专业特长，将自己的专业技能融入志愿服务中，通过扎实的语言功底、流利的外语口语、亲切的服务态度，拉近与参会人员的距离，形成更有效的沟通，结下深厚的友谊，充分展现出二外人的风采。选派教师担任随行翻译，翻译《北京2022年冬奥会和冬残奥会防疫手册（第二版）》，多次担任国际会议远程同传、线上会议口译等重大任务，为北京冬奥会七场赛事代表团团长大会提供口译服务。同时注重成果转化，将冬奥成果纳入新编写教材，利用专业特长，编写数据处理程序，讲好中国故事、冬奥故事进而讲好二外故事。选派教师展现出二外人的责任与担当，以热忱传递温暖，以专业服务冬奥，共同上好这堂冰雪上的冬奥"思政大课"。

三、北京冬奥会背景下外语类高校教师队伍建设经验与启示

1. 坚持制度管理的"硬度",体现党建引领的权威性

举办大型国际赛事,本身就是一项系统化和复杂化的工程。此次北京2022年冬奥会则是"三重叠加"化下的困难,面临冬奥会、春节和疫情防控,难度可想而知。而做好重大赛事的服务保障的首要条件则是一定要坚持制度管理的"硬度",按照制度办事,按照规则执行,切忌随意处置。在此过程中应引导广大教师提高政治站位,强化党建引领,坚持党管意识形态原则,定期开展教师思想动态调研,了解教师在工作和生活中的思想动态;扎实推进基层党组织建设,突出对教师的政治教育,强化党建引领,提高广大党员教师思想道德素质,完善教师思想政治工作组织管理体系,配齐健全思想政治工作队伍,让广大教师坚定理想信念,主动担当,积极作为。

2. 坚持服务教师的"温度",体现立德树人的重要性

在坚持制度的"硬度"前提下,更要对教师有"温度",有关怀,通过有"温度"的人文关怀,进而激发广大教师以立德树人为根本任务,推动教师思想政治工作高质量发展;同时,继续关心关爱广大教师的身心健康和职业发展,建设高水平师德师能提升培育的合作平台,开展体系化、分层次、多元化的教学科研能力培训与实践教育,推动构建健康校园,为教师提供更好的服务平台,进一步推动建设"大教师"工作格局①。

3. 改革评价体系的"维度",体现分类评价的严谨性

构建科学的教师评价体系,其中的考核评价是基础也是关键所在,是调动教师工作积极性和主动性的"指挥棒"。此次选派服务冬奥教师,前期组织专家制订选拔计划,有针对性地开展选调工作,优化专业队伍,做到全方位、多领域、广维度地选拔各领域人才,充分做到了严格审核、专业对口、择优选派。因此,为做到细化教师分类管理,可以依据教师专业、学科背景、学术专长等具体项目与类别,建立分型管理、分类评价、多元标准的教师评价机制,注重过程评价,深化教师评价体系改革。

四、结语

2022年北京冬奥会的顺利举办,将给国家带来经济实力和综合国力上的巨大影响,开创了冬奥会史上的奇迹。此次冬奥会带动了3亿人从事冰雪运动,多位国际贵宾都多次在公开讲话当中高度赞扬中国本届冬奥会取得的巨大成功和对国际奥林匹克运动的发展做出的突出贡献。同样,作为外语院校,讲好北京故事、中国故事,讲好冬奥故事,传播奥林匹克精神不仅是高校外语学子的使命,更是外语类高校教师的责任与担当。在

---

① 刘迪.新时代加强师资队伍建设与深化教师评价改革路径探索[J].北京教育(高教),2022(02):82-84.

北京冬奥会契机下,对于外语类高校教师队伍是一次考验,更是一次实践,是对教师队伍建设整体的考量与验收。教师是"教育发展的第一资源",也是世界一流大学和一流学科建设的第一资源。新时代加强高校教师队伍建设,必须以习近平新时代中国特色社会主义思想为指导,全面贯彻落实党的十九大精神,全面提升教师素质能力,深入推进教师管理体制机制改革,以调动广大教师积极性①。坚持制度管理的"硬度"、服务教师的"温度"、评价体系的"维度"三个方面,探索"5+3"的高校教师队伍建设体系,深化高校教育评价体系改革,以健全完善师资队伍建设发展为目标,努力培养造就一支政治素质强、业务能力精、创新实践广的高素质、高水平、高标准的教师队伍。

参考文献

[1]赵春喜,张洪巧.多元化用人机制下外语类高校师资队伍建设探究[J].人力资源管理,2015(01):182-183.

[2]李梦琪.高校落实立德树人根本任务路径探析[J].焦作师范高等专科学校学报,2021,37(03):36-38+44.

[3]刘迪.新时代加强师资队伍建设与深化教师评价改革路径探索[J].北京教育(高教),2022(02):82-84.

[4]宁滨.新时代加强高校教师队伍建设的若干思考[J].中国高教研究,2018(04):5-8.

---

① 宁滨.新时代加强高校教师队伍建设的若干思考[J].中国高教研究,2018(04):5-8.

新时代高校辅导员队伍的专业化建设与主体性成长

姜智勇

北京第二外国语学院　英语学院

摘　要：新时代高校辅导员队伍是学生思政教育和日常事务管理的领航员，是教师队伍的重要组成部分，也是青年学生思想、学习和生活上的重要导师。提升辅导员队伍专业化素养，实现主体性成长，有助于推进高校对立德树人根本任务的落实，助力高等教育飞速发展。当下，高校辅导员队伍的专业化建设缺乏明确的目标体系和多元化的发展路径，辅导员队伍的主体性成长有待基于身份的特殊性，打造广阔发展空间，塑造辅导员坚守岗位的职业信念，增强其实现个性化发展的内在驱动力。

关键词：高校辅导员；专业化建设；主体性成长

作为引导青年学生成长成才的骨干力量，推进辅导员队伍专业化建设与主体性成长，打造一支政治素养过强、专业素养较硬的思政队伍，是高校改革、发展、稳定的必要条件，也是落实立德树人这一根本任务、推进高等教育朝着高质量迈进的时代选择。

一、专业化建设是高校辅导员队伍落实立德树人根本任务的重要路径

高校辅导员肩负着思想政治与行政管理工作，一方面承担着为党育人、为国育才的重要使命；另一方面，保障着组织机构的正常运转。高校辅导员不仅要有较高的政治站位与正确的政治立场，同时也要掌握有力的思想政治教育方法，用铸魂育人的教育理念解决学生思想、学习生活等方面的成长问题。新时代高校辅导员要充当大学生的思想引路人、职业规划师、生活保障者、心灵守护人，其专业能力直接影响着服务学生的水平和人才培养的质量。促进高校辅导员队伍专业化建设，能切实提高高校思政工作的效力，引导学生自觉成长成才，成为具备家国情怀以及职业本领过硬的时代力量。

加强高校辅导员队伍的专业化建设，是党和国家的一贯主张。从明确提出辅导员队伍专业化建设的目标，实施大学生思想政治教育人才培养工程，到鼓励辅导员队伍专业化、专家化发展；从完善专职辅导员职业化发展方法到建立高校专职辅导员晋升制度，我国高校积极推进辅导员队伍的组建与改革，不断完善辅导员岗位的引进与考核程序、

培养与发展机制。目前，高校辅导员的队伍规模逐渐壮大，育人能力全面提升，高校辅导员专业化建设被提上日程。随着辅导员专职人才的引进，辅导员队伍整体呈现年轻化趋势，而专业化素养不高、职业信念不强、职业发展路径单一等问题，对辅导员队伍向高水平发展发起挑战，高校辅导员队伍亟须通过专业化蜕变，进一步满足国家治理体系和治理能力现代化的要求。

二、主体性成长是推进辅导员队伍高水平发展的时代选择

高校辅导员作为思想政治引领的重要力量，承担着青年学生的思想政治教育工作，引领着学生的成长成才。高校思政工作的开展离不开专业素质过硬、主体能动性较强的辅导员队伍。高校辅导员的主体性成长，不仅指辅导员沿着思想引领方向工作，帮助学生找到人生的方向，更重要的内涵在于将辅导员的职业信念、职业技能提升、专业化素养加强融入思想引领之中。高校辅导员主体性成长是社会价值和个人价值透过职业的结合的体现。作为思想引路人，辅导员借助自己特殊的职业属性帮助学生指点迷津，解开思想的困惑，明确人生的规划，树立正确的价值取向。作为国家的教育工作者，高校辅导员通过日常的辅导、专业化的引领、生活上的关怀、经验上的分享，锻炼了自身面对复杂环境的能力和本领，解决了青年学生成长路上的烦恼与困难。高校辅导员主体性的成长既是个人职业理想追求的实现，同时也是辅导员职业社会价值的彰显。

提倡学生的全面发展，尊重学生的主体性，目前已逐渐在高等教育改革中得到彰显。辅导员队伍作为推进学生个性化发展的重要力量，需要提高自身的主体性成长，实现辅导员工作的个性化开展。高校要鼓励辅导员将个人的职业能力、志向志趣、性格优势融入思想政治工作当中，进而形成独到的教育理念，用以人为本的教育理念培养新时代"五育兼优"的高等人才。

三、高校辅导员队伍专业化建设与主体性成长的关系

1. 辅导员队伍专业化建设是实现主体性成长的必由之路

辅导员队伍实现专业化建设有助于高校推进学生管理工作，诠释立德树人的应有之义。专业化建设需要树立科学专业的教育理念，在学生群体中实现思想引领，传授知识技能。专业化建设是实现主体性成长的必由之路，专业化建设从明确职业属性、丰富职业技能、促进职业发展角度为辅导员主体性成长奠定基础。

辅导员队伍专业化建设对高校和辅导员自身提出了诸多要求，对于辅导员而言，推进高校思想政治工作首先需要专业化的精神，即个体胜任思政工作的基本品质，要具有强烈的政治意识和使命意识，立足为党育人和为国育才的使命，审视高校辅导员的各项

工作内容。其次，辅导员工作涉及诸多领域专业知识，辅导员需要依托思想政治教育学开展多领域的教育与帮扶。高校辅导员工作的复杂性，要求辅导员需要涉猎教育学、管理学、心理学和法学等领域的专业知识，以多门学科知识背景为支撑，落实立德树人的总体目标。最后，辅导员需要兼具处理各项行政管理事务的本领，包括组织管理能力、公文报告撰写能力、沟通引导能力、教育共情能力、调查研究能力、危机管理能力，根据党和国家的相关要求、学校的规章制度、教学的标准要求对青年学生进行思想引领、价值塑造和生活帮扶。辅导员队伍专业化建设对辅导员自身提出明确要求，而主体性成长是在专业化建设基础上质的飞跃，是辅导员在各种复杂环境中有的放矢开展工作的体现，有助于提高思想政治工作的实效以及学生培养的质量。

推进辅导员队伍专业化建设，首先需要树立专业化的教育理念，传播辅导员岗位特殊的职业文化。高校要为辅导员队伍主体性成长提供契机，积极开展面向辅导员队伍的专业化培训，如思想政治引领工作经验分享会、职业生涯规划技能培训班、网络舆情与突发事件的处理培训、职业伦理教育、大学生心理干预与指导等。其次，辅导员队伍专业化发展需要建立和完善面向辅导员队伍的支撑和保障机制，为辅导员队伍的主体性成长扫除后顾之忧。高校要平衡好辅导员思想政治教育与学术科研任务之间的关系，更加凸显辅导员在学生中的思想引领作用。再次，要明确辅导员的工作内容与职责使命，要以明晰的定位和工作内容帮助辅导员开展工作。最后，要确立辅导员队伍科学长远的发展路径，理性看待科研成果与辅导员职称评定之间的关系，针对辅导员工作的实际情况，帮助辅导员实现职业的发展，提高高校辅导员队伍的内在活力。

2. 辅导员队伍的主体性成长是专业化建设的本质意蕴

辅导员自身实现主体性成长是其队伍专业化建设的关键目标。围绕主体性成长所实现的职业认同感、技能提升、发展内驱力基于专业化建设而产生。辅导员队伍通过主体性成长提高了整体队伍的专业化水平，有助于提升高校思想引领、价值塑造、服务学生的水平，同时也为其队伍的专业化和特色化建设提出新的要求。

高校辅导员主体性成长主要表现在以下三个方面。第一，辅导员角色认知清晰，具有坚定的职业信念。高校辅导员兼具教师与管理人员双重身份，现实工作开展当中，辅导员需要在教学科研与行政琐事之间游离，需要处理好二者之间的关系，明确角色认知，更好地开展工作。辅导员需要立足岗位，坚定职业信念，将个人价值与社会价值相结合，更好地推进立德树人工作。激发个人的主体性，有助于推进高校辅导员队伍朝着专业化方向稳步前进。第二，辅导员具备完善的职业能力，工作的开展兼具科学性与艺术性。随着高校不断深入推进辅导员队伍的专业化建设，辅导员队伍的主体性成长也随之加速，单一性人才已经不能满足辅导员专业化建设的要求，辅导员只有通过主体性成长才能高效开展思想引领工作，满足学生日益多元的服务诉求。第三，辅导员具有强大的专业发展内驱力，获得感与职业认同感显著增强。高校辅导员的主体性成长需要从自身出发建立持续的发展内驱力,通过不断的学习与提升,将自己培养成专家型辅导员,通过科学制定考评晋升机制,实现职业长远发展。高校通过完善辅导员岗位的聘期考核与培养机制,建立健全辅导员队伍专业化举措,能够为辅导员个体发展保驾护航,为实现其主体性成长提供现实激励。

四、辅导员队伍专业化建设与主体性成长的路径思考

1. 坚持以立德树人作为辅导员队伍建设的价值指引

辅导员要通过自身工作促进学生健康成长,同时也要以正确的价值导向引领学生全面发展。辅导员要以马克思主义基础理论为依据,激发同学们树立正确的国家观、历史观、文化观。辅导员的政治素养应始终放在第一位,辅导员要成为马克思主义的坚定信仰者、中国特色社会主义的始终践行者,将思政教育和价值引领与学风、心理、帮扶和日常事务有机联动,鼓励青年学子肩负历史使命,立大志、明大德、成大才、担大任,为国家和社会做出奉献。

2. 明确辅导员身份角色,树立辅导员职业信念

辅导员往往扮演教师与行政管理者的身份,职业具有多重属性。明确辅导员的定位,需要将其多重身份有机整合,围绕立德树人的关键导向,划分辅导员工作内容的边界。辅导员要立足岗位,不断提升自身素质,在与学生进行思想交流与碰撞的过程中,以扎实的人文知识和科学素养指引学生。辅导员要扎根一线,用真诚的情感交流打动学生,既做学生的人生导师,也做学生的知心朋友,用平等的交流、专业的指导让自己的工作体现专业性。

面对辅导员工作中的困难与挑战,职业信念能够使辅导员坚守岗位,充分发挥主观能动性,沉着应对复杂的局面,以强大的内心驱动力获得职业幸福感。辅导员队伍树立较强的职业信念是工作属性的深刻体现,有助于将理想信念教育贯穿到工作的方方面面,引导学生做精神上的富足者、专业上的能力者、生活上的自立者。同时,辅导员队伍的职业信念能够传递给学生,帮助学生树立良好的职业观、价值观,坚定人生选择。

3. 构建辅导员队伍多元评价体系与发展空间

完善辅导员队伍的评价体系,构建多元化的考评方式是推动辅导员队伍持续发展的重要举措。高校要结合自身的实际情况,设定层次广泛的评价维度,制定科学合理的评价指标,既包含客观公正的数据,又包含具有代表性、人性化的主观评价,将辅导员的思想政治引领水平、学生事务处理能力以及实际工作与成绩纳入评级体系,可以激发辅导员工作的主观能动性,为大学生的健康成长提供助力。

辅导员队伍的建设不要局限于配足人数、专业对口、队伍稳定。高校要立足全局,既抓好辅导员队伍的专业化建设,也要为辅导员队伍构建多元化的发展体系。首先,高

校要将辅导员队伍的培训纳入整体的师资培训体系，鼓励辅导员在自己的领域终身学习，提升队伍的学历水平，优化队伍的职称结构。其次，支持辅导员向专家型辅导员转变，鼓励辅导员担任相关知识领域的教学工作，以科研成果推动辅导员队伍的专业化建设，打造高校学工智囊团，为高等院校的改革发展提供源源不竭的力量。

高校辅导员工作通过政治性、专业性、实践性，擦亮立德树人的鲜亮底色。新时代高校需要时刻牢记立德树人的使命任务，重视育人质量，重视辅导员队伍的专业化建设和主体性成长。通过人才管理理念的转变，结合事业发展的实际情况与现实因素，科学谋划辅导员队伍的培养体系与发展机制，强化辅导员队伍的职业内在认同感，逐渐探索出符合自身特色的辅导员队伍专业化路径，为辅导员主体性成长提供广阔舞台，激发其内在动力。鼓励辅导员队伍壮大成长，让育人工作摆脱刻板教育手段的限制，尊重当代大学生的多样性与差异性，回归教育本体价值。让思想政治教育散发内生力量，塑造理论造诣高、实践出成效的新时代高校辅导员队伍。

参考文献

［1］李素素.高校辅导员个性化发展的思考［J］.高校辅导员学刊，2019，11（1）：38~42.

［2］杜娟.高校辅导员主体性成长的现状与路径［J］.湖北第二师范学院学报，2019，36（12）：30~33.

［3］寇昌斌.高校辅导员队伍专业化建设路径思考［J］.现代交际，2021，14（1）：116~118.

［4］周浩波，李岩.新时代高校辅导员队伍专业化建设体系探究［J］.学校党建与思想教育，2021，19（1）：77~80.

［5］孟号翔.治理视域下高校辅导员专业化建设路径探析［J］.无锡职业技术学院学报，2022，21（2）：83~87.

后疫情时代青年大学生社会责任感调查及其思政教育培育路径研究

丁恒晏

北京第二外国语学院 旅游科学学院

摘 要：2020年新冠肺炎（COVID-19）疫情暴发后，对青年大学生的学习、工作、生活造成了巨大影响，也使青年大学生的社会责任感发生变化。为了解新冠疫情对当代大学生的影响及在此期间大学生社会责任感的变化情况，本研究以8614名在校大学生为被试，采用自编问卷作为调查工具进行调研，考察了新冠疫情下大学生社会责任感的特征与影响因素，并对后疫情时代青年大学生社会责任感的思政教育培育方式提出路径建议。结果发现：（1）新冠疫情期间大学生的社会责任感处在较高的水平，大学生对疫情时事关注度较高。（2）新冠疫情对受到贫困帮扶的大学生影响较大，疫情期间学校及时设立临时贫困补助绿色通道等关怀举动得到大学生的高度认可。（3）时事关注度、贫困帮扶和个人价值观对青年大学生社会责任感产生促进作用。（4）后疫情时代青年大学生社会责任感培育与思政教育主要可以以"认知—判断""参与—体验""交往—实践"为起点，通过提高大学生对疫情新闻的时事关注、加大对青年大学生的贫困帮扶和加强疫情期间大学生个人价值观引导等方面进行培育。

关键词：青年大学生；新型冠状病毒肺炎；社会责任感；思政教育

一、引言

新型冠状病毒肺炎是突发的国际公共卫生事件，引发全球生命健康安全和经济社会秩序的重大危机[1]。疫情目前仍在全球持续性暴发与蔓延，国际疫情形势较为严峻，而大学生是国家青年群体的代表，与民族未来息息相关，新冠疫情下大学生的社会责任感问题值得关注。后疫情时代青年大学生的社会责任感不仅影响高校思想政治教育的质量，而且影响中国特色社会主义事业的长远发展。培育我国大学生的社会责任感、加强青年大学生的思政教育，是后疫情时代思想政治教育的需求，也是增强青年大学生民族自尊、民族自信与中华民族共同体意识的迫切需求。

二、青年大学生社会责任感的基本内涵

社会责任感主要是指具有独立人格的社会成员对国家、集体和他人责任的态度。作为一种道德情感,它是知识、情感和行为的统一,是内在的精神价值,是外在行为规范的有机结合[2]。大学生的社会责任感可分为对自我和他人、对家庭和社会、对国家和民族、对全球和生态的责任感[3]。后疫情时代,世界格局发生的巨变要求人类需要以智慧和责任构建新的伦理价值体系。而对于我国国情而言,特别要关注青年大学生社会责任感的思政教育,其最终目的是培养青年大学生形成责任意识并将该意识转化为责任行为。

三、后疫情时代青年大学生社会责任感的现实困境

疫情下的大学生群体具有明显的不同于其他社会群体的特征:有知识,有能力,掌握信息技术,但社会责任感较不稳定[4],主要表现在以下几个方面:第一,新时代大学生绝大多数都是使用电子设备与网络工具,信息获取载体主要就是网络碎片化信息,疫情相关的正、负面信息影响其社会责任感。第二,疫情防控需要长期处于居家隔离状态,对大学生自身生活产生了较大影响,可能滋生消极情绪影响其社会责任感。当前关于新冠肺炎疫情的研究主要集中于心理健康伤害[5]、信息传递传播[6]、远程教学对教育的影响[7]等方面,较少涉及疫情期间大学生社会责任感的调查研究,且缺乏对后疫情时代青年大学生社会责任感的思政教育培育建议。本研究主要考察新冠疫情下大学生社会责任感的基本情况及其影响因素,为全面了解疫情期间大学生社会责任感提供有效的信息参考。

四、新冠疫情期间青年大学生社会责任感及其影响因素调查研究

(一)研究对象与方法

2020年4月在广东省高校发放纸质版自编问卷,研究对象为在读本科学生。本次问卷调查共回收有效问卷8614份,问卷有效率为100%。数据采用SPSS 24.0进行统计分析。总样本中,男生占24%(N=2106),女生占76%(N=6508),男女比例约为1:3。大一占46%(N=3937),大二占42%(N=3612),大三占9%(N=772),大四占3%(N=293)。城镇户籍占总数的65%(N=5629),农村户籍占35%(N=2985)。申请过困难认定的学生占12%(N=1027),未申请的占88%(N=7587)。其人口学特征分布情况基本符合现实,表明本次抽样调查合理可信。

调查显示,新冠肺炎疫情流行期间,绝大多数大学生是在国(境)内度过的,在分层抽样调查的8614位学生中,有274位学生处于湖北、浙江等疫情相对严重地区。详见表1。

表1 学生所在地

选项	频数	频率
湖北、浙江等疫情相对严重地区	274	3.18%
国内其他地区	8340	96.82%

(二)青年大学生社会责任感现状及其影响因素

1. 时事关注度与社会责任感

调查显示,62.63%的学生都会定期关注疫情新闻,对于防疫知识足够了解;26%的学生能够做到几乎每天关注疫情新闻,对于防疫知识十分了解;11%的学生偶尔关注疫情新闻,对防疫知识了解程度一般;有8人表示对肺炎疫情不常关注,也不了解防疫知识,这一点值得反思。详见表2。

表2 大学生对疫情新闻的时事关注度

选项	频数	频率
几乎每天关注疫情新闻,对于防疫知识十分了解	2290	26.58%
会定期关注疫情新闻,对于防疫知识足够了解	5395	62.63%
偶尔关注疫情新闻,对防疫知识了解程度一般	921	10.69%
不常关注,也不怎么了解防疫知识	8	0.09%

由此可知,大学生对时事政治的关注对其形成正确的价值观和社会责任感有着重要影响。大学生在疫情期间的时事关注度主要体现为对社会疫情热点事件、国家疫情政策方针、理论、制度的关注情况。而网络时代的科技浪潮、互联网科技的应用深刻影响了人们的生活方式,也影响了大家关注社会、参与社会生活的方式及广度、深度,也提升了大学生对社会的责任感。

2. 贫困帮扶与社会责任感

调查显示,绝大部分学生认为新冠肺炎疫情对自身生活影响较大,一定程度影响了个人生活,甚至有13%的学生认为疫情严重影响了个人生活。20%的学生表示影响一般,仅有1%的学生认为没有影响,一切如常。由此可见本次新冠疫情对大学生影响程度较大。详见表3。

表3 疫情对大学生自身影响程度

选项	频数	频率
影响很大，严重影响个人生活	961	11.16%
影响较大，一定程度影响了个人生活	5546	64.38%
影响一般，并没有什么太大的变化	2019	23.44%
没有影响，一如往常	88	1.02%

值得注意的是，没有受到贫困帮扶的学生中有64.43%认为影响较大，有1.04%认为没有影响。而申请了贫困帮扶的绝大部分学生认为本次疫情影响较大，一定程度影响了个人生活，这说明疫情对家庭经济困难的学生影响更大，疫情期间学校给予困难生精准的贫困帮扶十分必要。详见表4。

表4 是否受贫困帮扶大学生的影响程度

是否申请困难认定	影响很大，严重影响个人生活	影响较大，一定程度影响了个人生活	影响一般，没有什么太大变化	没有影响，一如往常
是	125（12.17%）	658（64.07%）	235（22.88%）	9（0.88%）
否	836（11.02%）	4888（64.43%）	1784（23.51%）	79（1.04%）

调查显示，92.8%的非贫困学生对大学设立贫困帮扶绿色通道的方式非常赞同，表示学校反应迅速，而有2.2%的同学表示不了解，没收到相关信息，这中间存在信息传达不到位和个别学生不关注通知信息的情况。

贫困帮扶是我国高校教育的重要政策，其对大学生社会责任感的积极效应，实际上也体现了负责任意识在青年大学生生活中的影响，反映了贫困帮扶政策的实行对青年大学生社会责任感的促进作用。

3. 个人价值观与社会责任感

调查显示，36.3%的学生对疫情发展形势持积极态度，认为目前全国全面复工复产，疫情已得到有效控制，生活已经恢复正常；60.2%的学生持中立态度，认为国内疫情虽然好转，但只要仍有新增和输入病例就不能放松，疫情完全控制还需要一段时间；同时也有3.5%的学生持有消极态度，认为全球形势严峻，未来局势未定，疫情完全控制还需要漫长的时间。详见表5。

表5 大学生对疫情发展形势的态度

选项	频数	频率
持积极态度，目前武汉已实现解封，全国全面复工复产，疫情已得到有效控制，生活很快可以恢复正常	3129	36.3%

续表

选项	频数	频率
持中立态度，国内疫情虽然好转，但只要仍有新增和输入病例就不能放松，疫情完全控制还需要一段时间	5184	60.2%
持消极态度，虽然国内疫情好转，但目前全球疫情形势严峻，未来局势尚未明确，疫情完全控制还需要漫长的时间	301	3.5%

调查显示，当前大学生对我国采取的严格的防疫措施持有支持和认可的态度。99%的学生认为严格的防疫措施对我国战胜疫情起到了重要的作用，值得向全世界推广。超过九成的大学生认为全民参与的防控措施体现了我国社会主义集中力量办大事的制度优势，也体现了我国"以人民为中心"、把人民利益放在心上、坚持人民利益高于一切的发展思想。这体现出当前大学生拥有高度的制度自信。然而，需要注意的是，有极少数学生认为严格的措施影响了正常生活（1%），个别学生认为严格的防疫措施没有必要（0.1%）。

价值观的要素对于大学生选择自己的社会责任、调整自己的社会责任起着指导准则的作用[8]。后疫情时代大学生个人价值观的发展状况其实反映着整个社会主流价值观的缩影，在总体上与社会整体呼应，呈现着积极、正面、向上的发展态势，与主流价值观一致，但因大学生群体仍处在成长的关键时期，因而大学生价值观具有导向性、不稳定性和差异性。而后疫情时代，大学生个人价值观主要体现在青年大学生对新冠疫情的态度及国家防疫措施的看法，这将对大学生社会责任感产生影响。

五、后疫情时代青年大学生社会责任感培育与思政教育的提升路径

本研究通过对大学生的调查发现，总体来说，新冠疫情期间大学生的社会责任感处于较高水平，并且受到时事关注度、贫困帮扶和个人价值观等因素影响，丰富了疫情期间大学生社会责任感研究。后疫情时代，对青年大学生社会责任感的培育与思想引领可以通过"认知—判断""参与—体验""交往—实践"等多个起点、多种路径去进行。

（一）认知—判断——进行思想引领，提高大学生对疫情信息时事关注度

此种路径是通过大学生对信息的获取和认知切入，以此提高大学生的责任认知，强化青年学生的责任判断能力。媒介素养是大学生信息化生存的必备能力，直接影响其认识理性和行为规范[9]。在新媒体快速发展的当前环境下，提高大学生社会责任感，要充分利用积极因素，多渠道推进。第一，创新思维方式，运用新媒体手段，拓展网络阵地。新冠疫情新闻在互联网上爆炸式蔓延，使当代大学生对疫情新闻关注较多。而准确的疫情信息、良好的网络环境都将对大学生的社会责任感造成影响。不良疫情信息的

传播，将使大学生产生恐慌和焦虑的社会情绪，使其社会责任感降低。引导大学生创作优秀正能量的网络文化作品，其观点与想法可以更高效地传播、影响和被影响，以此提升大学生的社会责任感。第二，动态掌握网络舆情，积极正面引导网络舆论。通过培养新时代大学生网络评论员等"舆论领袖"，建立大学生"网络红军"网络空间红色阵地，对大学生群体热议的社会疫情热点问题给予积极正面发声，引导正确疫情科学知识的传播，将使大学生主动了解疫情的科学知识，知晓病毒传播的危害性等信息，做好自我防护，增强其社会责任感[10]。以这样的网络群体为主导，形成群体向心力，吸纳更多大学生参与其中建立共同目标，以此促进后疫情时代青年大学生社会责任感快速深化发展。

（二）参与—体验——优化政策保障，加大对青年大学生的贫困帮扶

该路径是通过增强贫困帮扶工作实效性，经过行为体验形成认知，进而将其感恩之心升华为责任意识。调查显示，当前受到过贫困帮扶的大学生较为认同我国疫情期间的政策制度，对国家疫情未来发展持乐观态度，具有良好的社会责任感。首先，高校思政工作者应扭转重经济帮扶的片面倾向。思想政治教育工作者在做好经济物质帮扶的基础上，针对贫困大学生的个人特质和群体特征加强社会责任感教育、正面时事关注度和"三观"教育，以此转变贫困大学生社会责任感观念。其次，拓展贫困大学生社会责任感培育与思想引领的多面性。对于贫困大学生的社会责任感教育除了要培养其感恩精神之外，还应坚持开展主旋律疫情主题教育和中国特色社会主义共同理想教育。要采取贫困帮扶"云分享"、网络教育、专题讲座等多种措施引导贫困大学生关注中国时事政治，将防疫信息融入各种活动中去，在潜移默化中影响学生主动融入社会生活，形成社会责任感[11]。根据调查结果，疫情期间学校及时设立临时贫困补助绿色通道、关怀困难生群体的举动得到大学生的高度认可，资助育人实效显著，切实提升了大学生的社会责任感。

（三）交往—实践——深化实践活动，加强疫情期间大学生个人价值观积极正向引导

该路径以社会实践为切入点，在与他人交往和接受教育过程中生成社会责任感。社会责任感是公民公德培养的重要指向，也是影响社会治理效能的重要因素[12]。因此，要通过思想引领与深化社会实践活动方式创新青年大学生社会责任感教育体系方法与模式。传统社会责任感教育体系更多注重线下的课堂教育，但随着社会化媒体的快速发展，未来大学生社会责任感教育不仅要线上线下多方联动，更需要多渠道手段相互连接。所以，要想使当代大学生社会责任感教育真正入脑入心，除了做好线下课堂教育的知识传输和正确的价值舆论引导以外，还需要让社会责任感教育体系扩大范围，向现实

延伸和拓展。如利用社会化媒体中备受欢迎的新形式开展微讲座、微服务、微公益等新方式，推动大学生自主、积极参与，并进行潜移默化的理论学习和教育疏导。同时，为了让社会责任感教育真正受到大学生群体广泛认可，教育从业者需摒弃传统的显性宣传式责任教育，将其转变为隐性渗透式教育。而这就需要创新社会责任感教育体系中的方法与模式，需要让教育方式变得更加科学和多样。调查发现，大学生对当前社会各界抗疫工作人员抱有尊重心态，在这种责任的情感认同里，大学生主动积极配合防疫工作，承担起自己的社会责任。这表明当前大学生在重大突发卫生疫情面前社会参与和建构意识较强。而在未来，高校仍需在大学生社会责任感方面加强培养。

参考文献

［1］Zhou Tao，Liu Quanhui，Yang Zimo，Liao Jingyi，Yang Kexin，Bai Wei，Lu Xin，Zhang Wei. Preliminary prediction of the basic reproduction number of the Wuhan novel coronavirus 2019-nCoV.［J］. Journal of evidence-based medicine，2020（prepublish）.

［2］吴康妮.当代大学生社会责任感及其培养［D］.西南大学，2016.

［3］杨茹，丁云，阚和庆.大学生社会责任感的内涵、理论基础及现实意义探析［J］.思想理论教育导刊，2012（11）：107-110.

［4］吕楠楠，张敏.新冠肺炎疫情下大学生心理状态的结构及其测量［J］.杭州师范大学学报（自然科学版），2020，19（04）：354-361.

［5］陈颖.疫情下的常见异常心理与应对［J］.心理月刊，2020，15（07）：14.

［6］曾祥敏，周杉.全媒体语境下突发公共事件信息传播路径探析——基于新冠肺炎疫情报道的研究［J］.当代电视，2020（04）：4-10.

［7］吕海侠，王渊，张莉，韩蕾，侯樊兴，杨娟，侯妮，李一恒，程彦斌.新冠肺炎疫情防控期间医学基础课程远程教学的实践与思考［J］.中国医学教育技术，2020，34（02）：135-137+142.

［8］颜咏雪.当代大学生价值观的现状及培养的对策研究［D］.西南大学，2009.

［9］黄崑，郭淼，郝希嘉，李蕾.公共健康危机事件下健康信息素养文献综述［J］.图书馆杂志，2020，39（07）：59-69+82.

［10］李蔚然.基于突发事件的大学生思想政治教育研究［D］.中国地质大学，2013.

［11］郝佳婧.重大疫情应对中的高校思想政治教育方略——以我国抗击新型冠状病毒肺炎疫情为例［J］.信阳师范学院学报（哲学社会科学版），2020，40（03）：23-29.

［12］吕斌，李丽.新冠肺炎疫情背景下互联网企业社会责任履行的创新与优

化［J］.湖北经济学院学报（人文社会科学版），2020，17（06）：39-42.

［作者简介］丁恒晏，北京第二外国语学院旅游科学学院辅导员、助教，联系方式：北京市朝阳区定福庄南里1号，13560122028。

中华优秀传统文化融入大学生职业生涯规划教育探究

张凤博

北京第二外国语学院

摘　要：在育人资源中，中华优秀传统文化彰显着丰富的内涵。挖掘中华优秀传统文化价值与内涵，挖掘其中的价值，并把这种内涵与价值充分融入大学生的生涯规划之中，一方面可以帮助传播传统文化，另一方面也能够提高大学生生涯的教育导航。本文通过面向大学生的职业生涯规划，融合中华优秀传统文化，从大学生职业生涯规划教育的十大平台入手，把中华优秀传统文化教育融入社会实践、网络思政教育、资助学贷工作、心理健康教育等各环节，全力搭建能够帮助大学生全面发展的知识教育结构体系。

关键词：中华优秀传统文化；生涯导航；全面发展

中华传统文化博大精深，在思想理念、政治制度、科学技术、教育文化等方方面面都有很多的独创性内容[1]。详尽探究中华优秀传统文化的价值与内涵，提炼总结中华优秀传统文化对大学生职业规划的资源和思想，将中华优秀传统文化融入大学生职业生涯规划教育中，对提高大学生的思想水平、道德素质和文化素养将起到促进作用。同时，也可以丰富大学生职业生涯规划，增强职业生涯规划的内驱动力，对搭建全面发展的教育培养体系具有很大的创新性。

一、中华优秀传统文化在大学生职业生涯规划教育中的重要意义

目前的大学生在职业生涯规划中面临着诸多的机遇与挑战，在职业教育之中面临着教育环境复杂、内容更加丰富、价值观多元发展的局面。而中华文明传承数千年，根植在中华民族的基因中，有着历史悠久的育人资源，这种资源有它独到的价值和精神体系。把中华优秀传统文化和大学生的职业教育规划相结合，有紧迫的现实价值。

1. 有利于使中华优秀传统文化进一步创造性发展

党的十八大以来，传承与创新中华优秀传统文化的使命已逐渐融入高等教育中。大

学生职业生涯规划教育就是将价值观等"三观"教育一以贯之地深度融入学生的大学生活中[2]，并将人才培养工作与专业教育相结合，围绕学生"学习和发展"，整合校内外资源，打造实践育人体系。从主题教育培养模式来看，该计划贯穿大学四年各阶段；无论是在育人平台或是实施过程中，该计划遵循坚持理论与实践相结合、坚持整体性与阶段性相结合、坚持普遍性与特殊性相结合和坚持专业教育与素质教育相结合的四大原则。总体来看，大学生职业生涯规划教育的渠道和覆盖面极为全面和广泛，将中华优秀传统文化融入大学四年各阶段，融入之前所述各平台，为推广传播和发展弘扬中华优秀的传统文化提供落脚点，将进一步加深和巩固中华优秀传统文化的发扬，进而提高大学生发展中华优秀传统文化的积极性和创造性。

2. 有利于拓展大学生职业生涯规划教育的教育资源

大学生职业生涯规划教育自觉贯彻了人的全面发展的理念，依据学生每一个"转折期"，按照学生所处不同年级对应不同的教育主题。以明确专业和适应大学学习为大一新生入学学习的重点；到了大学二年级，转变为将专业理论学习、社会与学科的创新实践相统一；大三在专业知识学习基础上，引导学生树立健康的职业价值观和择业观，从而在树立三观的同时培养学生良好的对学科的科研意识和兴趣，初步具备较高的职业道德与素质；大四加强对毕业生的就业指导工作等。作为学校育人工作的顶层设计、统领过程，需要体制机制的改革创新，需要育人体系的不断完善，也需要育人资源的不断开发。

中华民族在历史上传递的道德思想、文化理念和精神风貌，聚合成为了中华传统文化，这也是中国在上下五千年悠久历史中延伸出来的艺术、思想、政治与经济、各种物质和非物质文化的集合。在大学学习期间，将丰富又广泛的中华优秀传统文化融入他们的职业生涯规划之中，会相应地提高大学生职业规划的教育内容和资源，增加教育内容的生动性和亲和力，传统文化的精神意蕴将更容易唤起学生们的情感认同，从而提升职业生涯规划教育的实效性。

二、中华优秀传统文化在大学生职业生涯规划教育中的教育内容

"以人为本"是大学生职业生涯规划教育所坚持的原则[3]，以立德树人为根本任务，依据学生每一个"转折期"，按照学生所处不同年级对应不同的教育主题。中华优秀传统文化蕴含着丰富的教育资源，在学生成长的不同阶段，即职业生涯规划教育的四个教育主题中，都有着有价值的教育内容，都可以发挥其育人功能。

1. 关于自我认知

在大学生职业生涯规划教育中，大一阶段以专业认知和适应大学学习为重点，而适应的前提是自我认知和探索，认识自己的技能、兴趣、性格和价值观[4]，学会了解自我、悦纳自我，能够客观评价自我。中华优秀传统文化为人们的自我认识、自我完

善提供了丰富的教育资源。"吾日三省吾身",孔子的《论语》指出在我们日常的生活与学习之中,能够通过不断的自我思考和反思来发掘自己的优缺点和个性特征。《旧唐书·魏徵传》中也说明,用自己和他人两相比较,能够了解自己的特长,是能够深入理解自己内心的一种方式方法。这些思想对大学生认识自我、进而完善自我、逐渐适应大学生活有很深的启发意义。

2. 关于社会责任感

学生在大学二年级阶段是对整个社会尝试性接触的过程。大学生的身心成长应和社会所需环环相扣,范仲淹的忧乐意识,诸葛孔明的"死而后已",陆游的"不敢忘忧",还是宁死不屈的文天祥、精忠报国的岳飞等英雄事迹,都引导学生树立一种胸怀天下的家国情怀和高尚的社会责任感。自新冠肺炎疫情暴发以来,社区等基层组织成为抗疫工作的第一道防线。无数的高校大学生参与到防疫志愿服务活动,化身战疫工作中英勇战士的身影随处可见。他们在防疫一线力所能及地协助基层组织进行流调排查、车辆登记、防疫宣传、政策讲解等工作,彰显了青年学生应有的责任与担当。

除此之外,还有司马光砸缸、少年华佗拜师、曹冲称象、田忌赛马等历史故事激励学生善于动脑、勇于探索和创新来解决问题。这些故事中蕴含的道理和价值观对大学生具有重要的影响。

3. 关于大学生的职业道德和素养

在"我与职业"教育主题中,需要培养大学生健全正确的职业价值观和就业择业观,培育大学生的职业道德能力和素质,提高人际交往能力、团队合作与组织管理能力、语言表达能力等这些专业技术和综合能力。在这个环节之中,中华优秀传统文化在大学生实践教育中的作用更为明显。《易经》、儒家思想的厚德载物之说和"修身"之志,多方面倡导当今大学生应该确立完善的职业价值观念,成为"以德为先"的新时代大学生。孔子"天时不如地利,地利不如人和"的"和"思想和戴震的"中和,道义由之出"则生动教育引导学生应该海纳百川、平等待人。孟子的"富贵不能淫,贫贱不能移,威武不能屈"则提醒学生们无论从事什么职业,都要有最基本的职业操守和底线意识。这些思想在提升学生人文修养与品德品性的同时[5],能够提高当今大学生的择业能力,使他们能够承担得起时代赋予他们的责任与使命。

4. 关于大学生的终身发展规划

大学生在面临多重压力的大学四年级,需要具备自我调控和自理的能力,在各种环境下,培养自立自强的能力,这是我们在大四这个阶段需要培育的重点之一。孔子和庄子的学而不止、知无涯思想就说明了终身学习在人一生中的必要性。这些思想对大学生缓解就业压力、加强自我调控,以及树立终身学习的观念有很大的促进作用,都是对大学生进行生涯导航教育时的宝贵资源。

三、中华优秀传统文化在大学生职业生涯规划教育中的路径探索

生涯教育是一个综合性教育活动,是一个贯穿学生学业和职业的系统工程。[6]中华优秀传统文化,需要融入大学生职业规划和学习生涯方方面面之中,把中华优秀传统文化教育融入社会实践、网络思政教育、资助学贷工作、心理健康教育等各环节,努力构建使学生全面发展的格局与体系,在传承和弘扬中华优秀传统文化的同时,开发育人资源,丰富育人载体,全面完善生涯教育规划体系。

1. 文化育人,体现在把中华优秀传统文化教育贯穿在校园文化之中

校园文化,包含着精神、行为、环境、制度等文化建设内容,它们是学校发展的根基,这些文化建设将会对当今大学生产生久远的三观影响,其人生观、价值观和世界观将会对他们未来的职业规划、选择职业等产生较大的影响。高校应将中华优秀传统文化教育深度渗透,打造看得见、摸得着、感受得到的文化校园。要围绕中华优秀传统文化举办各类学习和竞赛活动,让学生以赛促学,以学促用。要精心培育指导一批以"学习、宣传、弘扬中华优秀传统文化"为指导思想的学生组织。要邀请知名专家学者进学校开展关于中华优秀传统文化的学术讲座,让师生在聆听中获得文化认同,唤醒文化自信。要创造良好的学习环境,在校园、教学楼、教室以及宿舍楼道都要注重对中华优秀传统文化的宣传和展示,让大学生都能够无时无刻体会到中华优秀传统文化的美好,能够做到被中华文化感染和升华,实现全方位的教育结合,多方归一,真真正正地体现出文化育人的效用。

2. 实践育人,体现在把中华优秀传统文化教育贯彻在社会实践之中

坚持生产劳动与实践相结合,是党在教育方针上的重要要求,在其中包括社会调查、生产生活劳动、参与社会志愿服务、参与社会和学校的公益活动、科技发明等社会实践活动。要让大学生能够在亲身学习实践之中体会中华优秀传统文化,增强职业生涯规划的内驱动力。要在寒暑假的社会实践活动中,专设一支或多支与中华优秀传统文化相关的实践队伍,可以组织学生到具有当地地域文化特色的地方进行社会调研[7],要号召学生在志愿服务和公益活动中承担社会责任,在奉献之中实现大学生的人生价值。

2022年冬奥志愿者们用"政治担当、家国情怀、专业素养和奉献精神"圆满出色地完成了一项又一项重要任务。北京第二外国语学院在北京冬奥会圆满结束后,十分重视"内化冬奥精神,厚植家国情怀"的成果转化工作。二外培养的学生不仅专业能力过硬,在国家重大活动中提供语言服务,更是传播中华优秀传统文化的使者。这也是奥林匹克精神所镌刻铸就的,也必将永远鼓舞每一个人。

3. 网络育人,体现在把中华优秀传统文化教育渗透进网络思政教育之中

当今社会是互联网时代,信息爆炸和网络化对高校教育提出了新的要求与挑战。巩固拓展网络思政工作,构建针对性强、吸引力大的网络育人方法就势在必行。学校应

在网络思想政治教育的环节上,充分地融合中华优秀传统文化。要主动学习、利用新媒体,可在学校官网、微信公众号、官微等数字网络平台开设专栏,把中华优秀传统文化以青年人喜闻乐见的形式进行传播和推送;可结合学生兴趣和特点,开展关于传统文化的知识问答或微视频等线上活动,通过丰富的资源和形式,提高大学生在与中华优秀传统文化"交互"时,油然而生的体验与认同。

4. 资助育人,体现在把中华优秀传统文化教育融合在奖助学贷工作之中

资助育人是大学生思想政治教育工作之一,同样视为有效落实习近平总书记提出的教育扶贫政策的有力抓手。学校可以把中华优秀传统文化教育和资助工作相结合,把扶困与扶"智和志"相结合,形成正向的良性循环。在助学金发放的时间节点,要深入进行励志与感恩教育,用传统文化中的名人事迹及名言警句贯穿到学生申请获得助学贷款的全部过程之中。要对有资助需求的大学生开展深入的诚信告知,提高其法律责任意识,利用中华优秀传统文化的相关内容,去教育引领大学生应做到诚实做人,诚信做事,遵纪守法,对社会和自己负责。在励志奖学金、"艰苦奋斗、励志成才"标兵、勤工助学榜样评选工作中,融入传统文化中自立自强、顽强不屈精神的教育。以扎实的资助工作为基础,以中华优秀传统文化为资源,培养受助学生的家国情怀和人文素养,真正实现资助育人。

5. 心理育人,体现在把中华优秀传统文化教育浸润在心理健康教育之中

高校大学生的心理健康教育,是教书育人工作的关键组成因素之一,高校可以把传统文化与心理健康教育相结合,把心育和德育融会贯通,夯实大学生的人文教育和心理教育基础。要积极吸纳中华优秀传统文化的教育资源,开展心理健康宣传活动,举办"5·25"大学生心理健康节相关品牌活动。可举办"名人故事会"等活动,引用传统文化中名人事迹鼓励同学们积极乐观生活,提高自身抗压、抗挫能力。

参考文献

[1] 冯刚,鲁力. 习近平关于中华优秀传统文化重要论述的理论蕴涵[J]. 湖南大学学报(社会科学版),2022(1):1-10.

[2] 吴玉程."生涯导航"理念下高校创新创业教育体系的构建、研究与实践[J]. 山西高等学校社会科学学报,2018(4):56-61.

[3] 白小芳,杜鲲. 哲学视角下的大学生"生涯导航"教育[J]. 山西经济管理干部学院学报,2017(3):14-17.

[4] 刘名森,肖强. 中华优秀传统文化融入大学生职业生涯规划教育探析[J]. 中北大学学报(社会科学版),2018(5):152-156.

[5] 谢娜. 优秀传统文化视域下探索大学生生涯教育维度[J]. 文学教育,2019

(1):165-166.

[6]任丹,田甜.对优化高校生涯教育的几点思考[J].学校党建与思想教育,2021(02):70-72.

[7]黄岩,朱杨莉.中华优秀传统文化融入高校思政课的思考[J].思想政治教育研究,2019(1):81-86.